사고와 학습 그리고 망각

사고와 학습 그리고 망각

우리는 어떤 과정으로 사고하며 학습하고 망각하는가

프레데릭 베스터 지음
박 시 룡 옮김

(주)범양사 출판부

옮긴이의 말

나는 학창 시절에 이런 고민에 빠진 적이 있다. "왜 나는 열심히 공부하는데도 성적이 잘 오르지 않는가?" "수학 시간에 내 짝은 선생님의 설명을 잘 이해하는데 나는 왜 이해가 안 되는 걸까?" 그때 만약 내가 이 책을 읽었더라면 이런 고민에서 해방되었을 거라 생각된다.

오늘날 성적 때문에 가출이나 자살 충동을 느끼고 있다는 우리 청소년들의 심정을 이해한다. 우선 적어도 이 책이 나와 같은 고민 속에 있는 젊은이들에게 해결책은 되지 않더라도 큰 위로는 될 수 있으리라고 믿는다. 적어도 성적 비관으로 자살이라는 길을 택하지는 않을 것이라는 생각이 든다. 더욱이 공부 못하는 아이를 놓고 편견에 빠져 있는 선생님들은 이 책을 통해 그들에게 관대해질 수 있으리라 확신한다. 내 아이는 돌대가리가 아닌가 하고 체념에 빠져 있는 부모들에게도 희망을 줄 수 있으리라고 믿는다.

이 책은 독일의 ZDF 방송에서 〈사고, 학습, 망각(Denken, Lernen, Vergessen)〉이라는 제목으로 45분짜리 3부작 다큐멘터리로 방영된 것을 그후에 책으로 출판한 것이다. 물론 이 프로그램은 두 번씩이나 재방송될 정도로 시청자들의 높은 반응을 불러일으켰다. 나는 이 책을 번역해 놓고 저자인 프레데릭 베스터(Frederic Vester) 교수로부터 그때 방송되었던 다큐멘터리 비디오 테이프를 입수했다. 물론 이 다큐멘터리는 독일인의 취향에 맞추어 제작되었기에 우리 나라에서 그대로 방영하는 데는 문제가 있었다. 그래서 이것을 우리 나라 방송 실정에 맞게 재구성할 필요를 느끼고 모방송국의 프로듀서를 만나 협의했다. 그는 이 작품이 한국의 교육계에 커다란 파장을 일으키리라는데 나와 생각을 같이했다. 우리는 곧 방송 기획을 하고 원고 작업에 들어가 몇 개월 동안 작업했지만 그 방송국의 간부진들에 의해 이 프로그램의 중요성이 무시되었을 뿐만 아니라 거절당하고 말았다.

이 책의 번역을 끝내고 이것을 먼저 TV 프로그램으로 만들어야겠다고 거의 1년 이상이나 마음먹고 애써 왔기에 그 실망은 말할 수 없이 큰 것이었다. 그렇다고 아직 포기하고 싶지는 않다. 다만 내가 TV 프로그램을 꼭 고집하는 것은 이 책의 전반부에 나와 있는 뇌의 생리와 기억의 분자 생물학적 설명을 움직이는 시각적인 자료의 동원없이는 이해하기 힘들다는 판단 때문이다. 더욱이 책을 읽은 독자층은 다소 제한적이므로 TV의 채널을 통해 많은 시청자들이 공감을 하면 우리 교육의 근본 문제를 해결하는 데 큰 도움을 얻게 되리라고 믿기 때문에 TV를 우선적으로 택했던 것이다.

오늘날 우리의 교육에 문제가 있다는 것을 누구나 잘 알고 있다. 그러나 교육의 많은 당면 과제를 어디서부터 풀어 가야 할지 잘 모르고 있는 것도 사실이다. 이 책의 후반부에 나와 있는 바와 같이 교과서 문제만 하더라도 우리의 교과서가 저자의 설교집이지 진정 학생들에게는 별 도움이 안 된다는 것이다. 그동안 다섯번이나 교과서를 바꾸어 보았지만 학습하는 학생들을 위해서 쓰여졌는지 반성해 보아야 할 것이다. 아무리 바꾸고 바꾸어도 그것은 우리 뇌를 지식의 창고 수준으로 밖에 보지 못하고 있다. 당면한 교육 문제의 해결은 우리 모두의 사고 방식을 완전히 개혁하는 것에서부터 시작해야 할 것이다. 그러기 위해서는 오늘날의 교육이 이 책에서 제시한 것처럼 인간의 뇌생물을 무시해서는 어떠한 해결의 실마리도 찾을 수 없음을 명심해야 한다. 이 책을 통해 국민의 공감대가 이루어질 때 우리가 이상으로만 여기고 있는 참교육이 현실로 다가올 수 있으리라고 믿는다.

일반 독자들은 이 책만으로 뇌와 기억의 생물학적 메커니즘을 모두 이해하기는 쉽지 않을 것이다. 그래서 생물학을 전공하지 않은 독자들을 위해 보다 쉽게 옮기려고 애썼다. 현장의 많은 선생님들이나 학생들과 번역 원고를 함께 읽어가면서 여러 번 수정 보완했지만 완전하다고 할 수 없다. 부디 먼 나라의 책으로 끝나지 말고 우리 학습 현장에 적용될 수 있는 우리의 책이 되길 간절히 바란다.

계유년 정월

다락골에서   박 시 룡

차 례

옮긴이의 말 / 박시룡 ··· 5
이 책에 붙이는 말 / 프레데릭 베스터 ··························· 9
인간과 뇌 연구 ·· 11

Ⅰ. 우리 뇌의 각인 ─ 하드 웨어 ─ 구조의 형성 ········ 17
　서 론 ·· 17
　　독특한 법칙을 갖고 있는 미시 세계 ················· 30
　　생애 최초의 인상들 ─ 과소 평가되는 예비 프로그램 작업 ··· 37
　　기본 틀과 개인적 학습 ······································ 42

Ⅱ. 정신이 필요로 하는 재료 ─ 소프트 웨어 ─ 기억 요소들 ··· 53
　서 론 ·· 53
　　초단기 기억 ─ 지각들의 최초의 필터 ·············· 55
　　단기 기억 ─ 지각들의 두번째 필터 ·················· 63
　　체세포의 기억 ·· 68
　　장기 기억 ─ 기억 정보의 확실한 고정 ············ 79

Ⅲ. 생물학적 의사 소통 ─ 규칙적인 조직망의 뉴런들 ········ 85
　서 론 ·· 85
　　약물 작용에 의한 사고 과정 ····························· 85
　　호르몬 작용에 의한 사고 과정 ························· 89
　　사고 회로의 폐쇄 ─ 스트레스 호르몬에 의한 장애 ······ 92
　　순간적인 착상 ─ 다양한 상호 작용 속에 나타나는 새로운 창작 ··· 100
　　창조적 팀워크 ·· 108

Ⅳ. 현장 학습의 참상——심리학과 교육학의 비생물학적인
　　　　　　　　 학습 전략·············111
　　서 론 ·············111
　　학습의 네트워크 ·············113
　　학습을 방해하는 교과서들 ·············154
　　요 약 ·············162

부 록

Ⅰ. 학습 재료와 학습 자료의 준비 ·············169
Ⅱ. 학습 유형 테스트 ·············173
Ⅲ. 기억력 검사 ·············182
　　기억력 검사의 통계학적 평가 ·············200
　　이 책이 미친 영향에 대한 후기/루돌프 쉴링 ·············205

용어 해설 ·············211
참고 문헌 ·············216
사진 출처 ·············221

이 책에 붙이는 말

이 책은 1973년 2월과 3월에 방영된 〈사고, 학습, 망각〉이라는 TV 기획물을 근거로 하고 있다. 일반 대중을 대상으로 한 이 방송의 의도는 시청자들이 최신의 생물학적 지식을 접함으로써 육체와 정신간의 매혹적인 맥락 관계를 볼 수 있게 하는 것이었다. 다시 말해 우리의 신체 기관의 기능과 우리가 느끼고 생각하는 그 모든 것간의 상호 작용에 대해 통찰하는 것이었다.

이 방송의 반향은 의외로 커서 두 번이나 재방송되었고, 이 프로그램의 저자와 프로듀서인 게하트 헨쉘(Gerhard Henschel)은 1차 방영분으로 1974년 아돌프-그림(Adolf-Grimme) 상을 수상했다. 1년 뒤에는 처음 두 번의 기획물에 이어 이것들을 근거로 실제 교육과 학습에 적용한 좀더 확대된 기획물이 나오게 되었다.

첫번째 방송이 나간 뒤에 TV 자연 과학 기획물로는 놀라운 숫자인 1만 6000통의 편지와 원고 청탁이 들어왔다. 이 기획물이 재방송된 뒤에는 그 수가 곧 2만을 넘어섰다.

그 후 세간의 엄청난 관심의 반영으로 전문 서적인 《사고, 학습, 망각 Denken, Lernen, Vergessen》이 출간되었다. 이 책의 판매 부수는 빠른 속도로 늘어나 21주 동안 《슈피겔 SPIEGEL》지의 베스트셀러 목록에 들어 있었으며, 연간 베스트셀러 목록의 1위를 차지하기에 이르렀다. 오늘날까지 이 책은 모두 7개 국어로 번역되었다. 네덜란드에서 이 책은 1976년 4월 '이 달의 책'으로 선정되었으며 단 한 달만에 8만 2000부라는 엄청난 판매 부수를 기록했다. 그동안에도 《사고, 학습, 망각》은 독일의 여러 출판사에서 발간되었으며, 이제 문고판으로 나오기에 이르렀다.

이 책의 내용은 대부분 콘스탄츠(Konstanz), 레겐스부르크(Regensburg), 에센(Essen) 대학교에서 행한 나의 강연과 생물 환경연구회의

'생물학적으로 의미 있는 학습'에 대한 연구를 토대로 하고 있다. 사진이나 도해 등은 주로 TV 기획물 〈사고, 학습, 망각〉의 기초 자료에서 따 온 것이다. 광범위한 자료를 제공해 준 아커트(Akert, K.) 교수, 하르몬(Harmon, D.L.) 교수, 레비스(Lewis, E.R.) 교수 그리고 《학교 Schule》지와 《캅셀 Die Kapsel》지의 편집부에 감사 드린다. 특히 사진 현상과 일련의 실험에 지대한 관심을 가지고 참여해 준 쿠스테러(Kusterer, M.), 마우러(Maurer, M.), 밀러(von Miller, H.), 쉬른딩(von Schirnding, A.) 선생님과 슈바프(Schwab, G.) 군, 제베르거(Seeberger, H.) 박사, 슬라드키(Sladky, T.) 박사에게도 고마움을 전하고 싶다. 또한 막스-플랑크 정신 병학 연구소(Max-Planck-Institut für Psychatrie)와 연구원들, 특히 메레인(Mehraein) 박사의 지속적이고 격의 없는 충고와 사진 자료, 수많은 토론에 깊은 감사를 표한다. 더 나아가 많은 학생들과 나의 세미나에 함께 참여해 준 연구생들, 끊임없이 실제 학습과의 접촉을 잃지 않게 해준 나의 아이들에게도 감사해야 할 줄 믿는다. 끊임없는 많은 자극과 이 책의 교정에 이용된 전문적인 비평은 모두 나의 독자와 동료, 친구들의 덕이다. 마지막으로 이 책의 교정과 재편성에 많은 도움을 준 편집장의 조력에 대해 독일 문고판 출판사(dtv)에 감사한다.

저자

인간과 뇌 연구

우리가 지금 읽고 있는 문자들이 눈을 통해 뇌에 전달되어 그 문자들에 의해 사고를 할 때 두개골 안에서는 무슨 일이 일어나고 있는 것일까? 어떤 소설은 우리의 마음을 사로잡아 슬프게 하기도 하고 또 웃게도 한다. 이때 과연 미세하고 색깔이 없는 인간의 뇌세포들은 무슨 작용을 하는 것일까? 이러한 작용에 관해 우리는 잘 모르고 있거나, 알고 있다고 한들 그것을 자칫 잘못 이용하고 있는지도 모른다. 사고, 학습, 망각의 과정과 연관된 이런 문제는 소크라테스 시대나 지금이나 현실적인 문제인 것은 사실이다. 가끔씩 대중 매체에 등장하는 두뇌 조작, 뇌이식, 보턴에 의한 행동 조종, 기억 전달과 같은 세간의 주목을 끄는 사건이나 기타 뇌연구의 측면에서 이해될 수 있는 모든 것들은 오늘날에도 지속되고 있는 관심을 단적으로 표현한 것이다. 다음의 몇 가지 큰 제목만 읽어 봐도 이 점을 금방 알 수 있다. "쪼개진 채 살아 있는 두개골", "뇌세포가 실아나다", "브루노의 인공뇌", "모정이 무선으로 조종될 수 있다", "호전성이 교정되다".

뇌조작이나 이와 유사한 소름 끼치는 프랑켄슈타인 테마, 예를 들어 원격 조종된 원숭이 팔의 움직임이나 쥐를 안락하게 죽이는 도구로 사용되는 안락 키 같은 것들은, 기본적으로 매우 제한된 의학 분야에서는 중요할지 모르지만 실제 우리에게는 그 이상의 의미는 없다. 뇌물질의 이식을 통해 직접적으로 지식이 전달될 수 있고(이것은 아직도 매우 의문시된다) 뇌가 원격 조종될 수 있다 하더라도 그것은 복잡한 수술을 해야 한다. 따라서 이러한 것들은 특정 개인에게 오용될 수 있지만 인간 모두에게는 위험성이 덜하다는 것이다. 무엇보다 우리에게 좀더 흥미 있고 중요하며 광범위한 영향을 미칠 수 있음은 물론이거니와 우리 모두의 공통 관심사가 되는 것은 우리의 뇌와 다른 기관들이 어떻게 협력을 하는지에 대한 비밀을 밝혀 내는 것이다.

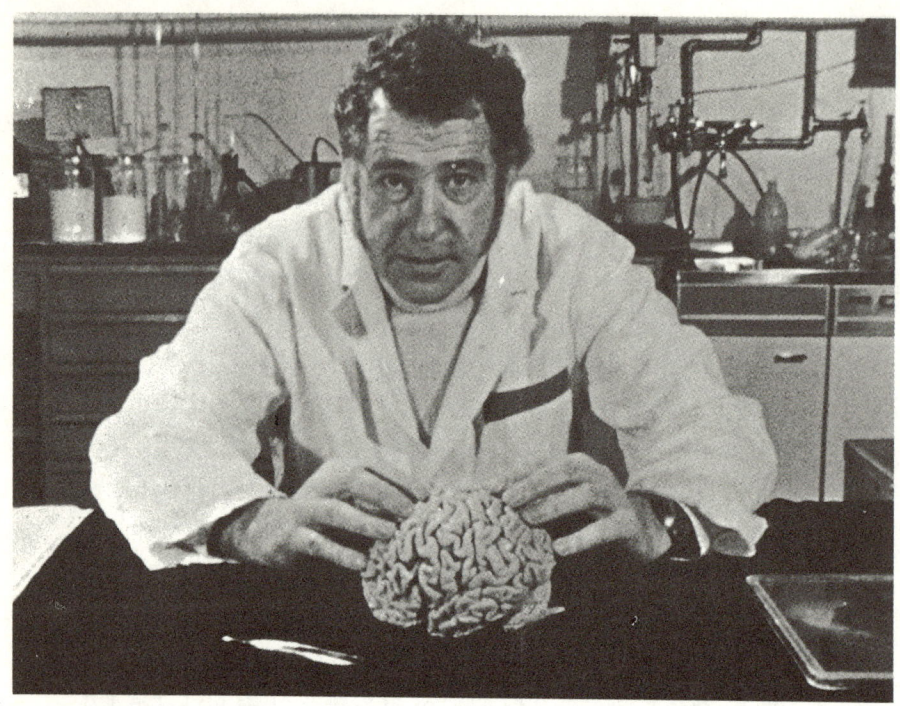

〈사고, 학습, 망각 I〉의 TV 프로그램 사회를 맡았던 저자는 프로듀서인 게하르트 헨쉘과 함께 독일 학술 재단의 추천에 의해 1974년 아돌프-그림 상을 받았다. 마지막 방영 검토 과정에서 방송국은 정각 저녁 8시 15분의 제1프로그램에서 까다로운 이 프로가 방영되는 것을 망설였다. 그러나 저자는 자신이 그같은 결정에 대해, 첫번째 방영에서는 12세 소년부터 89세 노인까지, 청소부 아주머니에서 교수까지 총 1만 6000통의 엄청난 편지를 받는 기록을 남겼다. 방송국은 물론 학술적인 프로그램 방영에서 기록을 세웠던 것이다.

    사고 과정에 접근할 수 있는 최선의 방법은 일단 몇몇 특정한 두뇌 활동 영역을 검토한 다음, 실례를 제시하면서 그들 사이의 다양한 상호 작용을 차례차례 밝히는 것이다. 이렇게 함으로써 163쪽에 그려진 것과 같은 복잡한 망상 구조를 만들어 내 우리의 사고 과정을 이해하는 것이다.
    맨 먼저 우리는 뇌 자체에 대해서, 그것의 고유한 구성과 100억 개 이상의 신경 세포로 이루어진 신비한 내부 구조와 다른 기관에 비해 아주 독특한 과정의 진화를 해 온 것에서부터 시작해 보자. 하지만 이것이 우리 자신의 생명 과정에서는 어떻게 발전한 것일까? 그 대답에는 매우 의외의 것들이 포함되어 있다. 그 중의 하나는 갓난아이 때의 인상으로 이 인상은 장차 학습하고 이해하는 데 결정적인 기본 틀을 형성한다. 지금까지는 탄생 후 최초 몇 주내의 이러한 인상들에 대해서는 거의 주목하지 않았다. 이런 인상들은 학습과 사고에 연관되어 있을 경우, 각각의 기호, 개개인의 능력, 그리고 어려움 등이 다르듯이 아이들마다 각기 다르게 연관되어 있을 것이다. 이 책의 제1부에서는 이런 주제가 다루어질 것이다.

제2부에서는 기억들의 서로 다른 저장 단계 —초단기 기억, 단기 기억, 장기 기억 —를 알아보고, 이때 각 기억 단계에 따른 특별한 사고 활동의 배경과 작업 방식이 다루어질 것이다.

그 다음 제3부에서는 일반적으로 아직 잘 알려지지 않은 사고 과정과 뇌 이외의 다른 기관들과의 상호 작용이 다루어질 것이다. 하지만 이들은 결코 애매한 이론에 불과한 것은 아니다. 왜냐하면 각각의 영역은 두 가지 측면에서 조명되기 때문이다(한편으로는 특정한 두뇌 활동에 의해 재현되는 생활 속의 실제 상황을 통해서 보고, 다른 한편으로는 점점 친숙해진 우리 뇌 자체의 내부로 들어가 보는 것이다. 이때 우리는 소위 '이면에서' 수행되는 과정들을 최신의 과학 지식에 따라 추적해 보고자 한다). 물론 이 책이 발간될 때에는 이런 최신의 지식들이 광범위하게 알려져 있을지도 모른다.

마지막으로 제4부에서는 이렇게 얻어진 우리 뇌의 활동에 대한 통찰을 근거로 하여 실질적으로 사용되면서도 잘 이해되지 않고 종종 잘못 다루어지고 있는 사고 도구들을 실제로 이용해 보고자 한다. 그리고 '생물 환경 연구회'에서 연구된 생물학적으로 중요한 학습에 대한 사실들을 분명하게 나타내 보고자 한다.

무엇보다도 우리는 이 연구를 통해 우리의 정상적인 정신 활동, 지능 그리고 사고와 학습에 대해 새로운 지평을 열어 줄 수 있다는 데 인식을 함께하고자 한다. 그럼 다음과 같은 일련의 질문을 할 수 있

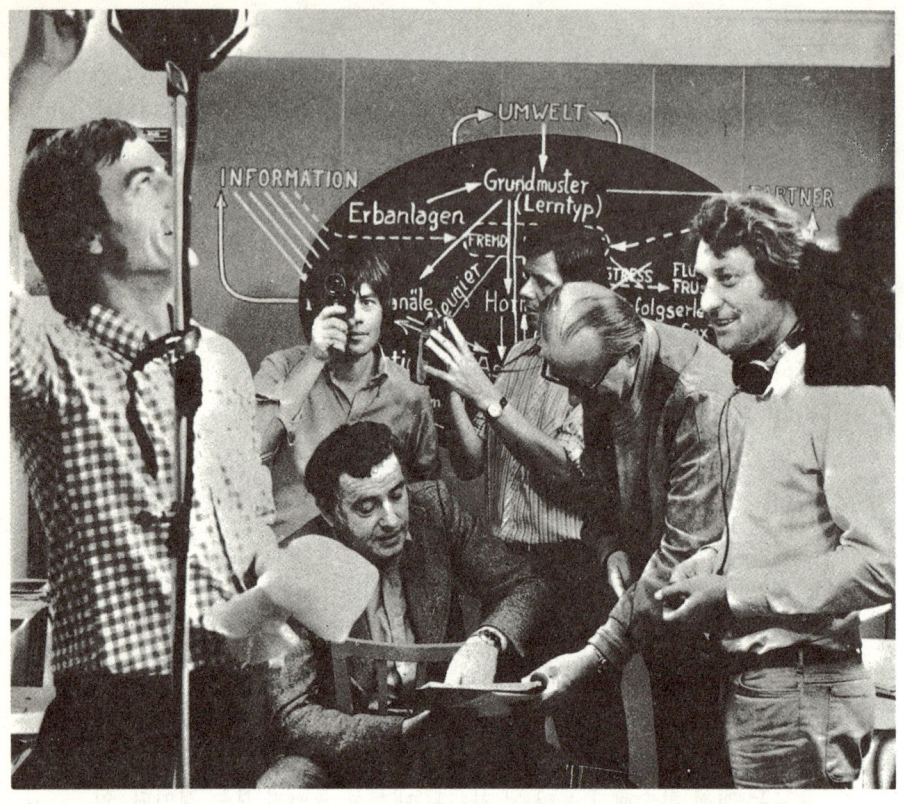

'생물 환경 연구회'연구실에서 있었던 〈사고, 학습, 망각 III〉 촬영 도중의 연출 협의 장면

다. 새로 태어난 신생아들이 최초로 인지하는 것들, 즉 소리, 맛, 그리고 느낌의 영향력은 그들에게 얼마나 큰 것인가? 실제로 채 형성되지 않는 신생아들의 뇌 속에서 이 최초의 인상들이 장차 지워지지 않는 흔적으로 남는 것일까? 왜 어떤 학생은 수업 시간에 선생님과 함께 즐거이 참여하고 또 다른 학생은 그렇지 못한 것인가? 그 학생이 다른 동료 학생보다 더 우둔해서인가, 아니면 그 학생의 이해력 부족은 어떤 다른 이유에서일까? 왜 어떤 축구 선수는 넘어진 후 수분이 지난 뒤에는 자신이 어떻게 반칙을 당했는지 더 이상 알지 못하는 것일까?

또한 자동차 운전자들이 종종 사고 후에 보고하는 기억 단절은 옹색한 변명에 지나지 않는가, 아니면 진짜 기억 상실인가? 거기에서 우리가 경험하는 기억 과정은 무엇인가? 왜 우리는 많은 것들을 단 몇 초밖에 기억하지 못하면서도 어떤 다른 것은 일생 동안이나 간직하고 있는 것일까? 시험에 두려움을 느낄 때 생기는 갑작스런 망각이나, 당황했을 때 보이는 우왕좌왕은 무엇을 의미하는 것인가? 생각은 원래 어디에서 오는 것일까? 무엇을 통해서 생각은 촉발되고 또 사멸되는 것인가? 학습을 방해하는 것은 무엇이고 촉진하는 것은 또 어떤 것인가?

만일 우리가 그러한 문제들에 대해 답을 하려고 한다면 무엇보다도 우리는 뇌의 이면을 깊이 들여다보고, 뇌의 구조와 기능을 최후의 한 조각까지 알아내야만 할 것이다. 생물학적 컴퓨터로서의 뇌에 대한 인식은 정확히 몇 년 전만 하더라도 수많은 단편적인 아주 상당한 연구들이 모아짐으로써 시작되었다. 그 중 많은 것이 가설이며 확인된 것은 몇 개에 지나지 않는다. 하지만 이러한 얼마 안 되는 것들에서 이미 우리는 학습 및 사고 과정에 대한 기존의 관념들의 많은 부분을 변화시켰거나 최소한 새롭게 해석하게 되었다. 게다가 사람들이 일반적으로 징신(Geist)이라고 부르는 것에까지도 이 시작 단계의 지식은 완전히 새로운 지평을 열어 주고 있는 것이다.

I. 우리들 뇌의 각인
하드웨어 — 구조의 형성

서 론

　과연 정신과 같이 눈에 보이지 않는 것도 과학적으로 연구가 가능할까? 바로 손상된 뇌에 대한 연구는 뇌의 구조와 사고 과정간의 관계를 알 수 있는 최초의 암시였다. 그것에 대해서는 잠시 후에 보다 자세히 다룰 것인다. 뇌 측정의 현대적 방법들, 예를 들면 X선 스크린, 뇌파계(Elektroenzephalogramme) 그리고 약리학적 처리 등등이 지난 해 동안 계속 이런 암시를 강화시켜 주었다. 동시에 이런 암시들은 완전히 새로운 차원에 들어서게 되었다. 먼저 인간의 정상적인 뇌를 살펴보자. 이 신비로운 교질성의 덩어리(뇌)는 단지 표본으로만 견고하게 만들어진 채 수세기 동안 오늘날 연구의 기초를 제공해 주었다. 뇌를 해부하면 형태와 크기를 비교할 수 있고, 각 부분으로 나누어 구분할 수 있다. 오늘날에는 뇌 생리학, 신경학 그리고 생화학적으로 점점 더 세밀한 방법을 동원, 가장 세분화된 기능에까지 접근하게 되었다.
　이 점을 좀더 자세히 알아보자. 중추신경계 중에서 가장 중요한 부분인 뇌는 귀중품 보관실에 있는 것처럼 두개골 안에 잘 보관되어 있다. 뇌는 뇌수(뇌척수액) 속에 보관되어 외부의 압력과 충격으로부터 보호되고 있다. 여기에서 우리는 다른 기관들과 마찬가지로 신비에 가득 찬 하나의 구조를 발견하게 될 것이다. 뇌의 가장 오래 된 부분은 뇌간이다. 이 뇌간은 인간의 경우 다른 부위, 즉 대뇌로 거의 완전히 덮여 있고 동물의 경우에는 뇌간이 뇌 크기의 전부를 차지하고 있다. 18~19쪽의 석고 모형에서 우리는 대뇌가 점점 뚜렷해지는 서로 다른 네 개의 뇌를 보게 될 것이다. 그 중 하나는 오소리의 뇌고 두번째는 사슴, 세번째는 고릴라의 뇌며 마지막은 이들에 비해 아직 표본으로 만들어지지 않은 해부된 진짜 인간의 뇌다. 사실상 우리의 신체 조직 중 바로 이 뇌의 신경 조직 구조만큼이나 동물과 인간의 차이를 본질적으로 보여 주는 것은 없다. 그런데 이런 차이는 어떻게 생겨났을까?

수백만 년이 지나는 동안, 다시 말해 종의 발달과 함께 조그맣고 앞부분에 위치한 후뇌(嗅腦)에서 대뇌가 형성되었다. 오늘날 사람의 뇌에서 원시적인 후뇌의 흔적으로 두 개의 조그맣고 퇴화된 뇌엽들을 찾아볼 수 있다. 이것에서 출발해 두 개의 보다 큰 뇌엽(대뇌엽)들이 형성되었고, 이것들이 결국 여타의 모든 뇌를 뒤덮게 된 것이다(여기에 대해서는 23쪽의 그림 참조).

종의 발달 과정 속에서 이렇게 인간의 대뇌가 점점 커지게된 것은 진화 조건의 점차적인 변화에 그 원인이 있다. 오늘날까지 살아 남은 모든 생물은 그들 자신의 환경 속에 나타난 각각의 새로운 상황에 대해 자기만의 독특한 방식으로 반응해 왔다. 이때에 하나의 생물이 보다 고등하게 발달하고자 하면 할수록 그만큼 특정한 상황에 단순하게 한 가지 방법만으로는 대처할 수가 없게 되었다. 그래서 반응 양식이 보다 다양해졌다. 예를 들어 달팽이의 병안(柄眼)을 만지면 달팽이는 이것을 안으로 끌어들일 것이다. 잠시 후에 달팽이가 촉수를 다시금 내뻗었을 때 다시 한 번 손가락으로 그것을 만지면 다시 달팽이는 이것을 안으로 집어넣는다. 그리고 만지고 집어넣고 내밀고, 만지고 집

각각의 진화 단계에 따른 뇌의 크기 비교. 왼쪽부터 오소리, 사슴, 고릴라, 인간

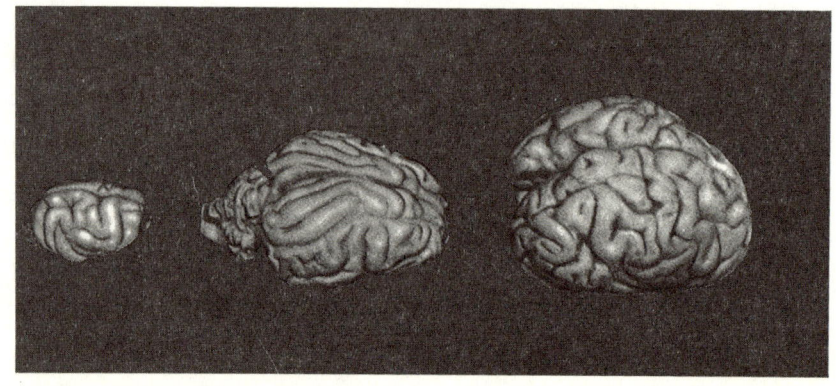

어넣고 내밀고 하는 이런 과정은 계속될 것이다. 만일 우리가 원숭이에게도 이런 행동을 해 보면 완전히 다른 과정을 체험하게 된다. 원숭이는 움찔하면서 눈꺼풀을 껌벅이며 곧 그 위험 지구에서 벗어나려 할 것이다. 손가락을 뻗어 두번째로 원숭이의 눈을 만지려 하면 그 원숭이는 이미 그에 앞서 우리의 손가락을 잡고 그것을 치우려 할 것이며, 세번째가 되면 어쩌면 손을 물려고 할지도 모른다. 그것에도 아랑곳하지 않고 다시금 우리가 손을 뻗으면 원숭이는 아마도 우리의 손가락을 보기만 해도 그가 있던 자리에서 물러나려고 할 것이다. 반응들은 상황에 따라 다르고 이전의 각각의 경험들과 상호 연관을 맺게 된다. 신경계의 작용은 (무엇보다 고등 동물에 있어서) 수많은 각 반응들의 상호 작용을 거침으로써 이들의 단순한 통합 이상의 결과를 가져온다. 여기에서 학습이 관여하게 되며 이때에 우리는 이러한 고도로 복잡한 상호 관계를 행동이라고 부르는 것이다.

분명한 것은 중추 신경이 이처럼 복잡한 행동의 감시와 조절 기능을 맡고 있다는 사실이다. 달리 말하자면 이것은 뇌를 의미한다. 진화 과정에서 발톱이나 도약근, 날개 같은 허약한 해부학적 기관밖에 가지지 못한 생물의 뇌 자체는 보잘것없지만 (다른 구성원들과의 부호화된 의사 소통, 즉 언어에 이르기까지) 점점 복잡해진 신경계에서의 반응과 처리가 필요해진 생물들에서는 결국 의식적으로 조절하고 학

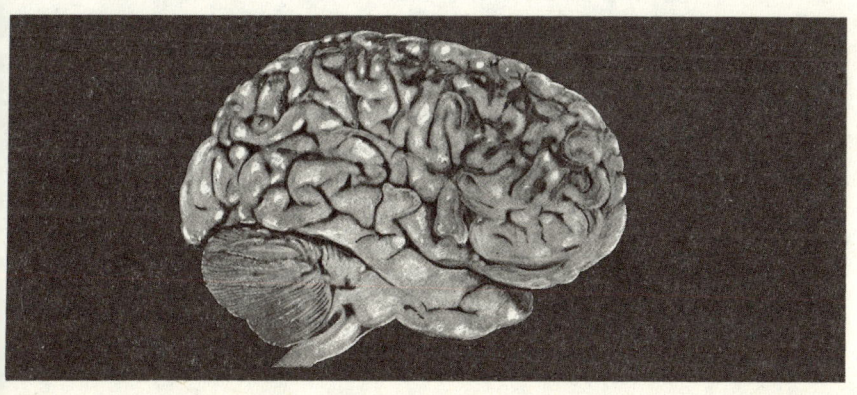

습하는 뇌가 결국 그처럼 강력한 크기로 발달하게 된 것이다. 원래 행동은 본질적으로 공격이나 약탈, 짝짓기, 날기, 잠자기 등과 같은 확고한 프로그램으로 이루어져 있다. 하나의 원시 생물이 특정한 상황에 처해 있을 때 이런 상황이 어떤 특정 신호로 받아들여지면 이 프로그램은 컴퓨터 프로그램과 유사하게 작용했던 것이다. 예를 들어 큰가시고기의 혼인 춤은 아주 독특한 의식을 표현하고 있다. 21쪽에는 이런 사랑놀이가 보다 자세히 묘사되고 있다. 큰가시고기의 이러한 의식은 너무나 확고하게 계획(프로그램)되어 있어 만일 이 의식이 중단될 경우, 이 물고기는 산란도 수정도 할 수 없게 된다. 그 의식은 중단될 때마다 처음부터 다시 시작되어야만 한다. 하나의 행동, 그 행동의 성공적인 결말, 그리고 그것을 통한 종의 보존은 중단되지 않은 확고한 프로그램 과정인 것이다. 이 물고기는 스스로 이러한 과정을 조절할 수 없다. 그러나 고등 생물에서는 전혀 다르다.

만일 고양이가 가시덤불에 접근하다가 부상을 입었을 경우 그 고양이는 반사적으로 그 위험 지역에서 부상당한 앞발을 빼는 데 끝나지 않는다. 고양이는 앞발에 가시가 박히면, 이 상황을 뇌에 전달하여 고통으로 받아들이고 '괴롭다'라는 가치 평가로 뇌에 저장하는 것이다. 그 후로 이 고양이는 가시덤불을 피하려고 할 것이다. 또한 이 경우 고통이 가치 평가되었던 바와 같이 약탈, 짝짓기, 공격 그리고 도피 등과 같은 것에서도 마찬가지다. 이러한 평가는 만족감과 불만족감이란 의미에서 일종의 일차 의식을 형성한다.

하지만 이러한 일차 의식은 어디에 들어 있으며, 이러한 감정은 뇌의 어느 부분에서 나오는 것일까? 왜 보다 하등한 동물들에는 이것이 없을까? 뇌 전문가들은 모든 동물들의 중추 신경계를 자세히 연구하여 다음과 같은 사실을 밝혀 냈다. 즉 우리가 고양이에서 관찰한 그런 행동은 후뇌(嗅腦)에서 발달한 특정한 해부학적 구조가 뇌 속에 존재할 때만이 그 기능을 수행한다는 것이다. 그것은 우리 뇌의 간뇌 상부에 위치한 소위 대뇌 변연계(limbische System)라는 것이다(23쪽 그림 참조). 진화 체계내에서 이것은 파충류에서 맨 처음 나타났다.

만일 우리가 진화된 동물들의 대뇌를 좀더 자세히 들여다보면 활동

I. 우리들 뇌의 각인 21

1. 수컷은 지그재그 춤을 추고 암컷은 불룩한 배를 보인다.

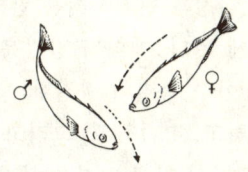

2. 수컷이 보금자리로 이끌고 암컷이 그 뒤를 따른다.

3. 수컷이 보금자리의 입구를 가리키자 암컷이 그곳으로 들어가고 있다.

4. 수컷이 암컷의 꼬리를 주둥이로 두드리고 있다.

5. 암컷이 산란을 한 후 떠나가고 수컷은 수정을 시킨다.

순서에 따라 계획된 선보기와 큰가시고기 수컷의 혼인 춤

이 독특한 한편의 자연의 연극은 물이 따뜻해지는 봄에 관찰할 수 있다. 물의 따뜻한 온도는 큰가시고기의 뇌에 전달되고 거기에서 특정한 호르몬이 분비된다. 이 호르몬의 작용으로 이 고기는 둥지를 찾기 시작한다. 적절한 장소가 발견되면 생식선은 성호르몬인 테스토스테론(Testosteron)을 분비하기 시작한다. 이때 이 고기는 공격적이 되고 자기 구역을 방어하며, 자신의 외관을 변형시킨다. 배는 붉은 색을 띠고 등은 청색이 되며 눈은 푸르게 빛난다. 수컷은 자신의 혼인 복장을 갖추는 것이다. 그런 다음 이제 위에서 본 바와 같이 혼인 춤이 시작된다.

이런 프로그램의 자동 제어 장치는 유전학적으로 확고하게 결정되어 있다. 게다가 이 자동 제어 장치는 극히 확고해서 우리는 이 사랑의 행위를 인위적인 중단을 통해 처음부터 끝까지 임의로 몇 번이나 반복시킬 수 있다. 이 프로그램이 완전히 수행됐을 때만이 그리고 그런 후에야 이 짝짓기는 완성되는 것이다.

을 감정과 연결시키는 원리가 점점 효율적으로 되었다는 사실을 발견
하게 된다. 게다가 감정은 그의 근원적인 기능을 변화시켜 우리 인간
이 아주 특별히 복잡한 활동들, 즉 생각하고, 계획하고, 설계하고, 비
교하고, 평가하고, 그리고 자기 자신의 경험을 상징화할 수 있게 되었
다. 다시 말해 인간은 복잡한 활동을 언어로 옮길 뿐만 아니라 이것을
다른 사람에게 전달하는 일들을 수행하는 의식이 생겨났다. 나중에
우리는 이러한 감정과 의식의 연결을 근거로 생각해 보면 적절한 정
서 혹은 성공적인 체험의 의미가 학습 과정에서 결국 과대 평가될 수
없다는 사실을 알게 될 것이다. 또한 후각의 강력한 기억 작용(특정한

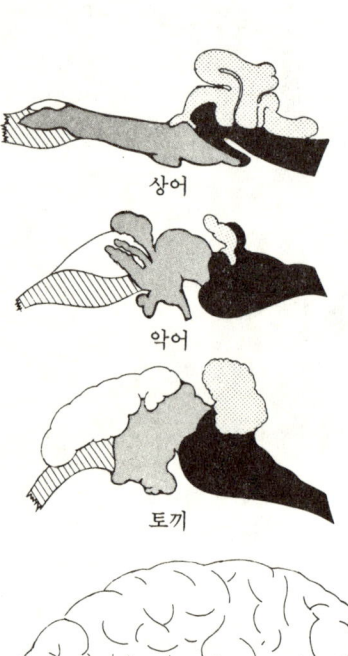

진화 단계에 따른 뇌의 변화

하등 동물에서는 신체의 협조와 자동
반응을 제어하는 부분이 뇌의 대부분,
즉 소뇌(점선 부분), 간뇌와 중뇌
(회색 부분), 뇌교(腦橋)와 척수
(검은 부분), 후뇌(嗅腦 : 빗금 부분)가
대부분을 차지하고 있다. 동물들은
진화 단계를 밟아 올라가면서 집단간의
의사 소통과 지속적인 학습 과정
—요컨대 사고와 대뇌—이 점점
중요하게 되었다. 후뇌에서 발달된
대뇌엽의 상부가 커짐에 따라
본능을 지배하는 부분들이 점차
작아졌다.

R. Moore의 《진화 Die Evolution》
(Amsterdam, 1973).

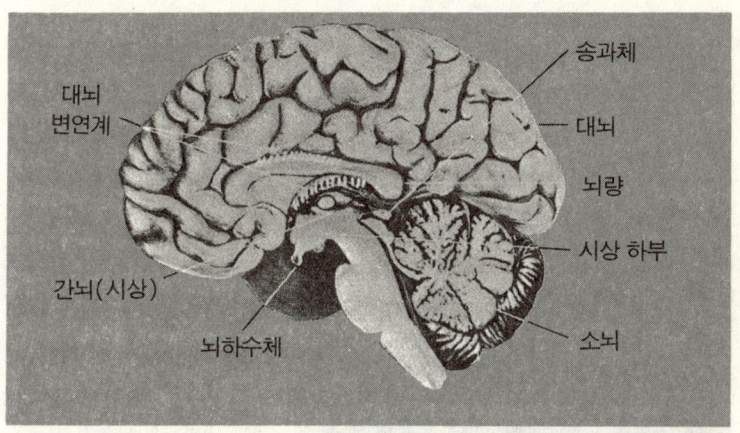

인간 뇌의 종단면 그림

'신호 후각'은 주지하다시피 어린 시절로부터 모든 기억 다발을 불러올 수 있다)은 후각 경로와 대뇌 변연계와의 밀접한 결합에서 설명될 수 있다.

물론 이러한 기능들은 대뇌 변연 관계가 해부학적 구조로 계속 형성되는 만큼만 발달될 수 있었다. 그리하여 변연 피질에서 오늘날의 내뇌 피질이 생겨났다. 이것을 통해서 이제는 전체 외부 세계 대부분을 보다 정확히 모사(模寫)할 수 있게 되었다. 뿐만 아니라 새로 형성된 뉴런들이 서로 얽힘으로써 저장된 모든 인상들을 새로이 통합할 수 있게 되었고, 이와 더불어 이런 통합을 수행하는 (본래 인간적인 의미에서의) 자의식을 인식할 수 있게 되었다.

이제 인간의 뇌로 돌아가서 신비에 찬 내부를 좀더 살펴보기로 하자. 다소 거칠고 호두 열매 같은 뇌의 외부 구조만으로는 그 안에 고도로 복잡하고 다양한 기관이 숨어 있다는 것을 상상하기 어려울 것이다. 그래서 오히려 뇌를 절단면에 따라 종으로 펼쳐 놓았을 때 우리는 어떠한 엄청나게 복잡한 과정이 이 속에 숨어 있는지 예감하게 될 것이다. 매우 아름다운 식물의 장식이나 진기한 바다 동물의 형태를 연상시키는 뇌 표본을 살펴보면 무정위, 기억 상실, 그리고 발육 부진 및 다른 특정한 장애로 인해 뇌 부위 각각의 과제를 알 수가 있다. 이

병에 걸린 뇌의 변화

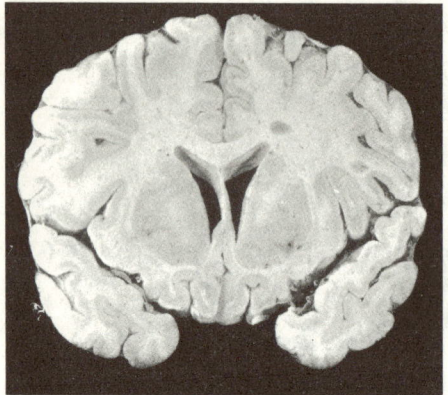

건강한 인간 뇌의 횡단면

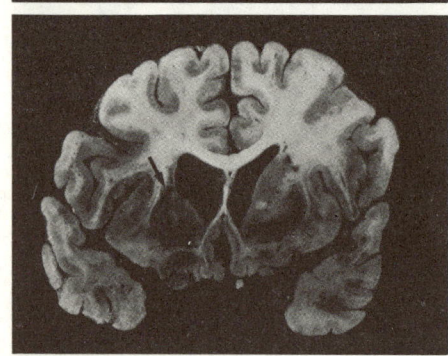

왼쪽, 내피낭의 뇌조직의 붕괴(화살표), 다른 쪽은 건강하다. 이 영역에서 우리의 의식적 운동에 대한 자극이 척수로 전달된다. 결과: 우지체 마비

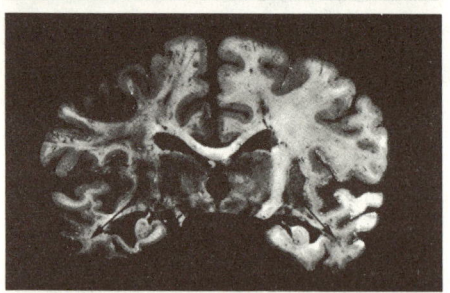

양쪽 측두피질(側頭皮質) 내의 대뇌 피질과 골수의 심한 수축. 왼쪽이 오른쪽보다 약간 더 심하다(화살표). 결과: 심한 지적 제한, 광범위한 기억 상실, 무정위.

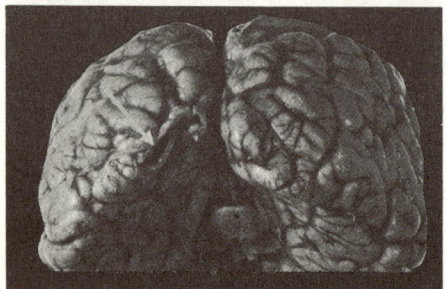

시피질(視皮質)의 대부분이 손상된 좌측 후두엽의 심각한 대뇌 손상(화살표). 결과: 심한 시각 장애(뒤에 보이는 것은 멀리 떨어진 소뇌).

러한 장애들은 물론 정상적인 뇌에 비해 구조적으로 변화된 뇌 부위에서 발생했다. 이러한 변화들은 환자가 사망한 뒤에 쉽게 확인할 수 있었으며, 이를 통해 장애 위치뿐만 아니라 정상적인 기능들의 위치를 확인할 수 있었다(24쪽 사진).

놀랍도록 아름답게 보이는 소위 활수(活樹)로 이루어진 소뇌에는 모든 의도적이고 자율적인 근육 운동이 통합된다. 감각 기관에서 들어온 정보와 대뇌 피질의 명령은 그 때문에 이 소뇌를 거쳐 근육에 전

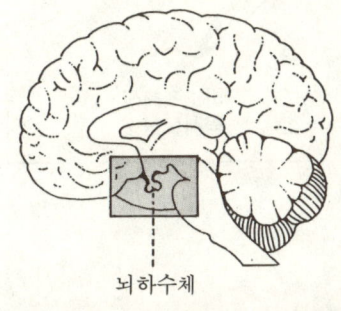

뇌하수체
뇌하수체 (아래: 밑에서 앞쪽으로 바라본 뇌의 모습)

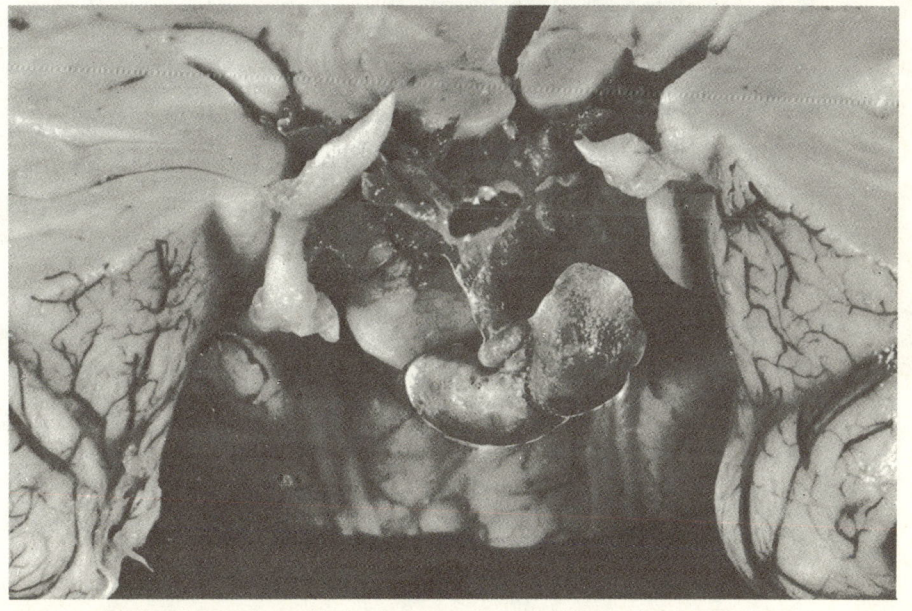

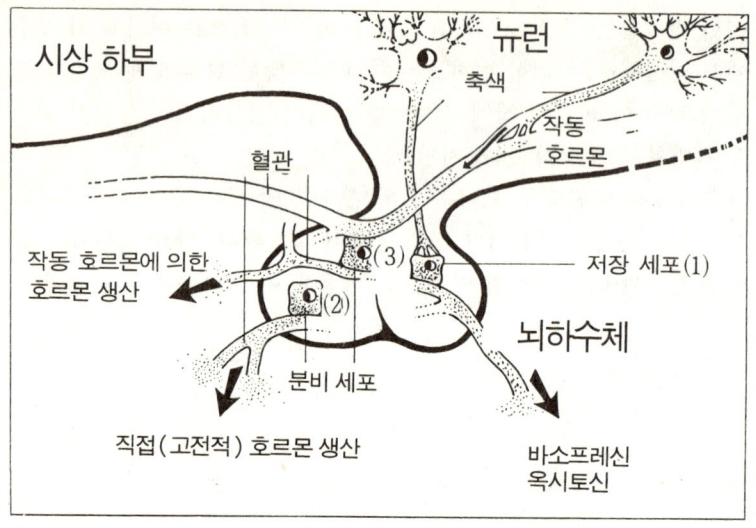

뇌하수체와 시상 하부간의 신경 및 혈관 연결
간뇌에서의 세 가지 종류의 호르몬 분비
(1) 신경 세포에서 직접 분비, 저장 세포로 이동.
(2) 분비 세포에서 직접 분비(고전적 호르몬 생산).
(3) 신경 세포에서 나온 작동 호르몬에 의해 자극되어 분비 세포에서 간접 분비.

달되어, 근육의 움직임이 일어난다. 그래서 우리가 생각한 것을 잊어 버리지 않게 하기 위해 연필 같은 기구를 손에 쥐고 종이에 써 내려갈 수 있는 것이다.

간뇌의 특정 영역, 소위 시상(Thalamus)에서는 대뇌로부터 입력된 모든 감각 지각에 따라 희로애락과 같은 감정을 주관한다. 여기에서 웃음과 울음이 통제된다. 즉 희로애락과 결부된 감각 지각이 얼마나 강하게 유지되느냐에 따라 모든 과정이 통제된다. 왜냐하면 대뇌의 서로 다른 영역에서 입력된 정보들이 시상에서 이전의 경험들과 비교·평가된 후에 대뇌의 다른 영역으로 넘어가기 때문이다.

시상의 아랫부분, 이른바 시상 하부에서는 배고픔과 갈증 같은 감정이 발생한다. 또 시상 하부는 체온을 지속시키고 호르몬 분비선이 올바르게 상호 협조하도록 조절한다. 무엇보다 이것은 조그만 돌기 형태로 달려 있는 뇌하수체와 함께 이 일을 수행한다. 뇌하수체는 신체 성장을 지배하며 거의 모든 호르몬 활동과 성적 활동도 조절한다. 뇌하수체에서 분비된 호르몬은 성기관, 갑상선, 소화 기관을 자극한다. 이 뇌하수체는 스트레스 반응의 일부가 제어되고 그 결과가 뇌세포로 다시 전달되는데, 이 모든 것은 지각, 사고 그리고 기억의 상호작용과 함께 이루어진다. 유발된 감정은 동시에 새로운 지각으로 저장되고 다른 정보와 연합한다. 그리하여 신경 통로, 호르몬 분비, 기억의 자극과 방해 그리고 자극에 대한 반응과 전달의 강력한 상호 작용 과정에서 규칙적인 조직망이 겹겹이 층을 이루게 되며, 뉴런과 뉴런의 연결이 끝없이 계속되는 과정중에 복잡한 피드백 효과가 나타난다. 이 피드백 효과는 시냅스 창구에서 일어나는 간단한 정보의 전달(34쪽 참조)로부터 극히 복잡한 정보 체계를 만든다.[1] 우리는 이 정보 체계의 법칙을 이제야 비로소 알기 시작한 셈이며 동시에 이 법칙은 단순한, 인과율적 논리만으로는 설명이 불충분한 인공 두뇌적 법칙이다.[2]

송과선은 뇌하수체처럼 작고 원형이며 송과체로 불린다. 이것은 어떤 의미에서 우리의 생활 리듬을 규정하는데 낮과 밤의 빛의 변화에 반응하고, 옛날에는 영혼이 들어 있는 곳으로 여겨지기도 했다.[3]

지금까지 설명한 여러 과정들 역시 대뇌 피질과 연결되어 있다. 결국 우리의 사고와 의식도 뇌의 일부분과 결합되어 있는 것이다.

만일 뇌의 반쪽을 종으로 절단해 보면 우리는 약 2분의 1제곱미터의 면적으로 이루어진 서로 접혀 있는 회색 뇌피질의 뇌엽(Lappen)을 볼 수 있을 것이다. 이것은 인간의 생존 경쟁의 가장 중요한 기관이며, 그 때문에 (동물과는 반대로) 우리 인간에게 특히 잘 발달되어 있다. 사고, 인식, 기억, 조화, 학습 그리고 망각이 일어나는 곳이 바로 이곳이다. 뇌평면도에서 우리는 절개되어 서로 분리되어 있는 두 개의 절반의 뇌를 보게 된다. 하지만 실제로 이들은 완전히 분리되어 있는 것이 아니라 이른바 '변지체(corpus callosum)'라 불리는 신경 섬유로 이루어진 뇌교로 연결되어 있다. 이런 식으로 대뇌, 소뇌 그리고 뇌간의 많은 부분이 사실상 쌍으로 이루어졌다. 하지만 부분적으로는 우리의 여타 신체에서도 이런 외면적인 대칭이 나타난다. 우리가 두 개의 눈, 두 개의 귀, 두 개의 팔, 두 개의 다리와 두 개의 신장을 가지고 있는 것이 바로 그런 예가 된다. 이와 상응하게 우리는 뇌 속에 씹거나, 잡거나, 걸어가는 등의 운동을 제어하는 두 개의 '운동 중추'와, 근육 조직의 접촉 자극이나 관절에서의 위치 자극을 감지하는 두 개의 '감각 중추'를 가지고 있다. 게다가 두 개의 시각 중추와 두 개의 청각 중추도 소유하고 있다. 결국 우리 몸의 왼쪽과 오른쪽의 신체 기관은 그에 상응하는 뇌 부위에 교차되어 연결되어 있다.[4]

하지만 이런 대칭이 시종 일관 유지되는 것은 아니다. 우리의 대뇌는 점점 나이가 듦에 따라 두 개의 반구는 분명하게 구별되는 작업 부위로 발전된다. 예를 들어 모든 우리 인간의 90~95퍼센트가 왼쪽 반구에 '능동적' 언어 중추가 있는 반면에 발설된 말을 수용하는 '수동적' 언어 중추는 오른쪽에 위치한다. 또한 흥미있는 것은 오른쪽의 청각 중추에서 소음과 음악이 왼쪽보다 잘 처리되는 데 비해 언어적 표현

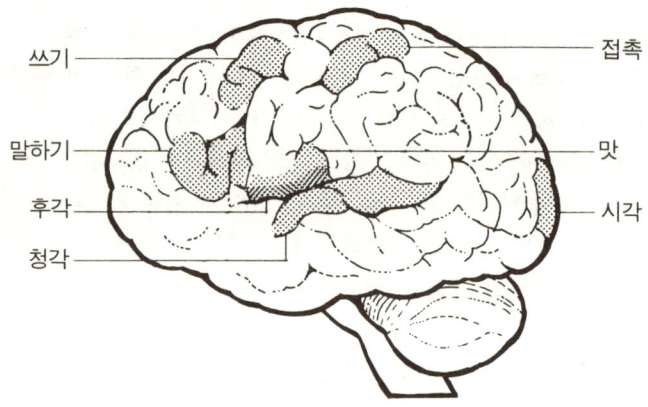

상이한 입력 채널을 사용함으로써 여러 다른 지각 부위가 뇌 속에서 활동하게 된다. 거기서 지각된 것은 대뇌 피질 전체에 퍼져 있는 연합 구간으로 전달되고 거기서 처리되고 기억된다. 그러므로 기억 정보는 지각 구간과 같은 곳에 위치하지 않는다. 만일 특정한 지각 구간(시각 구간 등)이 사라져도 이와 함께 해당 입력 채널을 통한 수용은 장애를 받지만, 예를 들어 이전에 본 것에 대한 기억은 장애를 받지 않는다.

은 왼쪽의 청각 중추에서 더 잘 처리된다.[4)]

이러한 비대칭의 예는 또 있다. 후두부에는 오른쪽과 왼쪽을 막론하고 우리가 눈으로 받아들인 정보를 특수한 신경 전달로 의식하게 만드는 뇌피질 구획이 놓여 있다. 이러한 시각 중추의 좌우 대칭적 배열에도 불구하고 또한 여기에서 하나의 기능적 비대칭을 확인할 수 있다. 즉 왼쪽의 피질 영역은 무엇보다 자모와 낱말 같은 활자를 그리고 오른쪽은 숫자나 형태 같은 것을 위한 곳이다.

뇌연구를 통해서 이미 오래 전부터 다음과 같은 사실이 알려져 왔다. 즉 이러한 입력 채널들이 일정 장소로 국한된다는 사실(=국부화)이 의미하는 것은 맨 처음 지각 정보를 받아들인 바로 그 뇌 영역에서, 단지 거기서만 기억되어 저장된다는 것이 아니다. 다만 입력되는 충격들이 그런 영역에서 받아들여 전달된 다음 다양한 결합을 통해 이들 충격은 뇌 전역으로 흩어져 저장된다.

대뇌의 모든 영역이 언어, 운동, 감각, 시각 그리고 청각의 입력 채널처럼 그렇게 분명하게 설명되지는 못했다. 어쩌면 이것은 바로 이 대뇌가 명료하게 배열되어 있지 못하기 때문이라고 생각된다. 이것은 사고와 정보들이 상호 결합되는 이른바 연합 구간에도 마찬가지다. 무엇보다도 사고와 인식, 계획과 구상, 구별이 이루어지는 두뇌 활동의 다차원적인 영역에 해당되는 것이다.

우리가 점점 깊이 이 신비에 찬 조직의 내부로 들어가 이러한 복잡한 기구의 가장 작은 구성 요소에까지 들어가 보면 우리가 무엇을 볼 수 있을까? 우리가 개별적인 뇌세포에서 사고를 감지하고 각각의 기

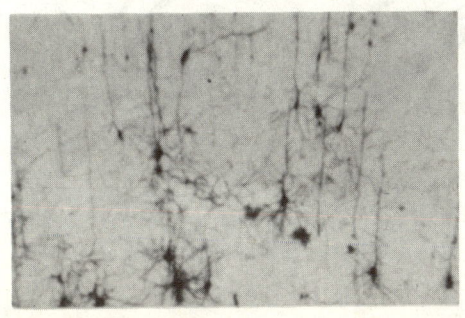

100배로 확대한 뇌세포
(은 염색)

억, 혹은 그야말로 우리의 '자아'를 발견할 수 있을까? 만일 그렇다면 언제, 어디에서일까? 이처럼 주먹만한 크기로 접혀 있는 엽들이 150억 개의 세포로 이루어져 있다는 것은 믿을 수 없게 들릴지도 모른다. 이것은 하나의 조그맣고 바늘끝만한 조각에서 수만 개의 작은 연결 중추들이 실질적으로는 무한히 많은 결합 가능성을 가지고 있다는 것이다. 요컨대 조각조각마다 저장 작업과 계산 작업, 입력과 출력 그리고 프로그래머를 다 가지고 있다는 것을 의미한다.[5]

독특한 법칙을 갖고 있는 미시 세계

만일 우리가 이러한 미시 세계에 깊이 들어가서 각각의 뇌세포들의 결합과 배선을 관찰하고, 무엇보다 매우 조밀하게 상호 밀집되어 있는 세포에서 뭔가를 보기 위해서는 일단 특정한 뇌 부위의 극히 얇은 조각을 떼내야 한다. 그 다음 이 조각을 우선 파라핀에 담그었다가 현미경 관찰을 위해 얇은 조각 형태로 대물 렌즈 위로 옮겨 (예를 들어 은 침전물로) 채색한다. 이렇게 함으로써 끝없이 거대한 망상으로 이

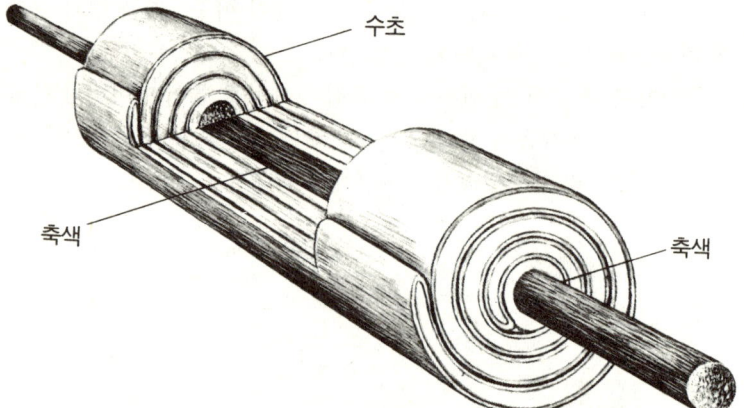

전선처럼 절연된 신경 섬유(축색)들은 밝은 수초(Myelin)로 이루어진 축색을 둘러싼 외피로 싸여 있다. 만일 이러한 절연층이 파괴되면 완전한 단락이 나타난다. 예: 간질 발작, 알코올 중독자에게서 나타나는 횡설수설.

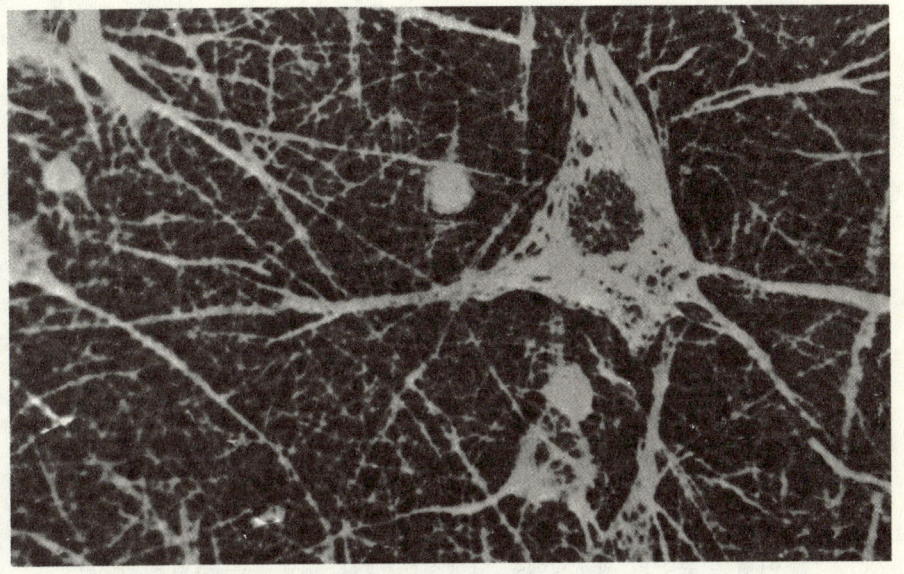

약 1000배로 확대시킨 뇌세포와 그들의 배선들(은 염색)

루어진 얇은 절단면이 또렷해지는 것이다.

150억 개의 세포, 즉 신경 세포(혹은 뉴런)는 다시 한 번 약 1만 개에 달하는 횡적 결합을 통해 하나의 복잡한 망상의 섬유 조직을 이루고 있는데 최대로 확대된 현미경을 통해서야 이것을 비로소 볼 수가 있다. 이 150억 개의 뉴런들은 이러한 섬유망과는 별개로 잘 알려지지 않은 부호(Code)와 함께 진동하고 있는 것이다. 섬유 자체는 보통 절연층 속에 들어 있는데 이 층은 하얀 색으로 원래의 뉴런이 회색 물질인 것과는 구별된다. 이 하얀 뇌물질의 세포는 신경 섬유를 둘러싸서 이루어져 있으며 회색 물질인 신경 섬유는 상이한 뇌 영역은 물론 척수와 기관들을 상호 결합시킨다.

우리는 여기에서 또 한 번 자연에서의 전형적인 기술적 원리(전기적 전도체의 절연)를 간략하게 살펴본 것이다. 왜냐하면 이러한 백색층은 뉴런 섬유간의 단락을 막기 때문이다. 사실상 그러한 단락은 존재한다. 거기에는 예를 들어 간질성 발작이 해당된다. 생물학과 기술학은 상호 유사한 점이 있긴 하지만 구별되어야 할 점도 있다. 신경 섬유는 (철사와는 달리) 전도체일 뿐만 아니라 무엇보다도 그 자체로 자극을 받으며 반응 능력을 갖고 있다. 그 때문에 신경 섬유는 '전류 발생기'이자 '증폭기'인 것이다.

이제 뇌를 1만 배로 확대시켜 보자. 이렇게 본 뇌는 약 1000미터 높이의 산등성 크기가 된다. 좀더 각각의 뇌세포, 그리고 뉴런에 접근해서 그것의 수상 돌기, 가지, 축색을 추적해 보면 우리는 이러한 하나의 세포와 멀리서부터 연결된 다른 뉴런과의 수많은 접지점을 도처에서 볼 수 있다. 하나의 뇌에 있는 이러한 모든 섬유를 연결하면 지구에서 달까지의 거리보다도 먼 50만 킬로미터까지 늘어놓을 수가 있다. 단 하나의 뇌세포가 1000개 이상의 섬유관을 받아들일 수 있는데 이 중에서 조그만 한 부분만이 견고하게 접합되어 있다. 우리의 사고에서 '정확한' 접지점이 어디에 있는지에 대해서는 아직 완전히 설명되고 있지는 못하다.

어쨌든 뉴런의 세포체에는 단백질(단백질 분자 혹은 펩티드 분자)이 형성되어 이것은 축색을 따라 이동한다(이것이 전기적 '자극 전달'과 혼동되서는 안 된다). 단백질(펩티드)은 매듭 모양의 아미노산으로 이루어져 있다. 하나의 펩티드는 2~3개에서 100개의 이르는 아미노산으로 이루어진 단순한 작은 단백질이다. 이러한 단백질 분자는 뉴런과 뉴런이 어떻게 결합되느냐에 따라 그 구조가 결정된다. 이렇게 결정된 단백질 분자를 또한 '인식 분자'라고도 부른다. 현재 실험을 통해서 얻어진 뇌 발달에 대한 거의 모든 인식들과 학습 그 자체는 지금까지 설명한 이러한 모델과 일치하고 있다.

이제 접지점에 대해서 생각해 보자. 이미 말한 것처럼, 접지점의 대부분은 견고하게 접합되어 있는 것이 아니다. 이것은 일정한 신호를 받았을 때에야 비로소 접지가 일어나거나 차단되는 조그만 개폐기에 해당된다. 이 신호 자체는 일정한 부호를 통해 돌기 모양의 접촉부에 저장된 화학 물질에 의해 발생한다. 이러한 개폐기(보통 시냅스라고 부른다)를 19세기 말 이미 전자 생리학자 셰링턴(Sherrington)은 예감하고 있었다. 그는 자극 수용시에 1000분의 1초 가량의 충격 지체를 발견했는데 그는 이것을 중간에 있는 개폐기를 통해서 설명했다. 우

I. 우리들 뇌의 각인 33

수없이 부착된
시냅스를 갖는 하나의
신경 세포의 세포체

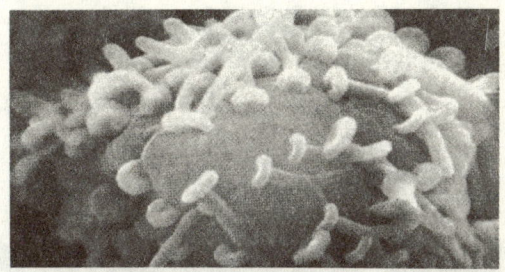

시냅스들은 다른 신경
세포의 섬유 끝에 있는
돌기 모양의 '개폐기'로서
(아직도 신비에 싸여
있는 암호를 통해
조절되어) 그들의 충격을
이 세포체에 전달한다.
루이스(Lewis, E.R.)의
전자 스크린 사진.[6]

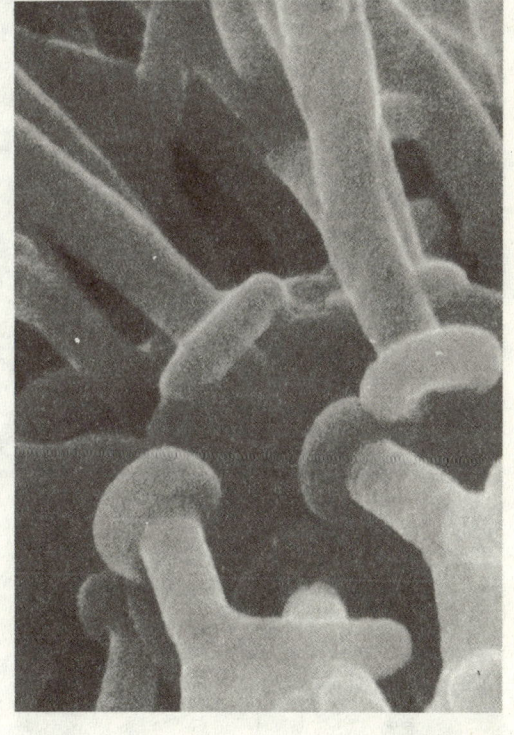

리는 셰링턴이 당시의 아직까지 초보적인 단계의 조야한 측정 기구를 가지고서도 얼마나 정확했는지를 상상할 수 있을 것이다. 나중에 전자 현미경이 발명된 이후에야 비로소 우리는 시냅스를 볼 수가 있었다. 그것은 미세하고 작은 돌기로 분기된 신경 섬유의 말단에 해당된다.

34

보다 고등한 척추 동물과 인간에게는 신경 섬유 끝부분의 돌기와 바로 인접한 뉴런의 막 사이에 상상할 수 없을 만큼 좁은 틈이 있다. 이것은 1만분의 1밀리미터(100~200옹스트롬)도 안 되는 좁은 간격이다. 그럼에도 불구하고 이 틈은, 이것이 'off' 위치에 있는 한 상호 접촉해 있는 섬유들을 충분히 구분할 수 있다. 만약 이것이 'on' 위치

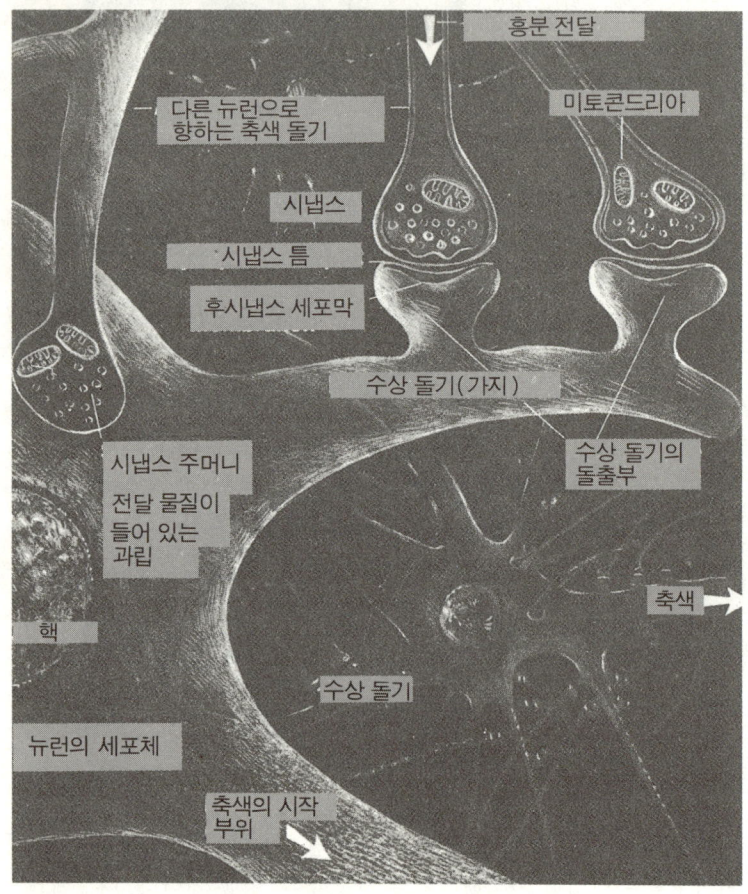

시냅스로 상호 연결된 뇌세포

세포체와 그들의 가지로 충격이 받아들여지고 신경 섬유(축색)의 연결체와 돌기 모양의 시냅스에서 이 충격이 다음으로 옮겨진다.

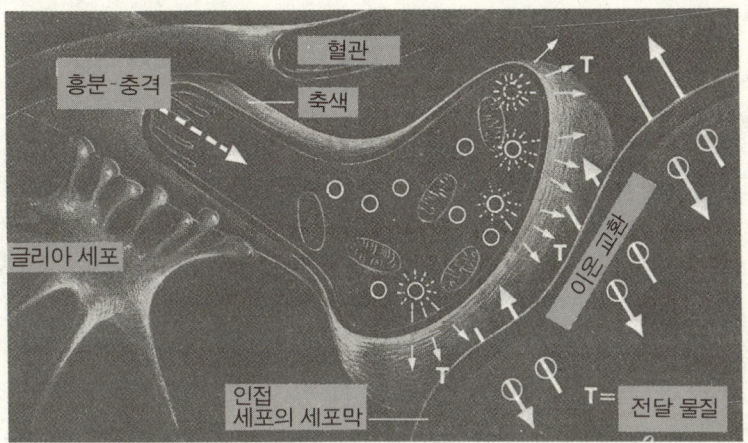

어떻게 시냅스가 그 기능을 수행하는가: 축색을 거쳐 들어온 자극은 시냅스 주머니를 세포막으로 이동시켜 자리를 잡게 만든다. 시냅스와 접촉된 세포 사이의 틈에서 분비된 전달 물질(T)이 접촉된 세포의 막을 특정한 이온(예를 들어 칼륨, 나트륨)을 통과할 수 있도록 한다. 이것을 통해서 이온 전위와 전기적 충격이 접촉된 세포에서 발생한다. '촉진' 전달 물질(아세틸콜린 등)들은 예를 들어 나트륨-유입과 칼륨-배출에 작용하고, '억제' 전달 물질(예를 들어 노르아드레날린)은 이와 반대로 그 역의 이온 이동에 작용한다.[7]

에 있을 경우에는 이 틈은 화학적 전달 물질을 통해 연결된다. 그 밖에 전달은 (최소한 이들 시냅스에서는) 하나의 밸브에서와 같이 한 방향에서만, 요컨대 시냅스에서 인접해 있는 신경 세포 쪽으로 이루어진다. 많은 투자를 한 실험을 통해 미세 신경학자들은 형태적으로 아직 분명하게 구별하지는 못하지만 자극 시냅스와 억제 시냅스가 존재한다는 사실을 밝혀 냈다.[8]

그러면 시냅스는 어떤 역할을 하는 것인가? 시냅스는 본질적으로 두 가지 과제를 수행하고 있다. 첫째로 시냅스는 신호 전달을 맡고 있으며, 둘째로 기억 정보 저장을 맡고 있다. 그리고 여기에는 시냅스를 'on' 상태 혹은 'off' 상태로 작동을 결정하는 인식 분자들이 들어 있다. 만일 기억했던 것들을 소환하려 한다면 함께 있던 뉴런의 시냅스가 연결을 담당해야 한다. 이미 말한 것처럼 그들은 '발사'해야 한다.

그리고 이러한 '발사'에 대해서는 이미 몇몇 정확한 개념이 있다. 시냅스를 39쪽 그리고 40쪽 그림을 관찰해 보면 우리는 거기서 수많은 작은 동그라미 모양의 주머니들을 볼 수 있을 것이다. 생화학자들은 이것을 보다 자세히 관찰하여 그들 속에 전달 물질이 저장되어 있다는 사실을 밝혀 냈다. 연구자들은 이 전달 물질들이 오랫동안 잘 알려져 온 어떤 간단한 단백질 분자들로 이루어져 있다는 사실에 깜짝 놀랐다. 그것은 아세틸콜린, 노르아드레날린, 특정한 아미노산과 그 밖의 것들이다.

전기적 자극이 축색을 따라 시냅스까지 이동하면, 시냅스 주머니들이 터지고 그 속에 있던 전달 물질들이 분산된다. 이 물질은 틈 속으로 이동해 맞은 편에 있던 신경 세포의 벽 혹은 그 세포의 가지 중 하나에서 특정한 이온에 대한 투과성을 높인다. 자극된 시냅스의 전달 물질은 예를 들어 나트륨 이온의 유입과 칼륨 이온의 배출에 영향을 미친다. 결국 시냅스와 인접한 신경 세포 사이에 전류가 발생하는데 이 전류는 거기에서 전기 화학적 충격이 만들어진다. 그러면 접촉이 끝난다. 억제 시냅스에서는 이것이 역으로 나타난다. 이들의 전달 물질은 반대 방향으로 이온이 이동하도록 작용하며 이것을 통해 이동하는 충격이 멎게 된다. 어쨌든 잇달은 '발사'를 준비하기 위해 새로운 시냅스 주머니들이 만들어진다. 요컨대 전달 물질이 끊임없이 보급돼야 하는 것이다.

여하튼 약 5000억 개에 달하는 접촉부 혹은 시냅스는 우리가 뜻한 바대로 사고하고 기억할 수 있도록 해주며 우리 삶의 모든 기억을 동시에 불러내지 않고(이것은 무정부 상태의 무아경, 뇌 기능의 순간적인 충돌에 해당한다), 몇몇의 '적합한' 사고 결합을 통해 항상 아주 특정한 것만을 기억하도록 한다.

자 이제 다시금 우리의 미시 세계의 심층에서 표면으로 올라가 보자. 지금까지 중점을 두었던 것은 우리의 사고에 동반되는 두뇌 과정이 얼마나 다층적이고 매혹적이며, 수수께끼 같은가 하는 느낌을 갖도록 하는 것이었다. 이것은 그야말로 다음에 이어질 학습, 기억, 망각에 관한 단원을 설명하는데 결정적인 단서가 된다고 생각된다. 물론 이런 설명들은 궁극적인 것은 아니다. 다만 현재의 생물학적 지식과 일치하는 수용 가능한 설명들이다. 요컨대 이것은 그런 현상들의 실마리에 접근할 수 있는 일차적인 발단에 불과한 것이다. 이제는 단편적으로나마 그런 현상들의 원리를 기술할 수 있다. 물론 이것은 우리에게 이미 많은 것을 깨우쳐 주었고 앞으로도 많은 것을 제공해 줄 것이다.

(요컨대 우리가 축구를 할 때, 자동차를 운전할 때, 시험 문제를 풀 때, 혹은 갑자기 어떤 것을 인식하게 되었을 때) 만일 우리가 사고, 학습, 망각이라는 우리의 뇌에서 일어나는 것에 대한 질문에 답하려면, 갓난아이의 뇌에까지 거슬러올라가 보아야 한다. 거기서 탄생 후 최초의 몇 주내에 여러 가지 것들이 일어나고, 바로 이것이 그 이후의 모든 삶에 영향을 미치게 된다.

생애 최초의 인상들—과소 평가되는 예비 프로그램 작업

인간의 뇌는 태어날 때까지 대부분이 형성된다. 나머지 세포들의 형성과 그들의 견고한 결합은 생후 몇 주나 몇 개월의 짧은 기간에 이루어진다. 그러면 원래의 뇌 성장은 종결된다. 인간의 뇌세포는 다른 기관의 세포들에 비해서 놀랍도록 이르게 세포 분열을 중단한다. 그러나 그것은 생명체의 학습을 가능케 하는 유일한 보장책이 된다. 왜냐하면 뇌세포가 근육 조직이나 피부의 세포들과 똑같이 끊임없이 증가한다면 같은 기간내에 또한 똑같이 많은 세포가 죽게 되며, 뿐만 아니라 이 세포들의 죽음과 함께 그 안에 저장된 정보들도 영원히 잃게 된다. 그 이유는 세포 분열시 DNA에 저장된 유전 정보들은 계속 남아 있지만 새로이 추가적으로 학습된 것들은 정보로서 계속 남아 있지 않기 때문이다. 그렇게 되면 가장 초기의 시간은 더 이상 기억해 내지 못할 것이다. 하지만 이런 초기의 정보는 우리의 최초의 촉각, 후각, 미각 그리고 느낌들을 통해서 유전 정보들과 아주 흡사하게, 게다가 그 이후에 의식적으로 기억해 내는 대부분의 것들보다 더 단단하게 저장된다. 그리하여 우리들 각자는 자신이 이미 갓난아이 때 발달시킨 바로 그 세포들을 가지고 모든 것을 하는 것이다.

하지만 뇌가 외부 세계의 최초의 말, 최초의 인상을 저장하고 보존하고 뇌의 어딘가에 놓아두었다가 다시 불러 내오기 위해서는 일단 맨 처음의 기본 골격이 형성되어야 한다. 즉 그 기본 골격 안에서는 이후의 정보들이 확립될 확고하게 결합된 섬유망이 형성돼야만 하는 것이다. 이러한 뉴런 결합의 일부는 태어나기 전에 이미 유전자, 즉 유전 물질을 통해 고정된다.

그렇지만 나머지 뉴런 결합은 뇌세포들이 여전히 분열하고 증가하며 그들의 섬유 모양의 돌기로 상호간에 접촉을 하는 그 후의 몇 달 동안에 완성된다. 그리고 여기에서 뭔가 독특한 것, 즉 인간의 다른 신체 기관에서 찾아볼 수 없는 그런 현상이 일어나게 된다. 즉, 뇌세포들은 현존하는 환경에 따라 서로 다르게 성장하는 것이다! 바로 이 시기가 시각, 후각, 미각, 청각 그리고 촉각 등의 지각과 같은 외부의 영향이 뇌 형성(형태적인 변화 및 성장하는 세포 사이의 확고한 결합)에 직접 영향을 미치게 되는 때다.

이 같은 사실을 사람들은 어떻게 알게 된 것일까? 미국의 예수회 신부 코넬(Conel)은 수십 년간의 기록 작업을 통해, 뇌피질의 같은 영역을 태어난 후 서로 다른 시간 간격을 두고 정확하게 관찰한 그의 유명한 역사적인 책에서 3개월째부터 뇌세포의 수는 실질적으로 더 이상 증가하지 않으며, 또한 그들의 배선도 더 이상 빽빽해지지 않는다는 사실을 보여 주었다. 이로써 코넬을 통해, 태어난 후 최초의 몇 달간이 뇌의 형성에 결정적인 영향을 미치게 된다는 사실이 널리 알려지게 되었다. 어떻게 서로 다른 외부 환경의 영향들이 뇌의 해부학적 구조에 직접 각인될 수 있는가 하는 것은 그 이후의 연구에 의해 밝혀지게 되었다.[9]

어떻게 외부의 영향들이 뇌세포를 자극해 그들의 돌기를 상이하게 성장케 하고, 수천 개의 파트너 세포들 중 특정한 세포들과만 결합할 수 있게 하느냐에 대한 최초의 암시는 동물 실험에서 나왔다. 쥐의 경우에 생후 최초의 2주 동안 뇌의 시각 중추내에 있는 모든 신경 세포

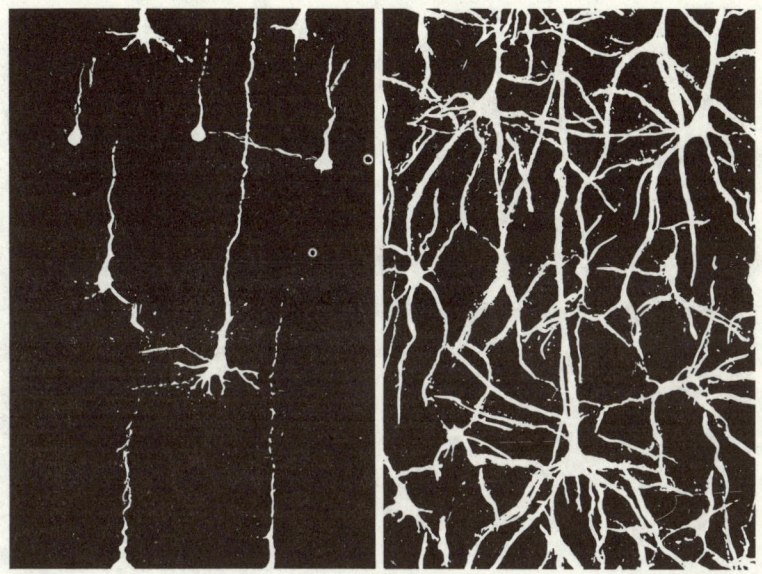

탄생 시점의 인간 뇌피질의 한 부위의 단면(왼쪽), 그 옆은 3개월째, 15개월째, 그리고 3살 때의 모습이다. 생후 3개월내에 뇌의 결정적인 변화가 일어난다는 사실은 분명하다(Conel).

는 다른 신경 세포와 약 14개의 접촉을 갖고 있음이 확인되었다. 그럼에도 불구하고 쥐들이 눈을 뜨자마자(그들은 태어날 때는 앞을 보지 못한다) 폭발적인 발전을 보였다. 그 후의 2주 동안에 그 접촉의 수는 세포당 8000개에 달했던 것이다. 그러나 쥐들의 눈을 가려 계속해서 앞을 못 보게 하면 이 접촉의 수는 처음과 같이 아주 적은 수준에 머물렀다. 몇 주 뒤에 가린 눈을 풀어 주었을 때는 그 손상은 더 이상 회복이 불가능해져 쥐들은 계속해서 앞을 못 본 채로 남아 있었다. 인간의 경우에서도 어떤 이유에서든 생후 최초의 기간에 시각적 인상을 받아들이지 못했을 때는 이와 유사한 일생 동안의 시각 장애가 일어나는 것으로 알려져 있다.[10]

또 다른 예를 살펴보자. 만일 고양이에게 생후 최초의 6주 동안 주변 환경에 2초 동안의 광선만을 비추어 주었을 때, 다시 말해 움직임 없는 정지된 상의 세계만 제공하면, 이때 시각적 지각을 처리하는 신

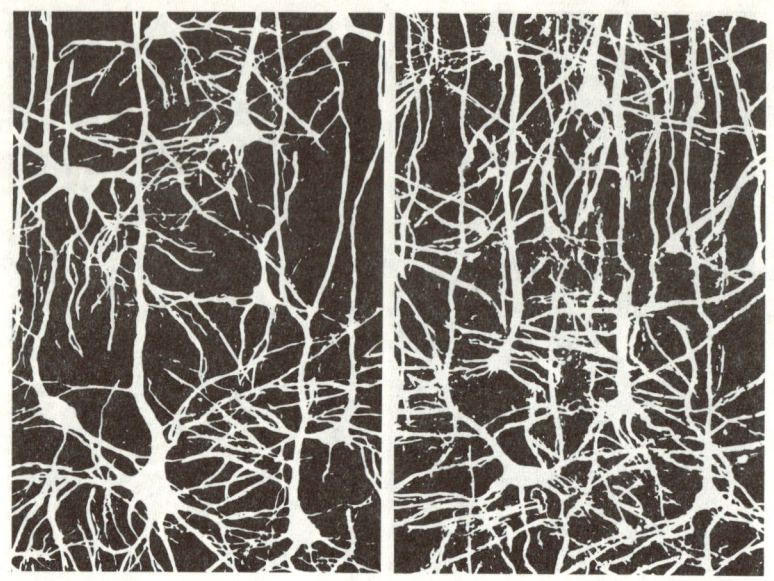

경들은 그 후의 전생애에 걸쳐 역동적인 시각 능력을 가질 수 없도록 배선된다. 즉 실제 환경에서 이 고양이는 더 이상 운동을 파악할 수가 없게 되는 것이다. 게다가 생후 최초의 몇 주 동안 수평선만을 혹은 수직선만을 보게 되는 고양이들은 그 뒤에는 그 역방향의 지각들에 대해서는 '눈이 멀게' 되는 것이다 (41쪽의 그림 참조). 이 동물은 나중에도 생애 초기에 경험한 정보 종류만을 처리할 수 있는 것이다.[11]

그야말로 놀라운 것은 나중의 호르몬 반응 역시 최초의 감각 인상을 통해 매우 초기에 고정된다는 것이다. 쥐 실험을 통해서 생후 최초 몇 주내의 일정한 스트레스를 경험하면 그 후에 겪는 스트레스 상황에 보다 잘 대처한다는 사실이 알려졌다. 성호르몬의 초기의 배출 혹은 초기의 유입이 뇌 부위간의 아주 특정한 '배선'을 이루어 냄으로써 그 이후의 성생활을 강하게 규정하는 것도 이것과 아주 흡사한 것이다.[12]

뇌피질은 가능한 한 생후 최초의 몇 주 사이에 지각된 그런 환경에

I. 우리들 뇌의 각인   41

생후 최초 시기의 외부적 영향은 그 이후의 뇌의 활동을 규정한다. 어린 고양이들에게 생후 최초의 6주간에 그들의 생활 주변을 오직 수평선으로만 둘러싸이게 만들었다. 또 다른 집단의 고양이에게는 수직선의 환경이 제공되었다. 그 결과 고양이들은 그 후의 생활에서 각각의 역방향의 지각에 대해서는 '눈이 멀게' 되었다. '수평선의 환경에서 길러진 고양이'는 수직선 앞에서는 비틀거리며 완전히 방향을 상실했다. '수직선으로 이루어진 환경에서 자란 고양이'에서는 수평선 앞에서 이와 똑같은 결과가 나왔다.

잘 적응해 나가도록 배선된다. 또한 화학적 영향 및 영양과 호흡된 공기 역시 이와 똑같은 영향을 미친다. 너무 많은 산소는(예를 들어 탄생 초기에 산소 텐트에서 나타날 수 있는 경우처럼) 바로 이 시기에 특히 많이 성장하는 뇌세포의 분열 비율을 지연시키며, 뇌를 작게 만든다(쥐 실험에서 7퍼센트의 뇌세포 수의 감소가 확인되었다). 7개월째 된 아이가 그의 최종적인 뇌세포 수의 약 3분의 2가 형성되었다면 그것은 수십억의 세포가 더 형성되어야 하는 것이다. 이와 유사하게 영양 부족도 (쥐 실험에서 마찬가지로) 40퍼센트 정도의 신경 섬유 분기의 축소를 가져왔는데 나중에도 결코 복구되지 않는다.[13]

우리는 생후 최초 몇주 동안 갓난아이의 '수동적인 태도'로 인해 정신적인 영역에 많은 변화가 일어나고 있다는 사실(즉 해부학적 변화와 함께 인간마다 서로 다른 기본 틀로 만들어 진다는 사실과, 감각 인상들을 통해 야기된 환경에 대한 최초의 내적인 모사가 더 이상 바꿀 수 없게 형성된다는 사실)을 소홀히 하고 있다. 바로 그 후에 입력되는 정보들은 배선되는 것이 아니라 이러한 그물망을 따라 여러 단계에서 물질로 저장된 부호화한 기억들로 운반된다. 우리는 나중에 이 점에 대해 보다 정확하게 살펴볼 것이다. 컴퓨터 전문어를 빌리자면 우리는 이러한 추가되는 저장과 프로그래밍 작업을 '소프트 웨어'라고 칭하고, 이와 반대로 태아기와 생후 최초의 몇 달내에 발생하는 해부학적 배선을 '하드웨어'라고 부를 수 있을 것이다.

모든 갓난아이들이 그들의 좁은 공간에서 접하게 되는 최초의 지각들은 서로 상이하며, 또한 어린아이가 아직 의식적으로는 아무것도 알아차리지 못할 때 이제 막 생성되는 뇌의 기본 틀에 대한 생활 공간의 영향도 다르다. 빛의 모형, 공간 소음, 많은 땀, 신선한 세탁물의 냄새, 마루 닦는 왁스, 막대기들, 직각, 움직이는 사물들, 조명, 어머니의 음성 등이 여기에 속한다.

기본 틀과 개인적 학습

어떤 지각 모델이 어린아이들을 지배하는지 알아내기 위해 우리는 뮌헨의 여러 어머니들을 상대로 앙케트 조사를 했다. 이 조사에서 어머니들은 다음과 같은 항목의 질문을 받았다: 그들의 갓난아이가 생후 최초의 3개월 동안 매일 얼마나 오랫동안 어른들과 시간을 보냈는가? (잠들거나 깨어 있을 때) 매일 얼마나 오랫동안 어머니와 신체적 접촉이나 혹은 직접적인 피부 접촉을 가졌는가? 갓난아이가 모유를 먹었는가? 아이는 얼마나 오랫동안 같이 있었는가? 하루에 얼마나 오랫동안 갓난아이와 놀아 주었으며 주당 얼마나 많은 사람들과 접촉했는가? 얼마나 자주 아이는 움직였으며, 외출을 했는가? 매일 아이가 얼마나 밖에 나가 있으며 어떤 소음에 주로 민감한가? 아이는 어떤 전형적인 '냄새'나 특정한 '소리'에 특별한 관심을 가지는가, 그렇지 않은가? 얼마나 오랫동안 특정한 대상에 몰두하였는가? 아이의 환경은 단조로운가 아니면 다양한 형태로 이루어져 있었는가?

'평균적인 갓난아이'의 경우는 다음과 같이 요약됐다: 갓난아이들은 최초의 3개월 동안 매일 한 시간 이상 어머니와 피부 접촉을 가졌으며, 2개월이나 3개월 동안 젖을 먹었고, 대부분의 시간 동안 어른들과는 다른 공간에 놓여 있었다. 아이와 얘기하는 시간은 한 시간 이상이였으며 하루 한 시간 30분 이상 아이와 놀아 주었다. 대부분의 갓난아이는 두 명에서 네 명의 사람과 접촉을 가졌으며, 자주 어머니에 이끌려 주변을 돌아다녔다. 그들 중 92퍼센트는 하루 한 시간 이상 아이를 밖에 데리고 나갔으며, 아이들은 소리 중에서 특히 목소리를 알아차렸다. 84퍼센트가 특정한 냄새에 관심을 가지고 있었으며, 66퍼센트는 한 시간 30분 이상 어떤 것이든 대상을 가지고 놀았다. 모든 것이 특별히 신기한 것은 없었다.

하지만 갓난아이 각각의 백분율 수치를 관찰해 보면 최대치와 최소치 사이의 수치들은 주목할 만하다. '평균적 갓난아이'들까지도 똑같지 않았다. 우리는 비록 여기에서 양친들이 유사한 환경, 유사한 소득계층, 같은 지역(Pasing), 같은 연령에 속하는 사람들이었음에도 불구하고 생후 최초의 시간에 형성되어 있는 환경의 차이에 놀라지 않을 수 없게 된다. 평균적 아이 가운데 늦게 취학한 어린아이의 35퍼센트는 최초의 3개월 동안 어머니와 한 시간 30분 정도의 피부 접촉을 가진 데 반해 65퍼센트는 그 이상이었다. 46퍼센트는 어른과 같은 공간에 있었던 반면에 54퍼센트는 다른 공간에 있었다. 그 아이들의 절반은 종종 자주 움직이고 돌아다닌 데 반해 나머지 절반은 그것이 드물거나 전혀 없었다. 어머니들의 52퍼센트가 사람의 목소리를 중요한

이 어린이들의 감각 인상과 환경이 다르듯이 또한 뇌의 기본 틀 역시 상이하다.

소리로 꼽는 데 반해, 29퍼센트는 기계 소리(예를 들어 세탁기 소리)를, 12퍼센트는 음악 소리를 꼽았고 다만 7퍼센트만이 이런 소리들이 다소간 동등 비율로 거론되고 있다. 이처럼 똑같은 문화권의 소규모 집단내에서조차도 갓난아이에게 영향을 주고 뇌의 기본 구조를 형성하는 인상들은 아주 상이한 것이다.

지각 모델들은 가족과 가족, 사회 계급과 계급, 국민과 국민, 정확히는 문화와 문화마다 다르다. 아프리카에서 태어난 아이들에게 지각 모델은 엷은 갈색 피부, 열, 공기, 둥근 형태, 자연, 땅 냄새, 나뭇잎,

나무, 나뭇잎을 통해 비치는 태양, 벌레들, 날카로운 소리, 새 소리, 움직임, 흔들림, 땀 냄새와 점점 옅어져 가는 피부, 기나긴 낮과 밤 등이다. 그러므로 어머니 등에 업혀 모든 움직임을 어머니와 함께하는 아이들의 인상은 대개 만지고 느끼는 자연이다. 우리 문화권(유럽)의 아이들은 이러한 것을 더 이상 어머니와 함께하지 않고, 육체와 분리되어 단지 시각적으로 그리고 어머니의 말 속에서 청각적으로만 체험한다. 이에 반해 아프리카 아이들은 어머니가 하는 모든 것을 육체화한다. 다시 말해 어머니와 함께하는 것이다. 그 때문에 기초 설비, 즉 뉴런 결합인 하드웨어가 다르게 형성되는 것이다. 그래서 유럽의 문화권에서는 추상적인 과학적 사고가 발달했는 데 반해, 종종 아직도 매우 다른 문화를 가지고 있는 민족들은(인도나 혹은 옛 아프리카의 고도의 발달된 문화) 유럽과는 완전히 다른 삶의 가치 평가가 발달되어 왔다.

하지만 이 시기에 받은 오감의 인상들만이 이후의 사고 방식과 이해 방식을 위한 서로 다른 기본 틀을 확립시키는 것은 아니다. 최소한 어린아이의 영양 섭취도 결정적이고 중요한 영향을 미친다. 미국의 연구가들은 굶주린 나라의 아이들 다수를 대상으로 오랜 기간에 걸친 만성적인 영양 부족이 정신적인 발달에 어떤 영향을 미치는가에 대해 연구했다. 지속적으로 영양 부족 상태에 있는 어린이들은 같은 지역 내의 충분한 영양을 섭취한 아이들에 비해 매우 낮은 지능 정도를 보여 주었다. 다른 한편으로 (모유에 비해) 영양 과다와 단백질 과잉 섭취도 마찬가지로 해로운 것으로 나타났다. 요컨대 잘못된 영양 섭취 역시 영양 부족과 같은 정도로 해로울 수 있는 것이다. 물론 젖을 먹이는 어머니의 약물, 독성 물질, 니코틴, 정제 약품 복용이나 예를 들어 종종 아무 생각 없이 복용하는 비타민 D의 과잉 섭취 역시 마찬가지로 해롭다.[14]

생후의 이 시기에 어떤 영향이나 어떤 최초의 환경이 '최선'인가에 대해 우리가 여기에서 일반적인 법칙을 도출하거나 피력하기 전에 그 이후의 학습과 같은 것에 대한 충분한 검증과 비교가 이루어져야만 할 것이다. 지금의 최선책은 가능하면 모든 부자연스러운 영향을 멀리하는 것이다. 어떤 어머니가 어린아이에게 젖을 물리느냐 혹은 그렇지 않느냐 하는 것, 그리고 어떤 분위기가 그 갓난아이를 둘러싸고 있는가 하는 것은(아이의 뇌가 비록 이후의 생활에서보다 불명확한 것은 사실이지만 어떤 식으로는 보다 깊이 모든 것을 받아들이고 저장하기 때문에) 그야말로 중요한 문제다. 이때가 연상의 기본 모델로 가는 뉴런의 길이 분명하게 형성되는 때이기 때문이다. 사람들은 아직도 흔히 갓난아이가 둔감한 것으로만 여기는 이런 시기가 최소한 그 이후의 성장 단계만큼이나 중요하다는 사실을 인식해야 할 것이다. 이로써 이러한 순수 생물학적인 측면이 심리학자들의 보다 새로운 관찰에 의해 증명될 수 있으며, 이른바 자연 과학적인 근거를 제공해 주게 될 것이다.[15]

그 근거란 무엇인가? 이미 언급했듯이 우리의 두개골은 그 안에서 나중에 체험한 다른 모든 것이 매달리고, 정리되고, 또 필요하면 다시 불러내지고 기억된다. 이런 과정 속에서 뇌세포들간 결합으로 생겨난 배선은 관련과 연상의 기본 틀로부터 형성된다. 다시 말해 이 기본 틀은 이른바 우리의 생물학적 컴퓨터의 '하드웨어'에 해당되는 것이다. 인간은 이 최초의 생애 시기에 점차 늘어나는 지각과 정보를 이 설비의 어딘가에 끼워 넣고, 거기에 보다 섬세하고 유약한 후속 설비를 설치한다. 이러한 후속 설비는 세포들 사이의 확고한 배선을 통해 계속적으로 발생하는 것이 아니라(더 이상의 성장을 멈춤) 오히려 여러 분자들이 서로 결합되고 이것들이 부호화하여 신경 세포에 확산되는 것이다. 그래서 각 기본 틀은 그 나름의 방식으로 형성된다. 우리는 이 책의 2장에서 여기에 대해 보다 자세히 알아보게 될 것이다. 아직도 풀리지 않는 문제들이 있긴 하지만 이제 일단 이러한 갓난아이 때의 환경 속에서 다소간 우연을 통해 각인된 사고 과정의 여러 기본 틀이, 그 후에 어떻게 작용을 하느냐 하는 점에 대해 이야기해 보고자 한다. 이러한 기본 틀간의 차이는 개개인의 IQ 차이 요컨대 각 개인의 연합 능력, 맥락 관계의 인식 그리고 스스로의 기억 활동에 관한 한 그렇게 문제가 되는 것은 아니다. 이런 기본 틀은 외부 세계, 다른 사람들, 그 사람들이 몰두하고 있는 사물과의 의사 소통 속에서, 즉 **다른** 기본 틀과의 상호 작용에서야 비로소 결정되는 것이다.

이것은 이미 다음과 같이 어떤 사람은 본 것을 더 잘 간직하고, 즉 시각적 기억력이 좋고, 또 어떤 사람은 오히려 청각을 통해서 더 잘 배우고, 또 어떤 사람은 행위나 만져 보는 것을 통해서 학습할 때 더 나은 능력을 발휘한다는 사실에서 알 수 있다. 어쨌든 그러한 특정한 기호는 대뇌 피질과 뇌간, 그리고 그것의 정신적 조절 중추와의 상호 작용에 관련되어 있다. 다시 말해 사람들이 특정한 개인뿐만 아니라 특정한 종류의 동물, 활동, 놀이, 색, 음조에 대해 갖는 공감이나 반감과 밀접하게 연관되어 있다.

서로 다른 문화와 사회 계층에서 볼 수 있는 삶의 상이한 특질로 인해 형성된 개개인의 태도는 기본 설비, 즉 뇌세포들의 해부학적인 결합의 차이와 철저하게 연관되어 있다. 왜냐하면 생후 몇 달 동안 형성된 배선에 그 이후의 모든 인상들이 결합되기 때문이다. 이 최초의 결합들이 그 이후의 궤도, 접촉점 그리고 계속되는 결합의 이정표가 되는 것이다. 이로써 우리는 이런 최초의 인상들과 배우자, 직업, 그리고 정치에 대한 태도에까지 이르는 장래의 태도, 생각, 기호 그리고 견해들과의 상호 작용을 더 잘 이해할 수 있게 된다. 그리고 다시금 뇌를 전체 유기체에 완전히 통합되어 있는 하나의 개폐 장소(스위치)로 분명하게 이해하기 위해 뇌에서 일어나는 과정을 몇몇 구체적인 예에 연결시켜 보자.

두 사람의 상호 이해, 즉 자기 자신의 모델과 낯선 모델간의 의사 소통을 위해서는 그 둘 사이의 공명이 중요하다. 다시 말해 두 모델이 똑같은 진동을 보여 주어야 한다. 하지만 이것은 양자의 기본틀의 구조가 유사할 경우에만 가능하다. 그래서 자연 과학적인 관점에서 다음과 같은 질문, 즉 한 학생의 가장 이른 갓난아기 때의 뇌에 미리 각인된 연상 모델이 그의 선생님의 질문 모델 및 설명 모델과 일정한 유사성(이 선생님이 수업 시간에 사용하는 방법과의 일치)을 보여 줄 때만이 그 학생이 학습을 잘할 수 있지 않을까 하는 것과, 역으로 한 교사의 설명 모델이 자기 자신 그의 기본틀에 일치되지 않을 때, 즉 같은 파장 위에 놓여 있지 않을 때는 항상 잘 이해하지 못할 것이다.

한 예를 들어 보자. 미하엘은 그리스어 문법에 어려움을 가지고 있다. 그는 선생님을 이해하지 못했고 선생님도 왜 그에게 그와 같은 어려움이 생겼는지 전혀 이해하지 못했다. 그 선생님은 다른 과목에서는 사정이 어떤지를 알아 보았다. 그는 영어 선생님, 라틴어 선생님, 역사 선생님을 통해서 그들이 모두 미하엘을 칭찬하고 그에게 매우 만족해 한다는 사실을 알았다.

그렇다면 미하엘이 그리스어보다 다른 과목에 더 재능이 있는 것인가 아니면 그가 게을러서인가? 그가 노력을 하지 않았던 것인가? 그 어느 것도 아니다. 그의 사고 모델은 역사와 라틴어에서 선생님의 질문 모델과 일치하고 있는 것으로 여겨진다. 지학에서도 마찬가지로 대답이 즉각 나오는 것이다. 이 선생님들로부터 그는 머리가 좋은 것으로 평가될 것이다. 생물학에서도 그는 그리스어와 비슷했다. 사고의 결합은 자동적으로 생기는 것이 아니다. 작년에 그는 생물학에서 좋은 성적을 받았는데 물론 다른 선생님에게서였다. 그런데 지금 미하엘을 바보라고 놀려대는 한 학생은 그 당시 미하엘을 따라오지 못한 아이였다. 이것으로 미루어 그 당시 그 학생의 사고 모델은 그때 가르쳤던 선생님의 질문 모델과 일치하지 않았을 것이다.

학습 성과와 좋은 학교 생활은 요컨대 각 개인의 절대적인 지능(학습한 것을 유지하고 결합하고 맥락 관계를 인식하는 능력)에 뿐만 아니라 두 모델의 **상대적** 일치, 즉 공명이 가능하냐 그렇지 않느냐에도 달려 있다. 한 어린아이는 그것이 교사든 교과서든, 동료 학생이든 하나의 '상대방'에게서 항상 학습한다. 그리고 이런 상대에게서 자기 자신을 재인식할 때, 다시 말해 상대방과 그 자신의 사고 모델이 일치할 때 그 아이는 학습을 잘하게 된다. 이런 관점에서 (앞으로 우리가 보게 되는 바와 같이) 많은 교과서들이 결코 거의 존재하지 않을 듯한 기본 틀을 위해 만들어지고 있다. 이런 교과서는 모든 학생들에게서 거부되고 있다.

그래서 똑같은 학습 재료, 똑같은 정보 내용조차도 그것의 난이도와는 완전히 별개로 사고 틀의 종류에 따라서 어떨 때는 매우 어렵게, 어떨 때는 매우 쉽게 이해한다. 여기에 관한 예를 들어보자:

4명의 학생이 그들이 좋아하는 방식으로 똑같은 소재, 예를 들어 '압력=힘/표면'이라는 물리 법칙을 학습한다고 가정해 보자. 한 학생은 의사 소통, 즉 청각과 말을 통해서, 요컨대 청각적으로 이해를 구한다; 다른 사람이 그 학생에게 일상어, 즉 두 사람이 익숙한 말로 그 법칙을 설명한다. 어떤 것을 주장하고 여기에 대한 반론을 제기하면서 두 사람간의 오해는 제거되며 간단한 예와 그림이 그 속에서 발견된다. 두번째 학생은 이 법칙을 눈, 즉 관찰과 실험을 통해, 요컨대 시각적으로 학습한다. 각자는 경험을 통해 끝이 뾰족한 못이 뭉툭한 못보다 벽에 더 빨리 박힌다는 사실을 알고 있다. 그럼 왜 그런 것인가? 못 꼭지 부분의 최소의 압력 수용 표면을 통해 압력이 엄청나게 상승하기 때문이다. 세번째 학생은 이 법칙을 만져 보고 느끼는 것을 통해서 즉 감각적으로 경험한다. 그는 두 개의 연필을 들고 하나는 끝이 위쪽으로 향하게 하고 다른 것은 그 역으로 세워 둔다. 엄지손가락의 압력을 편편한 절단된 표면에 가해 봐도 아무런 반응이 없다. 이번에는 똑같은 압력을 뾰족한 부분에 가해 본다. 고통스럽다. 왜일까? 매우 작은 표면을 갖는 뾰족한 부분이 압력을 상승시키고 게다가 느낄 수 있게 하기 때문이다. 네번째 학생은 추상적인 공식, P=F/A(압력은 힘 나누기 압력이 가해진 표면) 요컨대 순수 사고력을 통해서 학습을 한다.

설명의 내용은 네 경우 모두 같다: 표면이 커지면 압력은 작아지고, 표면이 작으면 압력이 커진다. 다만 이들 네 명 각각은 서로 다른 지각 통로로 이것을 받아들였을 뿐이다. 하지만 만일 어떤 학급에서 단지 이 네번째 방법만을 사용해서 학습이 이루어진다면 어떻게 되겠는가? 학생들의 사고 모델은 여러 가지 방법 중의 하나에 따라 주제에 접근하기를 원하는데, 어쩌면 이들이 원하는 방법들은 여기서는 전혀 언급되지 않은 어떤 방법일 수도 있다.

설명의 종류가 많이 제공될수록, 즉 지각의 통로가 많이 사용되면 될수록, 그만큼 지식은 더 확고하게 저장되고 그만큼 더 다양하게 고정되고 이해되며, 그만큼 더 많이 학생들은 그 지식 재료를 이해하고 나중에 다시 기억해 낼 수 있다.

우리가 이런 사실을 염두해 두면 지금까지의 일반적이고 습관적인

똑같은 학습 내용에 대한
4개의 입력 통로:

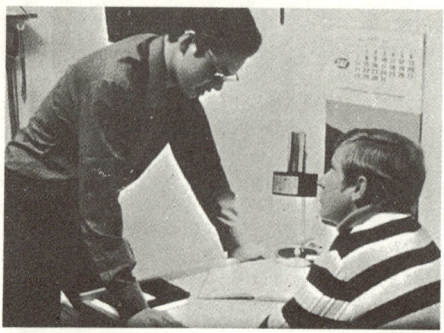

첫번째 학생은
압력 = 힘/면적이라는 법칙을
동료로부터 생생하게
설명받을 수 있다.

두번째 학생은 실제 응용, 즉
행위를 필요로 한다.

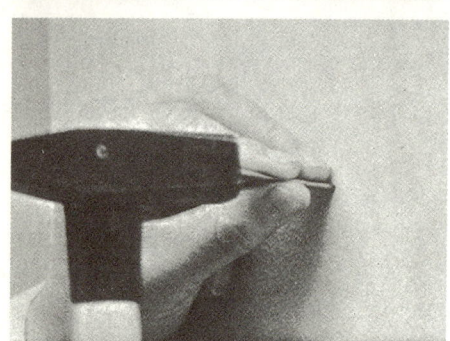

세번째 학생은 감각적으로, 즉
접촉과 느낌을 통해서 이
법칙을 이해한다.

그리고 네번째 학생은
추상적이고 언어적으로, 즉
공식을 통해서 —비록 이
공식이 여기에서처럼
단축되어 있고 '단순'하게
이루어져 있다 할지라도—

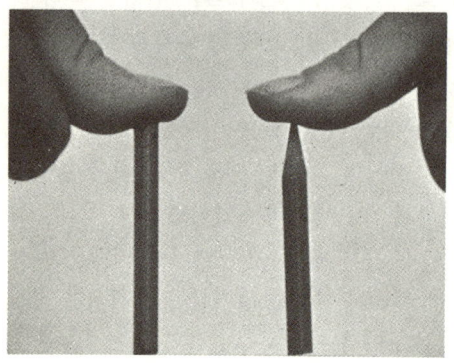

$$P = \frac{F}{A}$$

$$1 bar = \frac{10^6 dyn}{cm^2}$$

내용을 이해한다. 이러한 학습 유형들로
대부분의 수업은 구분된다. 그래서 '언어적'
학생은 예를 들어 고도로 지적인 '감각적'
유형보다 훨씬 더 적은 지능을 사용해
학교 수업을 이해한다.

우리의 생각과는 전적으로 다른 새로운 해석에 도달하게 될 것이다. '더 잘한다' 혹은 '더 못한다'와 같은 평가는 이제 더 이상 사고 모델 그 자체가 아니라 오히려 두 개의 상이한 사고 모델 **사이의** 상호 작용, 즉 양자의 일치와 의사 소통에 있는 것이다. 게다가 이것은 우리가 뭔가를 얻어서 보관할 수 있느냐 없느냐, 혹은 우리가 필요로 하는 그 순간에 그것을 기억할 수 있느냐 하는 데에 대해 특별한 영향을 미친다. 요컨대 우리는 누군가를 바보라고 부르기 이전에 좀더 관대해져야 하지 않겠는가!

지금까지 우리가 다룬 것은 유전을 통해서 그리고 다른 한편으로는 생후 최초의 시기에 예비 프로그램을 완성하고 그 이후에도 계속해서 기본 틀, 이른바 '하드웨어'로서 작용하게 될 그런 것이다. 이러한 최초의 시기 **이후의** 사고 과정과 학습 과정은 어떤 것인가? 그리고 우리 뇌의 해부학적 구성을 더 이상 변경시킬 수 없는 지각으로서 생물학적 컴퓨터의 '소프트웨어'는 어떤 것인가? 물론 우리의 생활 과정에서 가장 최초의 시기에 각인된 기본 틀에 따라 좌우되기는 하지만 늘 자신의 방식으로 거기에 매달리고 정돈되어야만 하는 정보들, 사고 과정과 체험들은 어떤 것인가?

Ⅱ. 정신이 필요로 하는 재료
소프트웨어 — 기억 요소들

서 론

　매일매일 쏟아지는 정보들 가운데 우리가 잊어버리는 것은 무엇이고 기억하는 것은 무엇인가? 연결 능력, 즉 적절한 순간에 적절한 생각을 하게 하는 능력, 기억하는 능력, 연관 관계를 인식하는 능력에 미치는 영향들은 어떤 것들이 있는가? 우리들이 어떨 때는 수많은 것들을 단지 수초간만 간직할 뿐이고 어떤 경우에는 그야말로 시험에 합격하기에 충분할 만큼의 기간만 기억하며, 또 많은 것들은 일생에 걸쳐 머리에서 사라지지 않는다는 사실을 알고 있다. 이것은 왜 그런 것일까? 강한 감정들, 개인적인 소망과 기호는 물론이고 또한 특별히 고양된 순간들, 그리고 중요한 상황들은 오랫동안 우리의 기억에 남는다. 뿐만 아니라 매우 불만족했던 일들이나 우리가 개인적으로 접하고 어떤 이유에선가 우리가 사무치게 느꼈던 그런 것들 역시 마찬가지로 오랫동안 남는다. 그런 예를 하나 들어 보자(54쪽): 모니카는 조용히 책상에 앉아서 물감으로 그림을 그리고 있으며 어머니는 그녀 맞은편에 앉아서 바느질을 하고 있다. 모니카는 붓을 씻으려고 유리컵에 손을 댔다가 부주의하게 그만 컵을 넘어뜨렸고 물감이 책상보를 거쳐 바닥에까지 흘러 양탄자를 더럽히고 말았다. 모니카는 깜짝 놀랐고 어머니도 소스라치게 놀랐다. 어머니는 소리를 지르며 일어나 모니카의 뺨을 때리면서 계속해서 소리를 질러댔다: "이런 망할 자식 같으니, 이제 네 우둔함에 나도 질려 버렸어!" — 이 아이는 파랗게 질려서 울면서 바닥에 쓰러진다. 어쩌면 그 아이의 중요한 표현 수단일지도 모르는 그림은 이제부터 공포감과 결부되고 싫어지게 된다. 그러한 체험은 각인된다 — 종종 일생 동안.

　하지만 여기서처럼 강한 체험과 결부되어 있고 그 때문에 오랫동안

종종 일생 동안 각인되는
조그마한 체험:

모니카는 그림을 그리며
생각에 잠겨 있다.

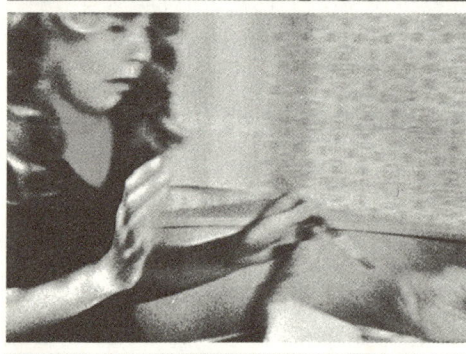
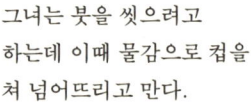

그녀는 붓을 씻으려고
하는데 이때 물감으로 컵을
쳐 넘어뜨리고 만다.

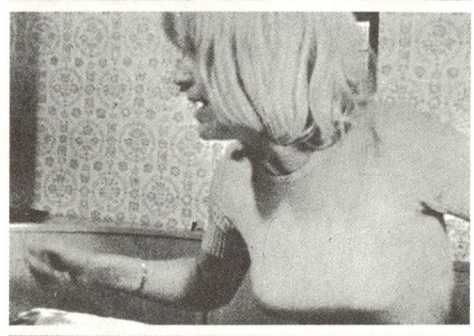

어머니는 화를 내며
그녀에게 가서 뺨을
때린다.

모니카는 두려움에 떨게
되고 그림 그리는 것이
그녀에게 두려움의 대상이
된다.

각인되는 과정조차도 장기 저장되기 위해서는, 이 기억이 일단 초단기 기억 그리고 단기 기억의 단계를 거쳐야 한다. 그럼 실질적으로 우리들은 뇌의 이러한 상이한 학습 과정의 여러 단계가 어떻게 나타나고 있는지 살펴보자.

초단기 기억 — 지각들의 최초의 필터

물리 선생님은 책상을 따라 왔다갔다 하기 시작한다. "자, 이제 다시 한 번 부력에 대해 알아보기로 합시다. 만일 우리가 나무토막을 완전히 물에 담그면 여러분은 힘이 위쪽으로 향하는 것을 느끼게 됩니다. 여러분이 그 나무토막을 내버려두면 그것은 혼자서 위로 솟구치게 됩니다……." 필립은 이 설명을 주의 깊게 듣는다. 선생님이 금방 말한 것은 이해가 된다. 그리고 거기에 대해 깊이 생각한다. 그렇지만 다시 그의 사고에서 다음과 같은 생각이 발생한다. "……그러니까 나무토막의 무게보다 더 큰 하나의 힘이 여기에서 작용한 것인가. 그것도 밀어 젖혀진 물의 힘과 똑같은 크기의 힘이……." 필립은 불확실해진다. 어쨌더라? 무게보다 더 큰……힘……작용……. "물리학에서는 이렇게 설명하고 있습니다: 부력은 물체의 상부와 하부에 가해진 중량 압력의 차이에서 발생한다. 다시 말해 여기서 중요한 것은 이러한 부력과 밀어 젖혀진 액체의 중량은 같은 값을 갖는다는 사실입니다……." 필립의 생각은 이제 완전히 뒤죽박죽된다. 선생님의 목소리는 그의 귀에 들어오지 않는다. "……달리 말하자면 부력은 잠긴 물체의 상부와 하부의 중량 압력의 차이에서 발생하는 것이며 이때에 그 물체의 용적은 밀어 젖혀진 액체의 중량의 값과 같은 것입니다."

필립은 자기 짝을 소리 없이 둘러본다. 짝은 이미 관심을 거두고 그림을 그리고 있다. 42초간 부력에 대한 규정은 네 가지로 상이하게 변형되어 설명되었다. 비록 선생님의 최초의 설명은 이해가 됐지만 그 나머지는 혼란스럽게 돼 버린 것이다. 이때 물리 선생님은 그것으로 족한 설명이라고 생각한다. 그는 오늘 네 가지의 교과서에 쓰여 있는

축구에서의 반칙

한 선수가 볼을 차기 위해 상대 선수 앞으로 달려든다.

맨 처음 사람들은 부상이 났는지를 살핀다.

몇 분 뒤 그 선수는 다음과 같은 질문을 받는다: 정확히 무슨 일이 일어났는가? 어떤 쪽에서 어떤 선수가 당신에게 달려들었나?
그는 아무 대답도 못 한다. 그의 기억은 텅 비어 있다.

만일 우리가 이 축구 선수에게 최초의 20초 안에 반칙에 대해 물어 보면 그는 그 사건을 정확히 설명할 수 있을 것이다.

것을 가르쳤다. 즉 하나의 재료 내용에 대해서; 법칙에 따르면……, 요컨대……, 다시 말해……, 그러니까…… 등으로 상이하게 변형시켜 설명했다. 여기에서 사람들은 이것이 상이한 학습 유형과 사고의 기본 틀에 관해서 우리가 알고 있는 것과 일치한다고 생각할 것이다. 그건 그렇다! 하지만 이렇게 하는 것은 다만 설명과 설명 사이에 충분한 시간이 주어지고, 모든 것이 배우는 사람에게 한꺼번에 갑자기 밀어닥치지 않을 경우에 한해서 일치된다. 왜냐하면 이것이 지켜지지 않으면 우리 뇌의 정보 저장에 관한 생물학적 메커니즘이 우리의 초단기 기억을 망쳐 놓기 때문이다.[16]

두번째 예를 보자. 캘리포니아 대학의 뇌 연구자들은 난폭한 미식축구, 일종의 럭비로서 유럽의 축구보다 육체적 공격과 반칙이 훨씬 더 많은 이 경기에서의 기억 활동을 연구했다. 이 경기에서 반칙당한 선수들이 실험 대상으로 선택되었다. 경기가 진행되는 동안 선수들의 모든 학습 과정은 즉각 반응을 목적으로 한다. 들어오는 충격들은 순간적으로 처리되고 그런 다음에는 다시 망각됨에 틀림없다. 연구자들은 선수들이 반칙당한 뒤 몇 분 후에는 거기에 대해서 기억해 내려고 하면 그에게 무슨 일이 벌어졌는지를 정확히 기억해 내지 못한다는 사실을 밝혀 냈다. 반칙을 당한 선수들은 누구에게 그리고 어떤 지점에서 반칙을 당했는지 한 번도 기억해 내지 못했다. 그렇지만 반칙 직후에, 그것도 반칙당한 후 최초의 20초내에 질문을 받을 경우에는 어려움 없이 그 사건에 대해 정확히 묘사해 냈다. 이 시간내에 그 일은 아직 초단기 기억 안을 선회하고 있는 것이다. 하지만 이 연구는 계속되었고 놀라운 사실을 발견해 냈다. 요컨대 반칙을 당했을 때의 정상적인 고통과 쇼크는 다음 저장 단계로의 이행을 막는 반면에, 반칙을 당한 즉시 질문을 받은 선수는 나중에도 그 사건의 경과를 묘사해 낼 수 있었다. 머물러 선회하고 있는 충격들은 의식적으로 불러올 수 있고 오랜 시간이 지난 뒤에도 기억해 낼 수 있었다.[17] 그러한 상황을 과학자들은 수많은 연구를 통해 확인했다. 그것은 항상 똑같은 결과에 도달했던 것이다. 즉, 우리의 기억은 즉각 행동을 목적으로 할 경우 (예를 들어 축구를 한다거나, 자동차를 운전하는 경우) 초단기 기억이 소멸되기 **이전**에, 즉 대략 20초 이내에 의식적으로 불러내졌을 경우에만 보다 오랜 시간 유지될 수 있다.

우리는 여기에서 흥미가 부족하거나 연상 능력이 결여됐거나, 위의 축구 경기에서 반칙을 당한 상황에서처럼 추가 지각들(고통)이 방해할 경우에는 전기적으로 선회하는 1차 정보들이 확고한 저장 없이 소멸된다는 사실을 알 수 있다. 앞에 든 예에서 물리 선생님이 부력에 대한 자기의 설명을 몇 초 안 되는 시간 안에 다른 형태로 반복하는 것은 그런 식의 새로운 유사한 설명들로 인해 방해를 불러일으켜 이미 선회하고 있는 충격을 쫓아내고 해체시킬 뿐이다. 이것을 우리는 사고의 간섭이라고 한다. 이것은 (학생들 각각의 개인적 '기본 틀'에 따른) 학습과 기억을 위해 필요한 것, 이미 알고 있는 기억 내용들의 내적인 공명을 전혀 이루어 낼 수 없다. 이 경우에 필립은 뇌 속을 선회하는 선생님의 정보들을 불러내어 이미 알고 있는 사고 내용에 고정시킬 시간이 없게 되는 것이다. 그 결과 필립은 혼동을 느낀 것이다.

세번째 예를 들어 보자. 전화를 건다. 이때 통화중이다. 전화 번호부에서 순간적으로 찾아낸 번호는 망각된다. 그 번호를 새로 찾아야 한다. 우리의 초단기 기억에 짜증이 나게 마련이다. 이것은 어떻게 된 것일까? 왜 우리는 모든 것을 똑같이 다 확고하게 기억하지 못하는 것일까? 우리 기억의 여러 단계의 저장 과정 중 최초의 단계로서 초단기 기억은 극히 중요한 장치다.

입력된 정보들은 단순하게 기억되거나 또는 망각되는 것이 아니라, 세 개의 상이한 기간의 저장 단계에 머무르게 된다. 감각 지각, 눈, 귀 혹은 피부를 통해 들어온 모든 충격들은 우선 일단 전류와 진동의 형태로 뇌 안에서 선회한다. 그리고 거기에서 10~20초 후에 소멸된다. 만일 어떤 특별한 주의가 주어지지 않거나 혹은 이러한 정보들이 이미 알려진 사고 결합들에 연결되지 못할 경우, 이러한 지각들은 거리의 소음이나 낯선 언어의 소리들처럼 우리에게서 사라져 버린다. 그들은 이른바 '그 이상 저장할 의사가 없는' 것으로서 기억의 문지기(=초단기 기억 장치)에 의해서 추출된다. 하지만 이것은 그들이 다른 한편으로 특정한 즉각 반응에 극히 중요할 수 있다는 것을 부정하는 것은 아니다. 가까운 예로 자전거를 탈 때 우리의 반응을 생각해 보면 알 수 있다: 경적을 울려대는 자동차, 신호등의 빨간 불, 올바른 거리로의 회전 등등. 여기에서 지각들은 비록 이들이 초단기 기억에서 소환되지 않고 그로 인해 뇌에서 단 몇 초간만 머물지만 종종 삶에 있어서 중요한 반응들을 불러일으킨다. 하지만 몇 분 후에 각각의 사건들은 오랫동안 망각된다. 최초의 자동차 주행 시간을 생각해 보라. 순간적으로 스치는 신호들은 우리가 의식하지 못하는 중에 일어났던 일처럼 느껴질 것이다. 느린 사고 과정으로는 즉각 반응을 나타나기란 불가능하기 쉽다. 그래서 이러한 지각들은 재빨리 **망각돼야만** 한다. 각각의 반응이 제때에 나오려면 이런 지각들이 뇌피질에서 완전하게 처리돼서는 안 된다. 하지만 이들이 항상 뇌 안에서 통제되야 하기 때문에 자연은 이를 위해 생략을 생각해 냈다. 이런 생략 과정은 어떻게 일어나는 것인가? 우리가 운동을 자동적으로 수행할 수 있기 전에 그런 운동들은 뇌피질에서 프로그램으로서 확고하게 고정된다. 이것이 충분히 이루어질 때까지 해당 충격들은 똑같은 궤도를 따라 반복해서 대뇌로 달리게 된다. 장기간의 훈련 후에야 비로소 그들은 자동화되고, 그런 다음 정확성을 획득하게 되며 일관성을 갖게 되고 확실하게 된다. 대뇌의 부담이 덜어지는 것이다.[18]

이러한 자동화가 수행되는 것을 우리는 매일매일의 도로 교통에서만 경험하는 것이 아니다. 예를 들어 걸어가는 것, 뭔가를 쓰는 것, 바이올린 혹은 피아노를 연주하는 것 등 수많은 다른 일상 생활에서도 자동차 운전의 경우와 마찬가지다. 우리는 여기서 이른바 1체 2인인 셈이다. 의식적으로 우리는 일정한 방향으로 걸어가고, 의식적으로 뭔가를 쓰며, 의지대로 우리는 기타를 들고 특정한 곡을 연주한다. 하지만 우리가 걸어가고, 쓰고, 기타를 연주하는 동안에 이러한 운동들은 자동적으로 일어난다. 그러므로 정상적인 사고 과정에서 눈과 귀를 통해 들어오는 충격들은 뇌피질에서 **처리되고** 의식적인 반응이 일어나는 반면에 여기(자동화)에서는 지각들이 직접 운동 신경에 전달된다. 그들은 우리의 사고가 뇌세포에 부담을 주지 않게 근육 운동으로 직접 이전된다. 자동화가 가능하다는 사실은 예를 들어 자동차 운

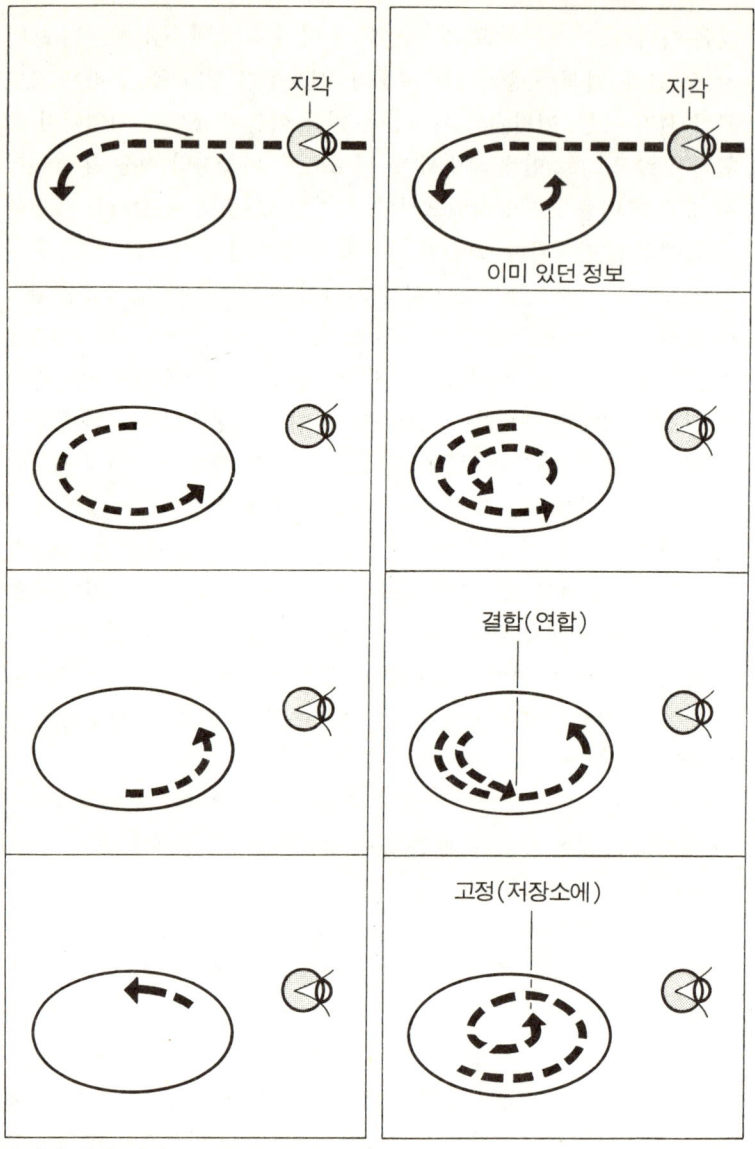

초단기 기억 - 지각들의 최초의 필터

초단기 기억으로 들어온 지각들은 만일 그들이 이미 존재하며 뇌 속에 선회하는 사고들과 결합(연합)하지 못하면 몇 초 후에 사라진다.

전을 할 때 말을 나눌 수 있다는 사실에서 분명히 알게 된다. 말하는 것과는 반대로 거리 교통의 정보들은 감각 지각으로부터 직접 원심성 신경, 즉 효과기(근육의 움직임)로 전달된다. 따라서 뇌피질에서의 반사는 발생하지 않는다. 그러므로 이러한 초단기 기억이 존재하지 않고 또 이 같은 생략 과정이 없다면, 교통 상황들을 파악하고 대화를 하면서 신호등과 행인들을 관찰하고 동시에 자동차 기어를 바꾸고 자동차 방향을 조절하는 등의 자동차 운전을 실행하는 것은 전혀 불가능할 것이다.[19]

 우리의 기억 과정에서 반응 방식의 이러한 최초의 단계를 우리는 필름의 원판 위에 있는 어떤 상의 짧은 잔광과 비교할 수 있다. 사실상 맨 처음에 뇌에 도달된 인상들은 실제로 재빨리 다시 사라져 버리는 폐쇄된 회로에서처럼 뇌 안을 선회한다. 우리의 기억 속에 머무는 시간이 그렇게 짧기는 하지만 우리가 정보들을 이런 몇 초 안 되는 시간 안에 불러내고, 어딘가에 이미 저장된 기억 내용들에 첨가시키고, 이미 존재하는 기억들과의 공명을 순간적으로 일으킴으로써 또한 이 새로운 인상들을 소멸되기 전에 구할 수 있다(60쪽 그림 참조).

 동물 실험을 통해서 우리는 이러한 과정에 대한 보다 진전된 설명을 얻을 수 있다. 예를 들어 쥐는 전기적 쇼크 피하기를 쉽게 배운다. 아주 가벼운 뇌 자극을 통해서도 우리는 학습된 것을 다시 기억시킬 수 있다. 하지만 그 학습이 다만 자극이 20~30초라는 짧은 시간내에 일어났을 때에 한해 학습된 것을 지울 수 있다. 이것은 바로 초단기 기억의 (물질적인 것이 아닌) 전기적 성격을 암시하는 것이다. 그렇지 않다면 그처럼 가벼운 방해를 통해 초단기 기억이 단기 기억으로 바뀌게 되는 것을 중단시킬 수 없을 것이다.

 만일 우리가 이 쥐를 붙들어 그런 학습 과정 후 수분이 지나도록 기다린다면, 요컨대 충격이 이미 초단기 기억을 지났을 경우 그것을 지우기 위해서는 전기 쇼크가 지속적으로 행해져야 한다. 왜냐하면 이때에는 이미 그동안에 형성된 아주 확고해진 단기 기억으로부터 지속적인 장기 기억으로의 이행이 차단되어야 하기 때문이다. 결국 학습 과정 후 몇 시간 혹은 몇 일이 지나면 전기 쇼크를 통해서도 일단 학습된 것은 더 이상 망각되지 않는다. 다시 말해 이러한 시간까지는 이미 기억이 명백히 장기 기억으로 이행되고 거기에서 영원히 저장되는 것이다.[20]

다른 동물 실험에서도 확인될 수 있는 이런 세 가지 단계 중 최초의 단계를 필름 원판 위에 있는 어떤 상의 잔광에 비교했다. 두번째 단계, 즉 단기 기억은 우리가 이러한 잔광을 사진으로 찍어 필름에 담아 두는 것, 이것은 물질적으로 고정시키는 것과 일치한다. 이 과정이 이루어지지 않으면 기억은 이미 지적한 경우처럼 회복할 수 없이 상실되어 버린다. 초단기 기억으로부터 단기 기억으로의 이행은 하나의 필터에 해당하며, 그 때문에 극히 중요한 기능을 갖는다. 이러한 필터는 (비록 완전하지는 않지만) 정보의 심한 부담으로부터 우리를 보호하고 그것을 통해서 우리에게 정위(어떤 것의 위치, 관계를 인지하는 일)를 수월하게 해준다. 우리가 순간적인 상을 사진으로 찍어서 이것을 보존할 수 있는 것과 유사하게 우리가 원할 경우에는 의도적으로 연상을 불러내어 순간적인 인상들을 저장하거나 회상할 수 있는 것이다. 하지만 이것은 종종 무의식적으로 이미 존재하는 관심, 동기 혹은 연상들을 통해서 생기기도 한다. 그래서 우리는 전혀 쓸모 없는 것들을 일 년 내내 기억하기도 하는데 이것은 아마도 매우 적절한 연상 모델이 우연히 나타났기 때문이다.

우리는 이러한 최초의 확고한 저장들 역시 그 지속 기간이 영구적이 아니라는 사실을 이미 보았다. 그 이유는 중요성이나 특별한 주의 때문에(혹은 그들이 우리에게 큰 의미를 갖기 때문에) 이미 의식적으로 받아들여진 사건조차도 다시 한 번 망각될 수 있기 때문이다. 확실하게 초단기 기억, 즉 이온 전류의 순수 전기적 단계를 지난 강한 인상들도 다시 한 번 완전히 소멸될 수 있다. 이것은 그들이 아직 장기 저장으로 이전되지 않았을 경우에 그렇게 된다.

이것은 운전자에게 쇼크 경험을 안겨다 준 교통 사고의 경우에 늘 일어난다. 그런 경우 사건의 정황을 전달하는 것은 심문하는 경찰에게뿐만 아니라 법정에 있어서도 문제시되는 과제다. 운전자는 어떻게 사고가 일어났는지를 경찰에게 설명해야 한다. 사고를 당한 운전자는 요모조모로 생각해 내려 하지만 더 이상 기억해 내지 못한다. 어떤 쪽에서 보행자가 자동차로 달려들었는가 하는 질문조차도 그에게 더 이상 도움이 되지 못한다. 그는 단지 그가 집에서 어떤 방향으로 갔으며 중앙선을 침범했다는 사실만을 알고 있다. 그 후 그는 종종 일어난 일들을 기억해 내기 위해 사고 장소와는 멀리 떨어진 특정한 장소에서 계속해서 노력해 보지만 기억은 막연할 뿐이다.[21]

우리의 기억을 정착시킬 때의 두 개의 분리된 단계를 암시하는 이런 현상은 특히 사고 쇼크 후의 기억 단절, 이른바 퇴행성 기억 상실(retrograde Amnesie)을 통해서 잘 알려져 있다. 왜냐하면 이 경우에는 어떤 사건의 과정이 초단기 기억을 넘어서 뇌세포에 각인된 것은 틀림없지만 그런 다음 다시 망각되어 버리기 때문이다. 그러면 과연 이런 경우에 뇌에서 무엇이 일어나고 있는가? 또한 이러한 관찰과 이때에 일어나는 두뇌 과정을 추적하는 연구들을 통해서 우리가 배울 수 있는 것은 무엇일까? 다음에서 알아보고자 하는 문제가 바로 이런 점들이다.

단기 기억 ─ 지각의 두번째 필터

이러한 사고의 경우에 일어나는 현상을 좀더 자세히 살펴보자. 보행자를 데려오고 순찰차가 도착했다. 브레이크의 바퀴 자국과 거리가 측정된다. 손에 가벼운 부상을 입은 운전자는 계속해서 장소와 지점을 심문받는다. 그는 쇼크 영향을 받은 것이 틀림없고 무엇보다도 무슨 일이 일어났는지를 모르고 있다. 경찰: "……하지만 당신은 어떤 쪽에서 보행자가 차에 달려들었는지 알고 있지 않소?" 운전자: "아무리 생각해도 더 이상 기억해 낼 수가 없습니다. 내가 알 수 있는 것이라고는 집에서 떠났다는 사실뿐입니다. 그 후에 일어난 일은 모조리 사라져 버렸단 말입니다." 과연 이것은 옹색한 변명인가 아니면 진짜 기억 단절인가?

64~65쪽의 연속 그림을 살펴보자. 이 그림은 상황 전부를 모형으

퇴행성 기억 상실 — 소급되는 망각

1. 그림의 밝은 부분은 운전자가 이제 막 단기 기억으로 받아들인 것에 해당한다.

2. 그 사이의 장기 기억에 저장된 것은 그림의 반회색 부분이다. 시간적 간격은 대략 20분에 달한다.

3. 운전자가 대기해야 하는 건널목에서 장기 기억은 증가한다.

II. 정신이 필요로 하는 재료 65

4. 사고 지점으로 계속해서 다가간다. 한 보행자가 차로 뛰어든다.

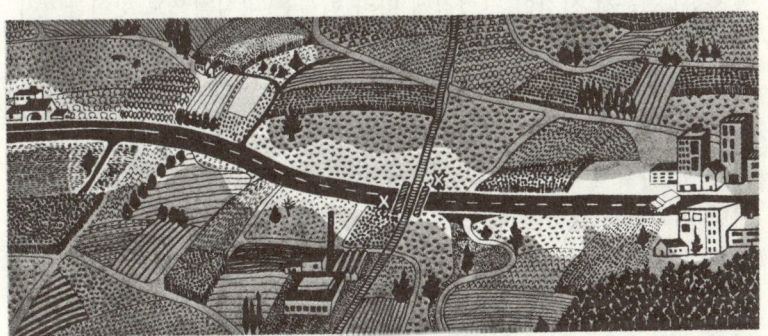

5. 운전자는 피한다. 자동차는 미끄러지고, 사고, 운전자의 쇼크. 장기 기억으로의 이행이 차단된다.

6. 단기 기억은 희미해져 그의 정보를 전달할 수 없다. 단지 이미 사고 전에 장기 기억에 도달했던 것들(반회색 부분)만이 잔류하게 된다.

로 만든 것이다. 하지만 이 그림은 운전자가 주위 광경에서 기억 속에 받아들인 것을 뚜렷하게 표시했다는 점에서 차이가 있다. 운전자의 앞과 옆의 주위 광경 중에서 두드러져 보이는 부분은 막 단기 기억 안에 받아들여진 그런 인상들이다. 시간적인 차이를 두고 장기 저장이 뒤를 따르는데 이 부분은 반회색으로 나타나는 부분이다. 하지만 이 시간적 차이는 실제로는 대략 20분에 달하기 때문에 이 모형에서는 물론 많이 생략되어 있다. 예를 들어 건널목에서 이 장기 기억은 (운전자는 여기서 장시간 대기해야만 하기 때문에) 일시적으로 많아진다.

요컨대 그림의 밝은 부분은 이제 막 단기 기억에 고정된 인상들을 표시한다. 운전 시간이 길어짐에 따라 이들은 의식적으로 받아들여지는 한 (대략 20분의 시간 차이를 두고 뒤이어지는 기억 필름으로) 차례차례 장기 기억에 이행된다. 이제 사고가 일어난 상황을 좀더 가까이 살펴보자. 운전자는 사고 지점에 도달했다. 거리는 점점 붐빈다. 보행자 한 사람이 갑자기 차도로 들어온다. 운전자는 자동차 핸들을 꺾지만 미끄러져 행인을 친다. 브레이크 소리, 차는 건물 담벼락을 들이받는다. 꽝 하는 소리, 그리고는 조용하다.

공포나 쇼크가 너무 강해 그것이 단기 기억에서 장기 기억으로의 정상적인 이행을 차단할 때, 즉 장기 저장이 차단될 때(그리고 이것은 경찰 보고에 따르면 특히 한 운전자가 다른 사람을 치거나 사고를 당했을 때다)는 우리의 파노라마에서 아직 사고 과정의 '원판 필름(Negativ)' 상태로 있는 모든 것들이 소멸된다. 이들은 아직 각인되지 않고 머물러 있다가 약 20분 후에 단기 기억과 함께 희미해지는 모든 정보들에 해당된다: 이것이 퇴행성 기억 상실, 즉 소급적 망각인 것이다. 간직되어 머무르는 것은 단지(20분 이상) 사고 전에 계속해서 남아 있는 지각들로써 이들은 이미 사고시에는 장기 기억에 저장되어 있는 것들이다. 이런 과정들은 그렇게 돌발적으로 일어나는 것은 아니지만 원칙적으로 우리 모두가 매일매일 뇌 속에서 겪게 된다. 바로 이러한 과정들은 보다 새로운 연구를 통해서 곧 설명되겠지만 우리 뇌세포에서의 기억 저장시 매일매일 발생하고 있다. 무엇보다 이런 연구의 결과는 종래의 생각을 바꾸어 놓기에 충분하다.

'50년대까지 사람들은 기억과 같은 미묘한 것이 기껏해야 전기적 충격, 요컨대 뇌에서 복잡한 망을 일정한 궤도 위로 흐르는 진동들을 통해서 저장될 수 있다고 생각했다. 뉴런간에 이루어진 신경 섬유들의 분명한 배선은 이러한 관점을 증명해 주는 것처럼 보인다. 하지만 계속된 실험들을 통해 보다 장기간 유지되는 것은 지속적으로 선회하는 이온 전류가 아니라 각인되어 저장돼야 한다는 사실을 밝히고 있다. 따라서 '인간은 뭔가가 각인된다'라고 말하는 것이 오히려 실제적인 과정에 해당된다고 말할 수 있을 것이다. 또한 그리스어에서 온 'Charakter(이것은 그리스 말로 '새기다'라는 의미다)'라는 단어의 근원적인 의미를 생각할 때 이 경우에는 매우 적절하다고 생각된다.

저장은 물론 선회하는 뇌 전류로 **시작**되기는 하지만(이것은 초단기 기억이다) 그러한 뇌 전류 혹은 진동 회로의 존재만으로는 어떤 경우에도 수십 초 이상 지속되지는 못한다. 왜냐하면 모든 전류가 뒤섞이는 전기 쇼크나 급속 냉동, 즉 전기적 진동이 제로 상태로 떨어져 버리는 뇌의 동결, 혹은 신경 섬유의 절단과 그로 인한 회로망의 절단의 경우에는 기억이 영구히 소멸되어 버려야만 하기 때문이다. 하지만 사정은 전혀 그렇지 않다.[22]

오래 전에 이미 확고하게 저장된 기억은 그러한 조작 후에도 여전히 완전하게 저장되어 있음이 증명되었다. 우리가 위에서 언급한 세 가지의 모든 단계, 즉 초단기 기억, 단기 저장, 장기 저장으로의 입력은 동물 실험을 통해서 따로따로 확인할 수 있었다. 그래서 우리가 이미 본 것처럼 단지 수십 초간 지속되는 초단기 기억 형태의 외부 지각들의 작용은 어떤 과제를 학습하는 쥐에서 직접 관찰할 수 있었다. 이 초단기 기억은 가벼운 자극을 주면 언제든지 완전히 지워진다. 약 18초내에 들어온 모든 정보는 그와 함께 사라져 버리는 것이다. 쥐의 학습 프로그램은 다시 처음부터 시작돼야만 했다. 두번째 단계, 즉 약 20분간 지속되는 단기 기억은 장기 기억과는 반대로 강한 쇼크(자동차 사고를 생각해 보자)에 의해 소멸되었다. 동물의 물질 전환에 간섭하여 보면 보다 흥미로운 사실을 알 수 있다. 예를 들면 금붕어의 경우 화학적 방법에 의해 단백질 합성을 막는다는 사실은 이 두번째 단계를 구분하는 것으로 증명할 수 있다. 동물의 **순간적인** 학습 능력은, 요컨대 초단기 기억과 단기 기억은 화학적 방법을 통해서 감소되지는 않지만 아무리 늦어도 한 시간 후에는 학습된 것들이 다시 망각된다. 그러나 장기 기억에서는 그렇지 않다. 요컨대 장기 기억은 단백질 합성과 결부되어 있는 것이 분명하다. 우리가 단백질 합성을 나중에, 즉 기억 정보가 이미 장기 기억에 들어간 후에 막으면 더 이상 소멸되지 않는다.[23] 우리는 이러한 문제를 나중에 보다 자세히 살펴보게 될 것이다.

이런 탐구 후에도 여전히 다음과 같은 의문점이 남게 된다. 즉 기억이 순수 정신적 요소로서 요컨대 물질적 연구에 속하지 않는 것이냐 아니면 지각 정보들이 전기적 지각 충격이 수용된 후에, 말하자면 초단기 기억에 이어서 개별 분자들의 처리와 부호화로 뇌 전체에 분포되어 있느냐 하는 점이다. 이런 어떤 정신적인 것이 물질적으로 저장된다는 생각은 **인간 조건**(conditio humana), 즉 인간의 정신적 특징에 대해 이념적으로 고정된 시각을 완전히 침해하는 것이다. 그 때문에 이런 기억의 물질적 저장이라는 생각은 물론 매우 획기적인 생각이긴 하지만 상상하기 힘든 것도 아니다. 특히 지난해 유전 정보와 그것의 암호 해독에 있어 매혹적인 과정들에 대한 위대한 발견들 이후로 더욱 학습, 망각, 그리고 기억에 관한 많은 정보를 제공해 주고 있다.[24]

체세포의 기억

우리의 신체는 1000억 개 이상의 세포로 구성되어 있다. 이러한 각각의 세포들의 핵 안에 똑같이 일종의 기억을 가지고 있다면 믿을 수 없을지도 모른다. 이것은 우리의 유전자에 저장된 유전 정보다. 각 세포에서의 명령, 계획, 기억의 저장소인 이들은 우리 신체의 수많은 생명 과정을 제어한다. 만일 우리가 이러한 기억을 인식하려고 한다면

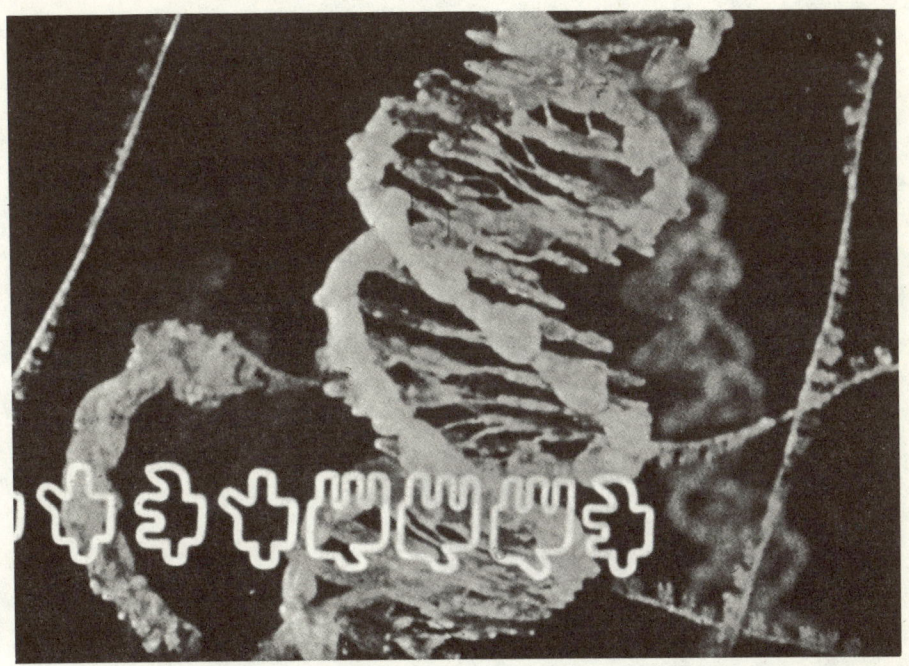

우리 체세포 각각의 핵 안에는 일생 동안 우리 신체의 기능을 조절하고 세대에서 세대로 전달해 주는 그런 것, 즉 유전적 부호를 지니는 유전 물질이 빽빽하게 들어 있다. 상상하기 힘들 만큼의 용량을 가진 하나의 정보 저장소는 디옥시리보핵산(DNA)으로 이루어진 무수한 이중 나선 구조에 저장되어 있다. 각각의 DNA에서는 4개의 상이한 화학 구성 분자들만을 사용하는데, 이들은 나사층계의 형태로 연속되는 텍스트의 활자 혹은 더 정확히 말하자면 상형 문자와도 같이 수천 개가 배열되어 있다. 각각 세 개의 그러한 상형 문자들이 하나의 부호어를 만드는데 이에 따라 4의 세제곱, 즉 64개의 상이한 부호어가 존재하게 된다.

전자 현미경 이상의 미세한 차원으로 들어가 봐야 한다. 69쪽의 사진은 약 30만분의 1밀리미터 정도를 확대한 것이다. 만일 인간이 이런 크기로 확대된다면 지구를 지구본처럼 혹은 달을 사과처럼 손으로 들 수 있을 만한 크기가 된다. 이러한 미세 기억은 우리 세포핵의 핵산에 (양적으로는 크지만) 매우 작은 장서(69쪽 사진이 그 장서의 한 열을 보여 주고 있다)의 자모와 낱말들처럼 저장되어 있다. 거기에서부터

신경 세포의 모델

150억 개의 신경 세포가 우리의 뇌를 구성하고 있다. 아래 계속되는 분자 모델 사진은 우리가 뭔가를 의식할 때 신경 세포의 핵 안에서 일어나는 화학적 과정을 보여 준다.

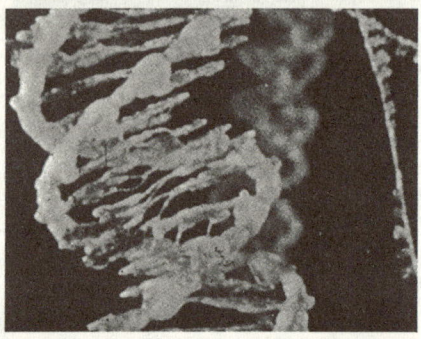

각 신경 세포의 핵 안에는 DNA — 이중 나선 구조를 가진 유전자 다발이 들어 있다(1800만 배 확대 사진).

사고 과정이 진행되면서 지각 충격을 통해 자극되어 나선의 특정한 곳이 풀린다.

이렇게 풀린 DNA의 특정한 장소는 복제(RNA)가 이루어지는 주형의 역할을 한다. 이리하여 정보는 단기 기억에 들어간다.

Ⅱ. 정신이 필요로 하는 재료   71

첫번째 RNA 복제가 주형에서
떨어져 나가고 그 사이에 이미
바로 다음 복제가
윤전기에서처럼 진행된다.

복제된 것들은 세포핵에서
세포질내의 작은 '연결 기제'인
수만 개의 리보솜 중의
하나(오른쪽)로 이동해 간다.

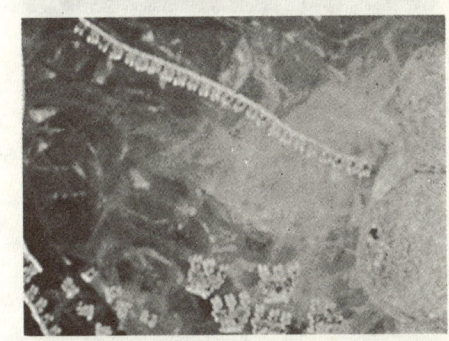

여기에서 운반 물질이
아미노산 분자를 가져와 RNA
띠의 부호에 맞게 배열시킨다.
정보들은 장기 기억으로
들어가는 중에 있다.

리보솜을 통과할 때 열을 지은
아미노산 분자들이 기다란
단백질 분자에 결합된다.
새로운 단백질 사슬이
리보솜을 통과한 후에
그들의 RNA 주형으로부터
분리된다.

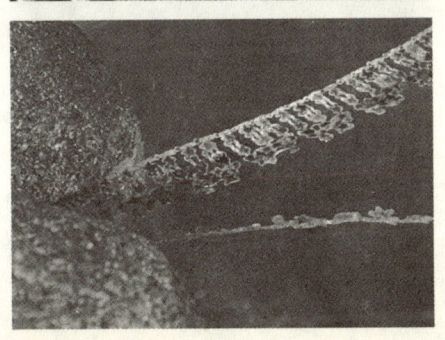

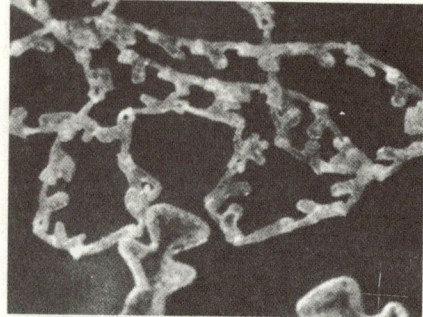

그리고 하나의 매듭을
이루면서 서로 겹쳐진다.
이렇게 이들은 정지된 정보
창고로서 저장되는데 여기에서
그들은 세포막과 나중의 충격
전달을 변화시킨다.

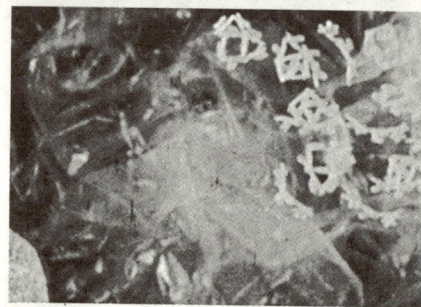

원천적인 지각 충격은 정보가
물질로 이루어지고 그 후
거기에서 장기 기억에
정착된다.

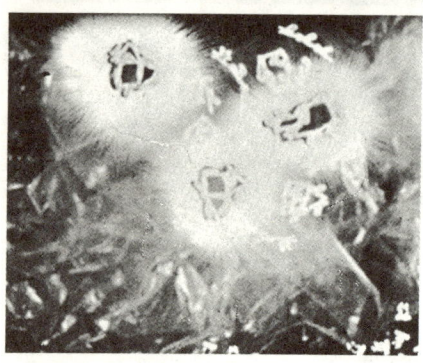

정장된 정보들은 회상시에
세포의 활성화를 통해 다시
불려내질 수 있다.

기록된 명령과 프로그램이 필요에 따라 각각의 세포에서 인출, 즉 기억된다.

몇 년 전에 미국의 연구자들은 소위 기억 분자를 발견했다. 쥐에게 원래의 태도와는 반대로 어두운 공간을 피하도록 학습시켰다. 이러한 '어두움에 대한 두려움'을 쥐에게 학습시킨 후 죽였다. 그리고 그 쥐들의 뇌에서 추출물을 뽑아 학습받지 않은 쥐들에게 이것을 주입했다.

이 쥐들은 아주 정상적으로 어두운 공간을 밝은 공간보다 더 좋아하는 쥐들이었다. 주사를 놓은 후에는 이 쥐들도 그들 자신이 학습을 받은 것처럼 행동했다. 이러한 발견은 커다란 주목을 끌었다. 왜냐하면 이 실험을 통해 기억 분자를 아주 가까이 추적할 수 있게 되었다고 생각되었기 때문이다. 그리고 실제로 뇌에서 사람들이 '어두움을 피하라!'는 특별한 정보를 부여한 단백질 분자(펩티드)가 추출되었다. 그 분자의 이름은 스코토포빈(Scotophobin)이었다. 그러나 이[텍사스/휴스턴의 운가(Ungar, G.)의 연구 팀에 의해 행해진] 실험은 아직은 논란의 여지가 많이 있다. 왜냐하면 다른 실험실에서 이 실험을 반복했지만 아무 성과가 없었고, 따라서 증명되지 못했기 때문이다. 하지만 이것이 옳다 하더라도 특별한 분자에 의해서 기억이 직접적으로 전이된다는 설명은 너무 초보적이다. 그야말로 이것은 뇌에서 일어나는 정보 부호화라는 극히 복잡한 과정과는 거리가 멀다.[25] 이 실험의 결과는 훨씬 더 단순하게 설명될 수 있다. 왜냐하면 추출물을 제공한 쥐에게서 일어난 학습 과정을 통해 의도된 행동 변화(어두움에 대한 두려움)는 화학 물질, 예를 들면 물질 대사 변경으로도(특수한 기억 분자를 처리하지 않고도) 일으킬 수 있기 때문이다. 그래서 사실상 여기에서는 기억 내용이 아니라 수술된 동물에서 해당 반응을 불러일으키는 물질 대사 변경이 전이되는 것으로 생각된다. 그래서 뇌 추출물의 주사를 통한 특정한 정신적인 능력의 전이와 '기억 물질'을, 예를 들면 '암흑 공포-펩티드'와 같이 화학적으로 설명하는 것은 지금까지 거의 연구되지 않았다. 그래서 이런 최초의 결과는 충격적이었는지 모른다. 비록 학습 과정에서 그러한 단백질이 형성된다는 것이 확실하다 할지라도 이런 식으로 해석할 수는 없다. 다만 이런 단백질은 완전한 정보 내용이 아니라 부호 분자, 즉 음악 작품에서처럼 각각의 개별음과 그들의 진동을 통해 발생하는 한 조각(단편)에 해당된다. 그래서 원칙적으로 이런 이야기도 어느 정도는 타당하다.[26]

요컨대 분자 생물학자들은 이미 오랫동안 재빨리 스쳐지나가는 삶의 인상들이 수백만 년 동안 유전 정보에 저장되고 처리되는 것과 유사한 방식으로 뇌세포에 저장되고 처리될 것이라고 추측해 왔다. 실제로 충분한 실험들을 통해 뇌세포 내부에서의 사고 과정에서도 생체 서고(書庫)의 특정한 단편, 다시 말해 DNA의 특정한 구간, 즉 나선 모양의 핵산에서 복제가 형성된다는 사실이 증명되고 있다. 이것은 특정한 분자들이 활자 상자에서 활자가 정리되는 것처럼 해당 DNA 구간에서 배열되고, 효소의 도움으로 하나의 사슬, 즉 하나의 새로운 '인쇄열'에 나란히 배열되면서 일어난다[이러한 '전사(轉寫)' 과정중의 전자 현미경 사진(74쪽)참조].

모든 살아 있는 세포에서는 세포핵의 특정한 유전자 구간에서 '원판 필름' 복제가 끊임없이 생겨나는데, 이것은 곧바로 분리되어 세포질내로 계속 이동해 간다. 이러한 '원판 필름'은 줄여서 RNA라고 부

최초로 찍은 '작업중인' 유전자끈 사진(US-Atomzentrums Oakridge의 생물학 분과 촬영). 차례로 형성된 RNA 복제들이 주변에 빽빽하게 보이고 있다. 2만배로 확대된 전자 현미경 사진.

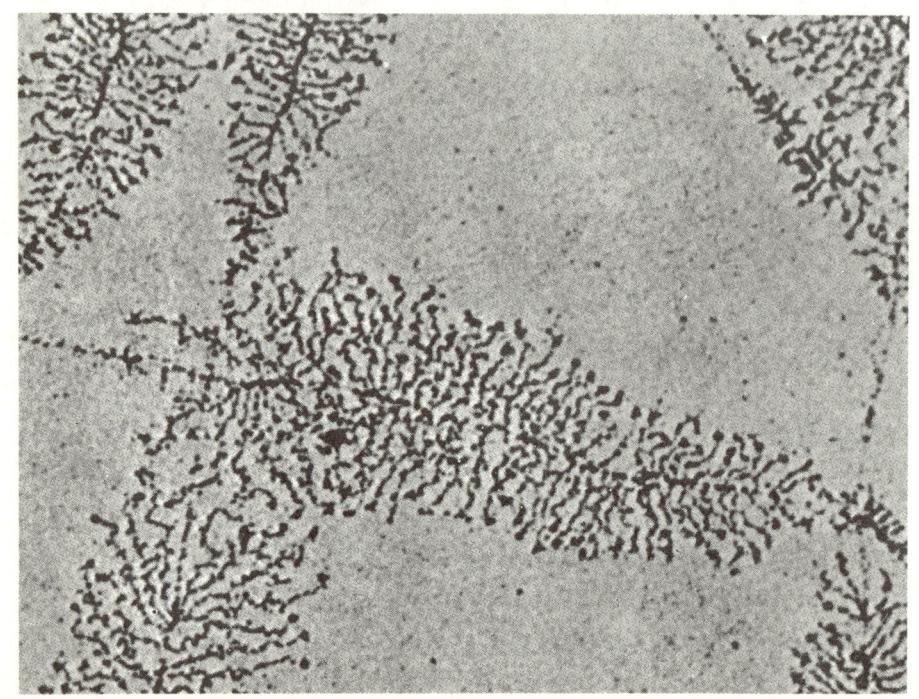

Ⅱ. 정신이 필요로 하는 재료   75

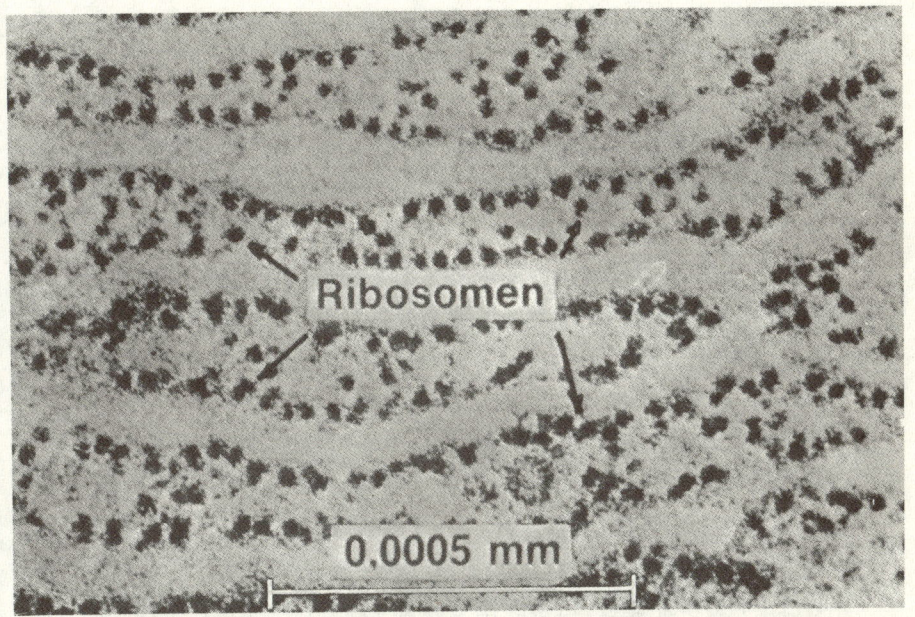

1만 배로 확대된 리보솜들. 각 세포에는 진주 목걸이처럼 열을 지어 있는 수천 개의 리보솜이 있다. 리보솜 0.0005mm

르는 리보 핵산으로 구성되어 있는데, 이 리보 핵산은 컴퓨터 프로그램의 **천공**처럼 각각의 작업 프로그램을 정상 세포에서 수행한다. 이것을 위해 맨 처음 상이한 아미노산 분자들이 규칙적인 순서대로 RNA 주형에 배열된다. 이어서 이들은 조그만 연결 기제로 규칙적으로 나란히 연결된다. 우리가 '리보솜'이라고 부르는 빵조각 모양의 연결 기제의 작업 과정중에 아미노산으로 이루어진 긴 단백질 사슬이 발생하고, 반면에 RNA 주형은 다시 해체된다. 전자 현미경 사진에서 우리는 실제 리보솜들을 볼 수 있다. 수천 개의 그러한 연결 기제들이 진주 목걸이에서처럼 한 세포의 내부에 나란히 배열되어 콘베이어 벨트처럼 단백질을 생산한다. 70쪽에서 72쪽의 '생물학적' 분자 모델 사진이 이 모든 진행 과정을 보여 주고 있다. 바로 우리 뇌세포의 학습 과정에서도 이것이 마찬가지로 일어나고 있다.[27]

요컨대 물질적 과정이 체세포 각각에서 끊임없이 이루어지는 한 이것은 학습과 결부되어 있다고 생각할 수 있다. 따라서 모든 체세포는 원래 뇌세포이며 그러므로 이론적으로는 조그마한 손가락으로도 사고가 가능하다고 생각할 수도 있을 것이다. 이것은 또 전혀 터무니없는 생각은 아니다. 왜냐하면 결국 우리 모두는 단 하나의 세포에서 왔으며, 최초의 세포 분열은 철저히 동일한 세포의 증가기 때문이다. 나중에야 비로소 유전자의 분열은 변화되지 않고 과제 영역으로의 분열이 이루어졌다. 말하자면 하나의 정상적인 체세포와 뇌세포간에 결국 두 가지 중요한 차이점이 존재하게 되었는데, 이 차이가 우리의 일상적인 기억의 저장과 부호화에 결정적인 요인이 되었던 것이다. 이 차이는 우선 하나의 뇌세포의 RNA가 직접적으로 주변의 작용 물질의 자극에 의해 만들어지는 것이 아니라, 멀리 떨어진 세포들로부터 들어온 지각 충격과 감각 기관을 통해 외부 세계로부터 받아들인 자극에 의해 형성된다는 것이다. 하지만 이를 위해 뇌세포는 그의 가지를 다른 모든 일반 세포들보다 멀리, 그야말로 기관 너머에까지 뻗치고 있다. 그 때문에 우리는 (하나의 일반 세포에서와는 달리) 특정한 지각 신호는 하나의 뇌세포를 자극해 RNA를 형성시키고 기억 정보들을 그러한 신호에 물질적으로 고정시킬 수 있으리라고 가정할 수 있을 것이다. 이 때문에 하나의 뇌세포의 작업 프로그램은 정상적인 체세포의 작업 프로그램과 완전히 다른 것이다.

이런 사실을 토대로 두번째 차이점을 살펴보자. 뇌세포를 포함한 모든 세포는 일차적으로 정확히 인쇄 주형의 구실을 하는 RNA의 도움으로 상응하게 형성된 단백질을 만들어 낸다. 이러한 단백질을 일반 세포에서는 고유한 '작업'을 수행하고 부호화된 명령을 활동으로 옮긴다. 다시 말해 그들은 효소로서 물질 대사 반응을 충분히 활성화시키는 것이다. 그렇지만 하나의 뇌세포는 더 이상 분열도, 성장도 하지 않고 다만 소수의 물질 대사 반응에만 관여하기 때문에 뇌세포는 이러한 단백질을 가지고 일반 세포의 활동과는 다른 뭔가를 한다. 즉 뇌세포의 단백질은 인식표처럼 신경과 그 가지의 특정한 위치에 저장되어 필요한 경우에는 시냅스에까지 들어가 거기에서 세포막을 변경시켜 들어오는 신호들의 정위(定位)를 가능케 하는 것이다.[28] 그래서 이러한 단백질은 의도적인 신호를 통해, 그리고 세포막의 각인된 궤도 위에서 '발견'될 수 있으며, 또한 '그들의' 뇌세포를 활성화해 스스로 신호를 보내게 하는 것이다. 그리하여 결국 모든 각각의 세포들은 의도적으로 소환된다. 다시 말해 사고와 기억의 토대가 이루어진다고 말할 수 있다.[29]

동시에 우리는 장기 기억과 장기 저장의 본질에 대해 가장 신빙성 있는 설명을 할 수도 있다고 생각된다. 즉 초단기 기억이 소멸되기 이전에 그 정보를 단기 저장에서 넘겨받는 것으로 생각된다. 이러한 단기 저장은 약 20분간 지속되는 RNA 주형의 발생과 결부되어 있다. 이 주형은 다시 해체되는데 이것은 인쇄 주형이 다시 녹여지는 것과 같다. 이렇게 녹여질 때까지 단기 저장은 그 정보를 특정한 단백질의 형성을 통해 장기 저장으로 전달하는 것이다. 이때 장기 기억 자체는 각각의 RAN 주형에서 형성된 단백질의 확고한 저장과 결부되어 있는 것으로 여겨진다. 다시 한 번 앞서의 예로 돌아가 보면 우리의 사고 쇼크는 두번째 단계 이후 즉 RNA의 형성 이후의 저장 과정을 차단하는 작용을 하는 것(어쩌면 이것은 단백질 합성의 방해를 통해 일어나는 것)과 다름없다고 생각된다. 이런 차단에 의해 RNA 주형은 그의 정보를 어떤 단백질로도 전달할 수가 없게 되는 것이다. 이렇게 이 주형은 잠시 후에 해체가 시작됨으로써 사고 나기 약 20분 전부터 들어온 기억들은 회복될 수 없이 망각 속에 빠지는 것이다.

여러 연구 집단에서 이 점을 증명할 수 있는 가능성을 발견했다. 예를 들어 우리가 학습하고 있는 어떤 동물의 장기 기억을 인위적인 단백질 합성의 방해를 통해 (단기 기억에 영향을 미치지 않고) 차단시킬 수 있다면, 실험을 통해서도 단기 기억과 장기 기억의 두 단계가 따로따로 존재한다는 사실을 증명할 수 있을 것이다. 괴테보르크(Göteborg) 대학교에서 연구자들은 쥐에게 줄타기를 시켰다. 맨 처음 쥐들은 계속해서 '그물'로 떨어졌다. 이번에는 한 무리의 쥐를 대상으로 가장 오래 줄 위에서 머무르는 쥐에게 매번 버터를 보상으로 주었다. 다른 한 무리의 쥐에게는 그것과 관계없이 먹이를 주었다. 여기서 세 가지 매우 흥미 있는 사실이 나타났다. 첫째, 쥐들은 보상을 받을 때만 줄

타기를 학습했다. 둘째, 연구자들은 (번호로 식별이 가능한) 이들 쥐의 뇌에서 RNA가(약 20퍼센트 가량) 증가하는 것을 발견했다. 세번째로 바로 이들 쥐에서 RNA의 염기 서열, 다시 말해 각각의 구성 분자의 연결 순서가 변화했다. 이것은 기본 주형이 되는 유전자의 다른 부분이 분명하게 작동한 것이다.[30]

또 다른 예를 들어 보자. 미시간 대학교에서 맨 처음에는 플라나리아에, 나중에는 금붕어에게 약한 전기 쇼크를 이용해 빛을 위험과 동일시하도록, 그리고 그들의 이전의 빛에 대한 행동과는 반대로 항상 어항의 어두운 부분으로 도망하도록 훈련을 시켰다. 그리고는 이 물고기 중 일부에게 학습 과정 직후 혹은 잠시 후에 단백질의 형성을 방해하는 화학 물질(예를 들어 항생 물질인 퓨로마이신 같은 것)을 주사해 넣었다.

이 물고기들은 물론 이 처리를 하지 않은 물고기들과 똑같이 빨리 학습했다. 따라서 그들의 단기 기억은 아무 이상이 없었던 것이다. 하지만 약물 처리를 하지 않은 물고기들이 학습한 것을 여러 날 동안 기억해 낼 수 있었던 반면에 이들(약물 처리한 물고기)은 짧은 시간 안에 배운 것을 잊어버렸다. 그럼에도 불구하고 학습 과정 후 한 시간 후에 억제 물질이 주사되었을 때는 그 물질은 장기 기억에 더 이상 영향을 미치지 못했다. 그래서 이 쥐들은 정상적으로 학습하고 기억했던 것이다. 요컨대 이 시간 안에는 이미 RNA 주형에서 단백질이 형성된 것이다. 즉 학습한 것이 한 시간 뒤에는 이미 견고하게 저장되어 보존되어 있었던 것이다. 비록 이런(퓨로마이신의 경우와 같이) 특수한 경우에 장기 기억으로의 이행이 '정체되는 것'으로만 보이고, 예를 들어 고농도의 식염수 투입을 통해 다시 억제가 해제될 수 있다고 할지라도, 이 실험은 의심할 바 없이 저장 과정이 여러 단계임을 보여 주었다. 이러한 최초의 물고기 실험은 그 후의 쥐 실험에서 원칙적으로 확인되었다.[31]

우리는 RNA 합성을 촉진하는 물질을 주사한 동물들에서 그 역의 결과를 얻었다. 이런 식으로 처리된 동물들은 처리하지 않은 동물들에 비해 훨씬 더 빨리 그리고 잘 학습했다. 나이든 사람들(이들에게도

RNA 합성을 자극하는 물질을 제공했다)에 대한 아주 조심스런 실험에서도 긍정적인 결과를 얻었다. 그들의 기억 능력, 특히 시각적 묘사는 이 물질이 제공되지 않은 사람들보다 훨씬 더 강화되었다. 여기서 예기치 않은 사실을 발견했는데 그것은 기억력과 주의력의 증가와 함께 우리 두뇌 활동의 극히 중요한 영역(즉 더 이상 필요치 않은 정보들의 망각과 차단)이 해를 입을 수도 있다는 사실을 발견한 것이었다 (그 때문에 이 발견은 우리에게 각별한 주의를 환기시켜 주었다). 이것은 사고와 학습에 부담이 될 뿐만 아니라 심리적 장애로도 이끌 수 있는 것이다(89쪽 이하를 참조).

장기 기억 — 기억 정보의 확실한 고정

이제는 모두 세 단계의 저장 과정을 보다 자세하게 상상할 수 있도록 하기 위해 이것을 다시 한 번 사진의 제작과정과 비교해 보도록 하겠다. 우리가 기껏해야 20초 정도 지속되는 초단기 기억을 원판 필름 위에 남아 있는 상(象)의 잔광으로 비교할 수 있다면 단기 저장은 촬영된 피사체의 필름 현상에 비교할 수 있을 것이다. 만일 우리가 그러한 필름을 징착시키지 않고 현상기에서 빼내 빛을 비추면 그 필름은 곧 새카매져서 결국 더 이상 알아보기 힘들 것이다. 유사한 방식으로 기억도 역시 이것이 RNA 주형에서 단백질의 형태로 복사되지 않고 지속적으로 정착되지 않으면 희미해져 버린다. 우리가 사진의 예에서 필름을 현상한 다음에 두번째 단계에서 아직 정착되지 않은 필름을 재빨리 정착액에 보관할 때(이것은 단백질의 형성과 저장에 해당)에야 비로소 사진, 즉 기억과 다를 바 없는 사진을 망각에서 보호할 수 있을 것이다.

나이 든 사람들의 기억과 관련해 지금까지 독특하게 보였던 많은 것들을 이제는 아주 잘 이해하고 설명할 수 있다고 생각된다. 이를 위해 일단 90세가 된 한 노파의 행동을 관찰해 보자. 우리 카메라 팀은 이 노파의 생일날 지난날을 기억하는 모습을 촬영했다. 그녀는 하녀

노파의 나이는 90세며,

신체적으로나
정신적으로 왕성하고,
젊은 시절에 대해서 아직도
많은 것을 말할 수 있다.

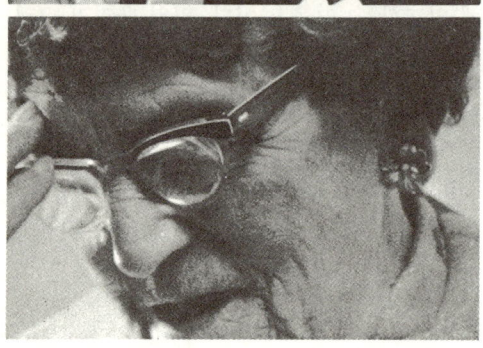

하지만 바로 어제 일어난
일은······망각해 버렸다.
나이가 들면서 단백질
합성이 쇠퇴한 징표다.

였으며 과거에 일어났던 일들을 마치 어제 일어난 것처럼 생생하게
말을 했다. "······그때 영주 한 분이 있었어요, 그분은 날 항상 찾으셨
죠. 그러면 나는 '전하 부르셨어요?'라고 대답하고는 쟁반에 간식을
가져다 드렸답니다. 그런 다음에 나는 또 이렇게 말하죠 '전하 더 원

하시는 게 있나요?' 종종 백작 한 분이 오셨는데 그분에게는 백작 각
하라고 불렀어요. 왕자님께는 전하라고 했고……."

마치 당시 일어났던 일들이 다시 한 번 그녀의 내면의 눈앞에서 필
름이 돌아가는 것처럼 보였다. 하지만 그녀가 이 모든 것을 아직도 기
억하고 있다면 그럼 바로 어제 무슨 일이 일어났으며, 누가 그녀를 잠
깐 방문했는지를 얼마나 더 잘 알고 있을까? "어제 여기에 누가 있었
는지 기억하실 수 있습니까?" 우리의 생일 축하를 받는 이 고령자는
말문이 막히고 신경질적이 되었다. "어제요? 잠깐만요……. 지금은
정확히 기억할 수가 없는데요." 바로 어제의 일조차도 기억은 이미 희
미해진 것이다. 어떻게 이것을 납득할 수 있을까? 오래 전에 일어난
것은 장기 기억에 확고하게 고정되어서 언제라도 다시 불러낼 수가
있었던 반면에 바로 전날 일어난 것은 초단기 기억 혹은 단기 기억에
까지만 다다른 것이 분명하며, 그리하여 하루가 지난 오늘은 이미 개
인적인 신체 컨디션이나 지능에 관계없이 오래 전에 지워져 버린 것
이다. 이것은 장기 기억에 지각을 받아들이게 하는 단백질 합성이 나
이가 들면서 쇠퇴된 결과다.[32]

단기 기억과 장기 기억의 서로 다른 특성으로 인해 망각한다는 것
이 다 같은 것이 아니며 원래 두 가지 종류의 망각이 존재한다. 하나
는 전혀 다시 불러낼 수 없는 망각이다. 이것은 초단기 기억의 전기적
소멸과 단기 기억의 RNA 해체, 즉 장기 기억에 결코 저장되지 않는
학습 과정과 정보의 짧은 체류와 결부되어 있다. 그리고 또 하나는 기
본적으로 어딘가에 저장되어 있지만 막혀 있거나, 혹은 개폐기의 차
단으로 인해 '다시 발견되지 않는' 단절된 기억들이다. 학자들은 한 성
인 집단을 대상으로 학창 시절의 사건과 체험에 대해 아주 세세하게
질문하고 그 답을 기록했다. 그런 다음 이번에는 동의를 얻어 최면을
걸고 다시 한 번 똑같은 질문을 던졌다. 그러자 이번에는 몇 가지 세
부적인 것을 훨씬 정확하게 묘사해 냈다. 예를 들어 그들은 교실이 어
떠했으며, 교단은 어디에 있었고, 칠판은 어디에 있었으며, 벽의 어디
에 그림이 걸려 있었고, 어디에 어떤 학생이 앉아 있었으며, 그 학생
의 이름에 이르기까지 정확하게 기억해 낼 수 있었다. 이전에 '망각한

것처럼' 보였던 일들이 갑자기 최면중에 다시 살아났던 것이다. 따라서 이런 근원적인 정보들은 전혀 소실되었던 것이 아니다. 그들은 수십 년 전에 저장되었던 그대로 존재해 있었던 것이다. 하지만 왜 정상적으로는 사람들이 이러한 정보들을 불러낼 수 없는 것일까?

  심층 심리학자들은 '의식적인 개입'이 방해되었다고 말할지도 모르겠다. 그렇지만 신체적 과정을 동반하지 않는 정신적인 과정은 인간에게는 존재하지 않기 때문에 우리에게 이런 설명만으로는 불충분하다. 요컨대 여기에서 생물학적으로 무슨 일이 일어났느냐가 문제인 것이다. 그렇다면 이 경우의 생물학적 과정은 무엇일까? 무엇보다 스트레스 종류의 체험을 통해 망상 구조를 이룬 신경 섬유간의 모든 개폐(시냅스 집단 전부)가 전달 활동을 방해받음으로써 차단될 수가 있다. 하나의 신경 세포에서 다른 신경 세포로 충격을 전달하는 것이 전달 물질이라는 사실을 알고 있을 것이다. 이것은 물론 전부 무의식적으로 일어나며 우리가 전혀 알아챌 수가 없다. 우리가 의식하는 것이라고는 단지 우리가 더 이상 기억해 낼 수 없다는 사실뿐이다. 이런 망각 활동은 만족스럽지는 못하더라도 우리 생활에서 중요한 활동이다. 망각 활동은 일종의 보호 기능으로서 우리의 심리적 균형을 유지하는 데 도움이 된다. 물론 이렇게 의도적으로 불러올 수 없는 정보들은 잠재 의식 속에서 우리의 일상적인 행동에 영향을 미친다. 그리고 심리 치료학은 독특한 방법(최면술은 그 중의 하나일 뿐이다)을 통해 우리가 의식적으로는 접근할 수 없는 기억 속에서 이상 행동의 원인을 연구하는 과제를 설정하고 있다.[33]

  뇌세포간의 그물에는 특히 잘 각인된 몇 개의 통로가 있다는 사실을 통해 이런 두번째 종류의 망각이 더 잘 설명될 수 있다고 생각한다. 요컨대 이런 통로에서 충격은 다른 통로에서보다 우선적으로 달리게 되고 그렇게 나타난 연상을 더 빨리 결합할 수 있게 된다. 이러한 유리한 통로가 체험, 혹은 특별히 숙련된 사고 과정을 통해 미리 형성되든, 아니면 나중에 어떤 식으로 이루어지든 상관없이 결과는 동일하다. 어쩌면 같은 세포로이긴 하지만 다른 가지로 달려야 하는 충격들은, 그 때문에 손해를 입거나(비록 결합이 원칙적으로 존재하

고 기억이 저장된다 하지라도) 결코 이런 결합과 저장이 이루어지지 않는다.[34]

 그럼 이것이 우리의 학습에 갖는 특별한 의미는 무엇일까? 우리 스스로 강렬하게 체험하는 것들은 종종 한 번만 (지각 속에) 받아들여도 항구적으로 저장하기에 충분하다. 다시 말해 우리는 일생 동안 그것을 기억할 수 있다. 이와는 반대로 소재를 대개 체험하는 것이 아니라, 듣거나 읽는 데 머무는 학습에서는 이것이 보다 어렵다. 우리가 아는 바와 같이 이러한 학습은 각각의 새로운 정보를 여러 번 반복해서 수용해야 한다. 이때에 분명 뇌는 이 새로운 정보들을 이미 존재하는 기억 내용들과 연합시킨다. 보고, 듣고, 느끼고, 냄새 맡고, 맛보고, 잡고, 움직이는 등의 적합한 체험의 수많은 지각 통로들을 최소한 부분적으로나마 보충하기 위해 많은 관념과 상이 불러 모아져야 한다. 다시 말해 우리는 그러한 단일 통로 정보들을 최소한 내적으로(내적인 체험과 유사하게) 복합 통로 정보로 만들어야 한다. 이리하여 곧 나중의 연상을 통해 재발굴될 수 있는 길이 놓이는 것이다. 연상이 적합하면 할수록 그리고 다양한 배열의 가능성이 많으면 많을수록 그만큼 기억 소재는 시달림을 적게 받으며, 그만큼 장기 기억 속에서 (익숙지 않은 질문에서조차도) 더 잘 불러낼 수 있다.

III. 생물학적 의사 소통
규칙적인 조직망의 뉴런들

서 론

 이제 우리는 기억 저장의 모든 단계를 알게 되었다. 하지만 이것을 통해 도대체 기억의 실제 의미를 알았다고 할 수 있을까? 이 기억은 과연 실제로 어디에 자리잡고 있는 것인가? 한편으로는 신체 전부와 이들의 활동이 여기에 참여하는 것처럼 보이기도 하고, 다른 한편으로는 개별 세포들과 각각의 분자들 스스로가 일종의 기억이란 것을 가지고 있는 것처럼 생각된다. 그리고 세포의 염색체를 구성하는 유전자들도 원칙적으로는 한 세포의 뇌에 해당한다는 사실도 알게 되었다. 하지만 우리의 뇌가 여타의 모든 기관들과 항구적이며 매우 역동적이고 생생한 상호 작용을 이루고 있는 것처럼 이러한 유전자들 역시 각 세포의 핵 안에서 그들의 주변과 상호 작용, 즉 일종의 의사 소통을 이루고 있다. 말하자면 우리의 뇌는 그의 기억과 더불어 하나의 고립된 컴퓨터로서 머무르는 것이 아니라 신체와 주변 환경에 영향을 줄 뿐만 아니라 스스로 다시 이 양자로부터 영향을 받고 있는 것이다. 그렇다면 뇌는 어떻게 영향을 받을까? 우리는 이 점을 정신 작용적 화학 물질(예를 들어 LSD나 이와 유사한 약물들)에 대한 실험을 통해 밝힐 수 있다.

약물 작용에 의한 사고 과정

 어떤 일부의 사람들에게 모든 글자의 윗부분을 가린 채로 텍스트를 읽게 했다(86쪽 그림 참조). 이 사람들은 열의 아래 4분의 1만을 볼 수

A — So that we can think of an alpha-particle as held to the rest of the nucleus much as a single molecule is held in a drop of liquid; but if it gets a short step away the attractive forces become ineffective and it then flies off, repelled by the electric forces. Now if we were trying to account for the behaviour in terms of classical dynamics, we should say that the emission of an alpha-particle is like the evaporation of a molecule from the liquid. Any molecule B — (반쯤 흐려진 동일 텍스트) C — (대부분 흐려진 동일 텍스트)	줄마다 절반에서 4분의 3가량이 가려진, 전에 본적이 없는 텍스트를 피시험자들에게 제공하고 이것을 읽게 했다. 15㎎의 실로시빈(LSD와 유사한 약물) 투약을 통해 두뇌 활동이 변화된 사람들은(정상적인 경우에는 결코 있을 수 없지만) 그림의 마지막(C) 부분까지 읽어 냈다.

있었다. 그것은 아라비아 숫자 같이 보였고 아무도 이것을 정상적으로 읽어 내지 못했다. 다른 실험 집단에게는 미리 15밀리그램의 약물(Psilocybin)을 제공했다. 효과가 나타나자 이들은 텍스트를 단숨에 읽어 버렸다. 이 약물은 분명히 정상적으로는 존재하지 않는 연상 능력, 즉 정신적 능력을 발굴해 낸 것이다. 뇌는 문제가 된 글자들을 날쌔게 결합·치환하고 모든 가능한 의미 내용과 연관시켜 결국 올바른 텍스트를 구성해 냈다. 뇌에서 이러한 결합 활동을 완수하는 조그만 컴퓨터가 공석이 된 것처럼 일순간 기능이 멈추어진 것이 분명하다.[35] 우리는 나중에 이러한 '활동'이 뇌기능의 장애로 인해 나타난다는 사실을 알게 될 것이다. 하지만 이런 활동 또한 완전히 다르지만 일상적인 영역, 즉 우리의 내면 세계 중 매우 관심 있는 영역이기도 한 꿈의 세계에서 발견할 수 있다.

도대체 꿈이란 어떻게 발생하는 것일까? 기억에 저장되지 않은 것들이 수면 상태에서 통제되지 않은 (혹은 무의식적 자극에 따른) 유전자 주형을 따라 RNA 합성을 통해 본격적으로 '표류'하게 된다는 사실을 통해서 추측해 볼 수 있다. 밤마다 반복되는 우리의 유전 인자의 통제 과정은 당연히 뇌피질에서 수많은 사고의 연상을 불러일으킨다. 즉 꿈을 꾸게 하는 것이다.

수면중에 정보는 적합한 단백질 합성을 통해 계속적으로 고정되는 것이 아니기 때문에 꿈의 형상은 핵산(RNA)의 해체와 함께 20~30분 후에 사라지게 된다. 그래서 우리는 잠깐 의식을 차림으로써 다만 꿈의 마지막 부분만을 기억할 수가 있으며 막 끝난 꿈의 일부만이 확고하게 정착되는 것이다. 이런 식으로 다음날 아침에 이 꿈의 단면만을 기억해 낼 수 있는 것이다.

하지만 이것도 잠이 깬 다음에 말로 완전히 재현할 수 있을 만큼 그렇게 잘 기억하기란 거의 불가능한 것이다. 그렇지만 심리 치료학의 꿈해석에는 이것이 특히 중요할 수도 있다. 그래서 오늘날 꿈의 연구에서 사람들은 LSD, 메스칼린(Mescalin), 실로시빈(Psilocybin) 같이 인간을 꿈과 유사한 상태로 만드는 정신 작용 약물을 점점 많이 투입하고 있다. 이러한 '인공 꿈'은 진짜 꿈, 특히 인간의 근원적 경험들―인간의 고태형(古態型), 즉 탄생, 성장 경험, 내적인 변화, 자신의 신체, 성적인 관계, 질병, 죽음―과 같은 것에 대한 근원적 체험과 밀접하게 연관되는 꿈들과 내용적으로 그리고 현상적 모습이 유사해야 한다. 이런 종류의 꿈들을 융(Jung, C.G.)은 '고태형적 꿈'이라고 불렀다.

요컨대 꿈은 약물로도 만들어 낼 수 있다. 이러한 약물의 작용은 강력한 정신적 저항을 제거한다. 무엇보다도 정상적인 상태에서는 기억 회로가 억압되거나 시냅스 방해가 생기는 것이다. 이 억압된 기억 회로가 잘 닦이고 시냅스 차단이 제거될 때 무의식이 표면에 다다르는 것이다. 그래서 어렸을 때의 체험들이 다시금 나타나게 된다. 즉 환자는 자기 자신, 자신의 신체, 심장 박동, 호흡을 보다 강하게 체험하고 망각된 상들이 나타나서 정상 상태에서는 있을 수 없는 다른 상들과의 결합을 이루는 것이다. 가장 심층의 기억층들이 열리고, 의식은 강하게 확대되는 것이다.[36]

이러한 실험은 일견 아주 새로운 차원의 장을 열고 있는 것처럼 보인다. 즉 모든 의식층들과 정상 상태에서 숨겨진 활동 능력 중 아주 제한된 부분만을 사용하는 우리 뇌의 연합 구간이 철저하게 이용되어 과거의 꿈을 파악할 수 있게 접근할 수 있는 것이다. 하지만 이것은 동전의 또 다른 면이다. 다시 말해 공공연하게 의학에서조차 오랫동안 무해한 것으로 여겨진 정신 작용 물질들(마리화나나 대마초처럼 고전적 학교 의학의 아주 거친 기준으로도 아무런 신체적 변화를 보이지 않는 것으로 생각되는 물질들)이 그동안의 보다 정확한 연구에 의해 부분적으로 복구할 수 없는 뇌 손상들을 명백하게 밝혀 준 것이다. LSD는 특정한 영역의 시상 하부의 뇌세포들을 방해한다. 게다가 정상 상태에서 뇌피질의 시각 영역을 통제하는 세포들을 방해함으로써 빛의 인상들을 눈을 통해 임의로 받아들이도록 기능을 변화시키는 것으로 생각된다. 그러한 통제가 사라지게 되면 갑자기 시각적 영역은 무임 승차권을 갖게 되어 들어오는 빛의 충격에 임의로 반응하게 되는 것이다. 그러면 우리 뇌의 연합 작용은 더 이상 기능을 하지 않는다. 이때 이러한 약물들은 알려져 있는 것처럼 환각 영상을 일으킨다. 대마초 흡입에 의한 뇌 손상은 뇌파계의 지속적인 변화와 뇌 조직의 직접적인 손상 자체에서 알아볼 수 있다. 여기에서 볼 수 있는 변화들은 예를 들어 단기 저장을 방해한다든지 바로 전에 일어난 일을 기억하는 능력이 감소되는 것 등이다. 말하자면 학습이 고통을 받게 되는 것이다.[37]

미국의 과학자들은 그 밖에 모르핀, 코데인, 메타돈 같은 마취제는 아주 특정한 뇌 영역에만 작용한다는 사실을 밝혀 냈다. 일련의 실험을 통해 이들은 정확히 계산된 양의 마취제를 상이한 뇌 부위의 세포에 주입했다. 이때 특히 흥미로운 것은 대뇌(피질 및 수질)가 아니라 오히려 운동력과 정보 수용에서 큰 역할을 맡고 있는 핵 영역, 소위 선상체(線狀體 corpus striatum)라는 곳에서 이 마취제의 퇴적이 발견되었다는 사실이다. 이것은 아편 중독자가 그 자신의 사고 활동은 방해 받지 않는 이유를 설명하는 것이다. 이러한 물질들은 불수의적, 호르몬 및 정서적 기억 과정 또는 조절 과정에 해당되는 중추와 대뇌 피질 사이의 피드백 활동을 변화시킴으로써 억제력을 제거해 주고, 무엇보다 사고와 감정 그리고 행동을 자유롭게 만드는 것으로 여겨진다. 하지만 중독성이 증가함에 따라 사고와 행동은 아주 급격히 제약을 받게 되며 그래서 대부분 약물을 얻는 데 집착하게 된다. 사고와 감정 그리고 의지 사이의 피드백 활동은 차단되고 모든 도덕적, 윤리적 측면은 폐쇄되어 버린다. 그 때문에 빈번한 약물 복용은 범죄성을 갖게 되는 것이다.[38]

우리가 본 것처럼 비록 한편으로 신경성 약물을 통해 일련의 숨겨진, 미래의 뇌활동이라 할 수 있는 그런 것들을 알게 되었지만, 다행히도 과학적 약물 연구 초기에 그러한 두뇌 활동을 변화시키는 물질을 통해 발생하는 최초의 심각한 손상들도 설명해 낼 수 있게 되었다.[39] 그 때문에 이제 다시 정상적인 두뇌 활동과, 특히 뇌와 신체 사이의 전형적 상호 작용을 분명하게 해줄 성적인 자극을 다루는 데 관심을 돌려 보도록 하자.

호르몬 작용에 의한 사고 과정

먼저 다음과 같은 부부 상황을 생각해 보자. 이 부부는 집에서 언쟁을 벌인다. 이제 이들은 처음으로 밖으로 뛰쳐나갈 수밖에 없게 되었다. 남편은 거리로 달려나간다. 어디로 가야 할지도 모르고 무작정 걸어갈 뿐이다. 무의식적으로 그의 발걸음은 시내 중심가로 향해 유흥가를 지나 한 나체쇼 바에 다다르게 되었다. 그는 여자의 풍만한 가슴을 보고, 관능적인 움직임과 음악, 조명에 흥분된다. 이제 다시 부인이 떠오르고, 부인의 육체와 애무를 열망하기 시작한다. 이때 부인이 그의 눈앞에 보이는 아가씨에게 투사된다. 그들이 다투었다는 사실은 갑자기 부수적인 것이 된다. 그는 일어서서 바를 떠난다. 이 환상은 자극적이다. 상상이 기억 속을 맴돈다. 부인이 갑자기 그에게 아주 가깝게 느껴지고, 그는 점점 빨리 걸어 집으로 향해 흥분 속에 날듯이 돌아온다.

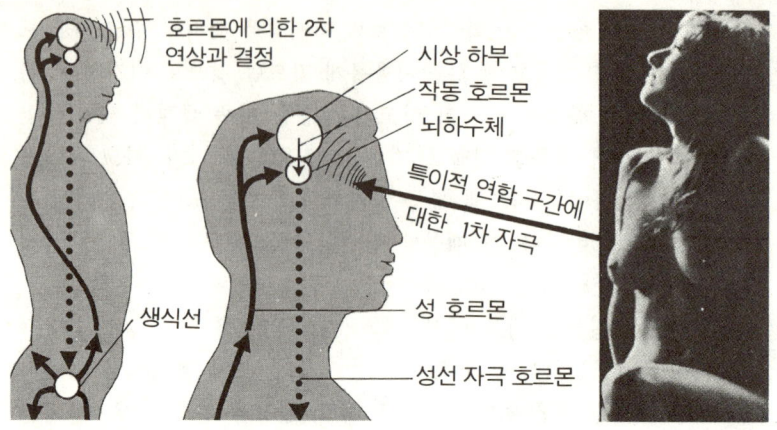

성적인 흥분 때의 호르몬 통로의 윤곽

이런 심리 상황은 정상적인 것으로 여겨지며, 또한 그러한 정신적 돌변, 후회, 다시 깨어난 애정 같은 것이 구체적인 생물학적 메커니즘, 즉 일련의 호르몬과 신경 과정에서 작동하고 있다. 우리는 이 책의 제1장에서 이미 물질 대사, 호르몬 유지 그리고 감각 통로와 같은 불수의적 체계의 조절과 전달도 시상 하부를 거친다는 사실을 경험한 바 있다. 이미 언급한 것처럼 특정한 행동 양식이 이른바 버튼을 눌러 유발시킬 수 있는 것처럼 시상 하부에 인공적인 전기적 자극을 주어 조절될 수 있다. 그러한 자극들은 해당 뉴런의 충격에 의한 자연적 자극과 완전히 일치한다. 그 때문에 다른 신체 영역과 외부 세계로부터의 접수 그리고 전달뿐만 아니라 대뇌 피질 자체의 요컨대 관념, 사고 및 기억을 받아들이고 전달하는 모든 기능적 조직망을 활성화할 수 있다. 이것은 특히 간뇌 위에 위치한 대뇌 변연계가 맡고 있다. 즉 대뇌 변연계는 시상 하부와 불수의적 계통에 강력하고도 다양한 영향을 미치는 것으로 여기지기 때문이다.[40]

이 영역에서 감각적, 운동적, 그리고 불수의적 활동이 한꺼번에 수행되며 특히 예에서 본 것처럼 사고와 감각 자극을 성적 영역과 결합시킨다. 이것을 통해서야 비로소 쾌락 감정이 일깨워지는 것이다.

하지만 스트립쇼의 댄서로 돌아가서, 뇌를 거쳐 생식선에서의 특정

호르몬 조절에 이르는 시각적 지각의 작용을 추적해 보고 거기에서 다시금 대뇌 피질로 되돌아가 그 후의 사고와 행동을 생각해 보자. 간단히 말해서 성적인 자극을 보았을 때 눈을 통한 지각 충격과 망막의 빛을 받아들이는 세포층들이 신경 통로를 거쳐 대뇌로 전달되는 모든 순환 과정을 추적해 보자는 것이다. 여기에서 뉴런들이 자극되고 이들은 자신들과 피드백 작용을 하는 연상 모델을 거쳐 다음의 신경들, 특히 시상 하부와 결합되어 있는 대뇌 변연계를 자극한다. 그리하여 시상하부에 있는 뇌하수체가 자극되고 호르몬이 분비되는데 이들은 혈관을 타고 하복부의 생식선을 자극해 테스토스테론(Testosteron) 같은 성 호르몬을 분비시킨다. 그리하여 성적인 환상과 꿈들이 흥분을 야기한다. 그러므로 나체의 아가씨를 보았을 때처럼 최초의 지각 충격이 외부에서 오느냐, 아니면 대뇌 자체에서 기억을 통해 발생하느냐 하는 것은 이 경우 전적으로 문제가 되지 않는다. 다만 상상을 통해서 발생된 충격은 외부에서의 자극 때와 똑같은 경로를 갖는다.

하지만 이것만으로 순환 과정이 아직 완성된 것은 아니다. 하나의 기관에서 일어나는 수많은 과정에서처럼 우리는 또한 여기에서 단지 하나의 단순한 원인과 결과의 관계만이 아니라 심리 생물학적인 '규칙적인 조직망'을 보게 된다. 혈액 순환에서 분비되는 생식선 호르몬은 마지막 결과로 물질 대사 반응을 활성시키거나 발기시키는 것뿐만 아니라 시상 하부에서의 이들의 응답은 (철저히 자연의 의도라는 의미에서) 생식선의 자극을 중지시키고 다시 우리의 사고와 행동에 영향을 미치게 된다. 처음에 품었던 의도는 배제되어 본질적인 것이 비본질적으로 되며, 다른 연상 통로들이 활성화되고 새로운 의도가 나타나나 처음의 의도는 더 이상 기억되지 않는다.

또한 여기에서 시상 하부를 거쳐 대뇌 피질로 가는 통로가 다시 생겨난다. 이 통로는 마치 희·로··애·락과 같은 감정을 입력된 모든 지각 충격에 전달하는 것처럼 시상 하부가 혈액 속에 있는 호르몬의 화학 정보를 받아들여 그에 상응한 감정을 신경 충격으로 전환시키는 것이다. 이것은 마치 약물을 주사했을 때 혈액 순환에서 생기는 것과 같다.[41]

사고 회로의 폐쇄 — 스트레스 호르몬에 의한 장애

시험의 공포나 수업 시간에 선생님의 예기치 않은 호명 때 느끼는 놀람, 혹은 퀴즈에서의 순간적인 망각을 겪어 보지 않은 사람은 없을 것이다. 8000마르크가 걸려 있는 퀴즈다. 관객들도 긴장하고 있다. 〈전부 아니면 전무(Alles oder nicht)〉*라는 텔레비전 퀴즈 프로그램의

유명한 텔레비전 퀴즈 프로그램〈전부 아니면 전무〉의 한 장면

자막이 나온다. 놀랄 만큼 바하에 조예가 깊은 이 후보자는 이번에는 약간 흥분했다. 이미 몇 개의 실수를 저질렀다. 관중들은 박수 갈채를 보내 그를 격려한다. 사회자는 그를 진정시키려고 노력한다. "좀 흥분

8000마르크가 걸려 있다. 시청자에게는 답이 자막으로 제공된다. 하지만 놀랍도록 바하에 대해 조예가 깊은 이 후보자는 순간적으로 잊어버렸다.

* 독일 TV 방송 프로그램 중 하나.
  이 프로는 어떤 인문이나 작품을 놓고 후보자가 나와 퀴즈를 맞출 때마다 상금이 올라간다. 이 후보자는 마지막 8000마르크(한화 약 400만원)을 놓고 이 문제를 맞추면 8000마르크를 타고 그렇지 못하면 아무것도 받지 못하는 순간에 와 있다. (역주)

시간은 지났다.
이 후보자가 정답을 생각해
냈지만 이미 늦어 버렸다.

한 것 같군요, 하지만 그럴 이유가 없어요. 자, 이제 당신에게 들려주는 작품의 제목을 말해 주실까요?" 그리고는 〈Vom Himmel hoch, da komm ich her〉라는 캐럴의 카논 변주곡이 나온다. 시청자를 위해서 자막이 제공된다. 이 후보는 긴장한 채 이 음악을 듣는다. 그의 가슴은 세차게 뛰고 있다. 하지만 그의 생각은 막혀 버린 것 같다. 불확실하게 그는 입을 열기 시작한다. "비슷한 곡들이 매우 많은데 지금은 생각이 나지 않는군요······." 그런 다음 그는 주저하면서 틀린 곡을 댄다. 이로써 기회는 사라져 버렸다. 사회자 : "안됐지만 그 답은 틀린 것으로 해야겠군요, 정답은 변주곡······." ─ "······〈Vom Himmel hoch, da komm ich her〉"라고 후보자는 그제서야 제목을 사회자에게 말한다. 그는 이 곡을 알고 있고 종종 들었다. 혀 끝에 맴돌고 있었던 것이다. 하지만 이번엔 그것을 뇌의 어디에 배치해 두었는지 몰랐던 것이다. 물론 그는 사회자가 정답을 말하기 전에 이것을 말했다. 하지만 아쉽게도 너무 늦었던 것이다. 결정적인 순간에 그의 머리에 떠오르지 않은 것은 왜일까? 사고 회로가 폐쇄되었던 것일까?

우리들이 학창 시절에 대개 가지고 있던 다른 경험을 살펴보자. 우리가 어떤 것을 배웠고 그것도 아주 잘 배웠다. 하지만 갑자기 아주 직접적으로 이 배운 것에 대해 질문을 하면 (대개는 자신의 생각이 다른 어딘가에 머물러 있기 때문에) 깜짝 놀라 모든 것이 사라져 버린 것 같은 느낌을 받는다.

시간은 정오 무렵이고 마지막 수업 시간이 시작되었다. 수업은 졸립다. 선생님은 반복해서 설명한다. "우리는 전(前) 시간에 사각형의 면적에 대해 알아봤습니다. 아주 간단한 방법을 배웠는데……." 말렌은 더 이상 이 설명을 듣지 않고 짝의 과제장을 바라보고 있다. "……그러면 17의 제곱은 얼마죠?—말렌?" 말렌은 깜짝 놀라 일어서서 생각해 내려고 애쓰면서 천장을 바라본다. 물론 말렌도 이것을 알고 있다. "자 말해 봐 말렌?—17의 제곱은 얼마라고 했지?"

말렌은 당황한다. 그녀의 사고는 어찌할 바 몰라 머릿속을 뱅뱅 돌고 있다.

"사각형의 면적을 우리는 어떻게 구하죠?"

말렌은 주저하면서 입을 연다 : "그건……저……알고 있었는데……."

"복습은 했나요?"

"예 선생님 분명히 했어요. 오늘 아침까지만 해도……분명히 복습을 했는데!"

선생님은 성적 기록부를 꺼낸다. 한 동료가 정답을 말한다. 당황한 말렌은 자기 자신에 실망해서 다시 제자리에 앉는다.

이 경우에 무슨 일이 벌어졌는지 생각해 보자. 맨 처음 도대체 두려움이란 무엇인가? 무엇이 흥분인가? 어떤 감정, 어떤 정신적 흥분을 말하는 것인가? 생각해 보자. 그렇다. 맞는 말이다. 모든 정신적 흥분은 항상 어떤 물질적 현상과 결부된다. 낯설거나 위험한, 혹은 불만스런 기억과 결합된 지각들은 간뇌와 교감 신경을 거쳐 부신과 몇몇 뇌 영역의 직접적인 자극을 불러일으킨다. 일순간 거기에서 두 개의 호르몬, 즉 아드레날린과 노르아드레날린이 혈액 순환 과정으로 보내진다. 이들은 스트레스 호르몬으로 알려져 있으며 최대 활동, 즉 갑작스런 공격이나 혹은 갑작스런 도피에 돌발적으로 대비하고 혈압을 상승시키고 비축 단백질과 비축 당분을 동원한다. 우리들은 흔히 흥분시에 갑작스럽게 달아오르는 경악의 감정을 잘 알고 있다.[42]

하지만 우리 뇌의 내부 깊은 곳에서 이러한 스트레스 호르몬은 앞의 성 호르몬과는 완전히 다른 역할을 수행한다. 이들은 뉴런간의 접지점에 영향을 미친다. 이 점을 알아보기 위해 이제 다시 한 번 우리 세포의 미세한 차원을 생각해 보자. 각각의 신경 섬유들이 상호 연결되어 있는 곳이면 어디서나 독특한, 단추 모양의 접지점, 즉 우리가 이미 살펴본 시냅스들이 있다. 이러한 접지점에는 수많은 조그마한 주머니들이 들어오는 충격을 전달하기 위해 자리를 잡아서 가지고 있는 전달 물질을 시냅스와 인접 섬유 사이의 틈으로 발사한다는 사실을 이미 살펴본 바 있다. 이것을 사람들은 시냅스들은 발사해야만 한

마지막 수업 시간. 말렌은 더 이상 주의를 하지 않고 옆사람을 바라보고 있다.

갑자기 자신이 호명되자 말렌은 깜짝 놀라 일어섰지만 대답이 떠오르지 않는다.

말렌은 당황하고 실망했다. 왜냐하면 아침까지는 분명히 어제 배운 모든 것을 잘 알고 있었기 때문이다.

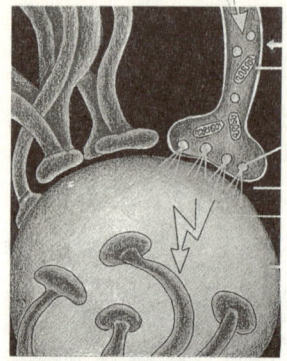

충격

시냅스(횡단면)
미토콘드리아

전달 물질이 들어 있는 주머니
전달 물질이 세포막을 통과해 방출된다.
이온이 세포막을 통해 들어온다.
인접한 뇌세포가 활동한다.

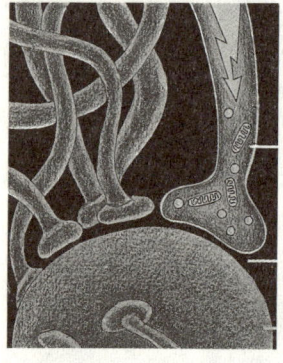

전달 물질이 결여되고 주머니가 침묵한다.

충격이 틈으로 전달되지 않는다.

인접 뇌세포가 활동하지 못한다.

어떻게 사고의 폐쇄가 일어나는가?

150조에 달하는 시냅스들은 우리 뇌의 모든 정보 이동을 조절한다. 시냅스의 도움으로만이 정상적인 사고와 인식, 학습과 회상이 가능하다.
예를 들어 공포, 놀라움, 고통, 박해와 같은 스트레스를 받았을 경우 이러한 시냅스의 정상적인 기능이 장애를 받는다. 왜냐하면 스트레스를 받았을 경우 분비되는 호르몬인 아드레날린과 노르아드레날린은 특정한 전달 물질, 요컨대 시냅스에서 들어오는 정보들의 계속적인 전달을 맡고 있는 물질들의 파트너기 때문이다. 게다가 노르아드레날린은 억제 시냅스의 전달 물질의 하나기도 하다. 아드레날린과 노르아드레날린의 양이 증가하는 순간 수많은 충격들이 더 이상 전달되지 못하게 된다. 시험에 두려움을 가질 때나 당황했을 때 우리에게 갑자기 어떤 것이 떠오르지 않을 때가 바로 이런 순간이다. 시냅스가 아직 발사를 하기도 전에(즉 어떤 착상이 떠오르기 전에) 시냅스 주머니가 침묵해 버리는 것이다. 이때 정보는 그의 특정 장소에 도달하지 못하고 우리는 그때그때마다 사고 회로 폐쇄, 의식 장애 혹은 기억 단절을 겪는 것이다.

Ⅲ. 생물학적 의사 소통 97

다라고 말한다. 그리고 정확히 이러한 과정은 스트레스 호르몬을 통해서 방해되거나 혹은 완전히 저지될 수 있다.[43] 예를 들어 노르아드레날린은 자체로 (억제 시냅스의) 전달 물질이면서 동시에 다른 중요한 전달 물질, 즉 아세틸콜린의 생화학적 파트너로서 아세틸콜린의 증가를 저지할 수 있다. 이 모든 것은 (앞으로 우리가 보게 되는 것처럼) 철저히 자기 방어의 의미에서 이해돼야만 하는 스트레스 메커니즘을 통한 자연적인 폐쇄 현상이다. 말하자면 자연은 우리의 현대 사회에서 스트레스와 경고 반응이 하필이면 사고 및 학습 과정이 최소한으로 제한되어야 하는 과정과 결합된다는 사실을 예기치 못했다.[44]

사고, 학습, 망각에는 종종 순간적인 사고 장애 외에도 '만성적인' 종류의 사고 장애도 존재한다. 또한 이러한 (일반적인 사고 결함뿐만 아니라 한번 학습한 행동 방식을 다시 변화시킬 수 없는 무능력) 현상을 우리는 부신의 호르몬 통제와 연관시킬 수 있다. 특히 부신 피질 호르몬의 일종인 하이드로코티존(Hydrocortison)과 뇌하수체의 부신 피질 자극 호르몬, 즉 ACTH와 연결시킬 수 있다. 이때 ACTH의 부족은 이것이 과잉됐을 때와 마찬가지로 학습에 장애를 일으킨다. 이런 관계는 동물 실험에서도 증명되고 있다.

미국의 레빈(Levin)은 일련의 쥐 실험에서 뇌하수체를 외과적으로 떼내서 ACTH 생산을 차단했다. 이 밖에도 이러한 ACTH 생산 중단은 부신의 과잉 기능, 혹은 코티존 함유 약품의 제공을 통해 혈액 속에 코티존 함유량을 높임으로써도 가능하다. 왜냐하면 '혈액 속에 코티존이 충분하다'라는 응답을 받고 뇌하수체는 ACTH의 분비를 중단하기 때문이다. 레빈의 쥐의 경우 ACTH가 중단된 이후로 모든 학습 과정이 돌발적으로 느려졌다. 이 반대의 증거로서 ACTH 공급을 통해 이 장애는 다시 복구되었다. 쥐들은 다시 정상적으로 학습하기 시작했다.[45]

하지만 이 호르몬 투입량을 계속해서 증가시켰을 때(이렇게 하면 학습이 특히 촉진될 것으로 생각했다) 깜짝 놀랄 일이 벌어졌다. 그것은 갑자기 다른 뭔가가, 즉 망각이 폐쇄돼 버린 것이다. 필요치 않은 학습 내용의 정상적인 소멸이 더 이상 이루어지지 않았던 것이다. 갑

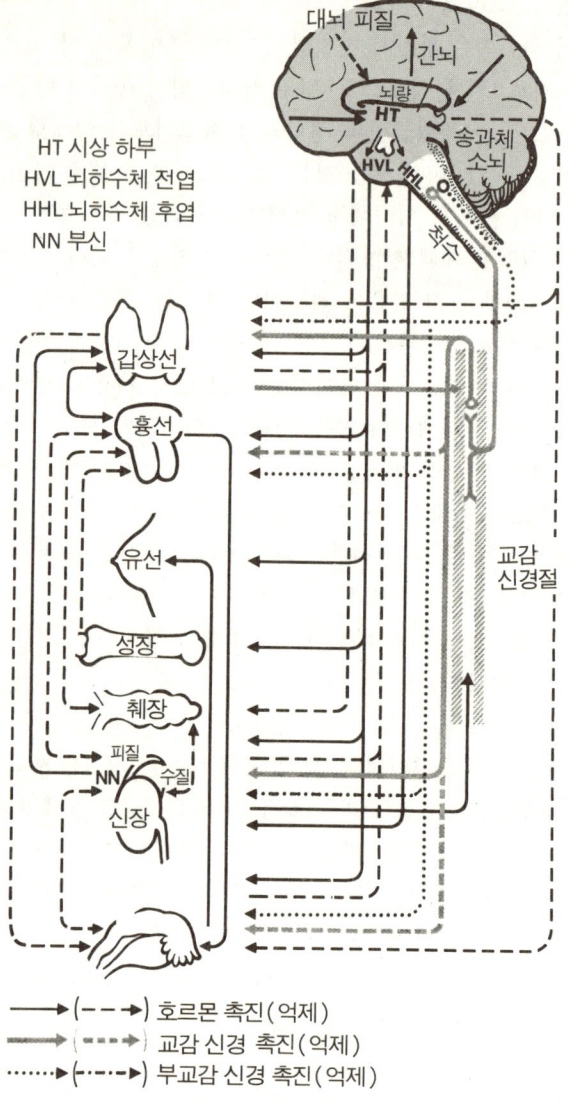

이 도식은 우리 신체의 여러 기관에 대한 억제 및 촉진 영향간에는 복잡한 회로 망이 구성되어 있다는 사실을 보여 줄 수 있을 것이다. 이 도식은 여러 연관 과정 들 중의 일부분에 지나지 않는다.

자기 주입식으로 학습된 신호에 대한 행동이 더 이상 변화되지 않았다. 또한 이러한 신호가 학습 과정과는 달리 오래 전에 피드백 작용이 이루어지지 않고, 전기 자극을 준 이전에 의미 있던 행동이 이제는 무의미하게 되어 버렸다. 그야말로 위험하게까지 되었는데도 불구하고 쥐들은 그들의 학습 방식을 전환하지 않고 이미 학습한 도식을 고집스럽게 따르고 있었다. (우리 인간 사회에서 나타나는 이와 유사한 과정을 생각해 볼 수 있을 것이다!)

이때 실험을 통해 관찰할 수 있었던 직접적인 결과는 ACTH 초과 공급시에는 새로운 학습 내용의 수용이 더 어려워진다는 사실이었다. 요컨대 ACTH는 신속하고 집중적인 확보가 필요하지만 과잉 공급은 이때까지의 학습 내용을 고수하게 만드는 것이다. 따라서 ACTH 초

척추 동물에서 분비하는 주요 호르몬과 작용

호르몬	분비장소	작용
코티코-스테로이드 (하이드로 코티존)	부신피질	면역계 : 신체 방어력 저하 무기물 조절 : 신장에서 나트륨 흡수 물질대사 : 포도당 합성
프로게스테론	난소(황체)	자궁 점막 분비 유지
에스트로겐	난소(여포)	성적 흥분 억제, 자궁 점막의 성숙
테스토스테론	고환	정자형성, 남자의 2차성장
티록신	갑상선	대사증가, 발생 및 성장촉진
아드레날린	부신수질	그리코겐 분해, 지방 저장 촉진(도피호르몬)
노르아드레날린	부신수질	혈압상승, 신경 발달의 전달자(공격호르몬)
부갑상선호르몬	부갑상선	칼슘 흡수 촉진
인슐린	이자	혈압강하
글루카곤	이자	혈압상승
옥시토닌	뇌하수체 후엽	자궁의 수축, 신장에서 물분비 억제
성장호르몬	뇌하수체 전엽	성장, 물질대사
ACTH(부신피질자극호르몬)	뇌하수체 전엽	부신 피질 자극(위 참조)
갑상선자극호르몬	뇌하수체 전엽	갑상선 자극(위 참조)
여포자극호르몬	뇌하수체 전엽	에스트로겐 분비 자극
황체자극호르몬	뇌하수체 전엽	남성인 경우 성호르몬 분비 자극 여성일 경우 황체에서 여포의 변화
프로락틴	뇌하수체 전엽	젖샘과 황체 자극(위 참조)

과 공급 실험은 전통적인 실험 적대적 자세, 즉 (최소한 쥐의 경우에) '학습 방식 전환'에 대한 거부감을 간접적으로 암시해 주는 것으로 여겨진다.[46]

순간적인 착상 — 다양한 상호 작용 속에서 나타나는 새로운 창작

이미 앞 단원에서 우리의 두뇌 활동을 컴퓨터 프로그램에 비교한 바 있다. 이제 우리는 이런 비교를 아주 제한해야 하는데 그 이유는 다양한 두뇌 활동 중에서 창조적 활동, 즉 창조적 요소가 컴퓨터에는 존재하지 않기 때문이다. 그렇지만 이런 창조적 사고, 착상 그리고 직

우리 자신의 기억의 절편들과 유사하게 홀로그램의 조각들이 어떻게 계속적으로 본질적인 것을 재현할 수 있는가를 미국 대통령 링컨의 사진에서 볼 수 있다.[47]

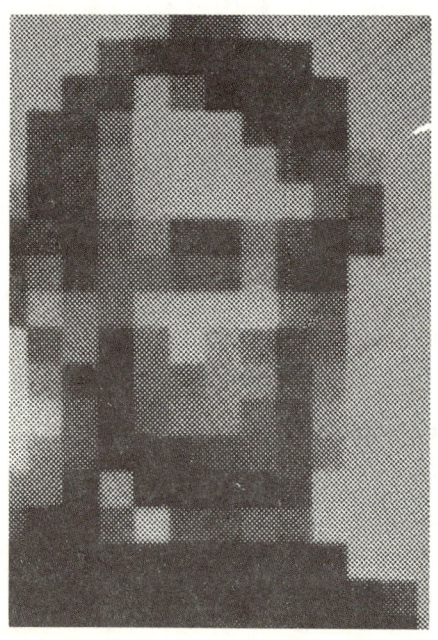

Ⅲ. 생물학적 의사 소통   101

관들 역시 물질적으로 저장된 정보들에 의해 생겨난다. 우리는 이미 이러한 정보들이 수많은 각각의 뉴런과 이들의 섬유에서 부호화한다는 사실, 다시 말해 엄청난 수의 부호 분자들이 동시에 대뇌 피질 전역으로 분산되어 저장되고 한곳에 집중적으로 저장되지 않는다는 사실을 알고 있다. 이처럼 저장이 바로 이런 식으로 일어나기 때문에 창조성이 가능해진다. 그렇다면 어떻게 이것이 가능한 것일까?

생성된 정보 모델 중에서 이처럼 수없이 증가된 배열에 의해 이른바 공명(동일 진동)과 간섭(진동 상호 작용)이 발생한다. 그리고 이들은 때때로 완전히 새로운 의미 내용, 다시 말해 새롭고 독창적인 정보 모델과 창조적 생각을 만들어 낸다. 이것은 설명하기 매우 힘든 정보 이론적 과정으로 실제로 비교, 즉 유추에 의해서만 밝혀질 수 있다.[48]

만일 우리가 지금까지 우리 뇌의 여러 과정들에 대해 공부한 모든

최초의 소수의 사각형으로 구성된 구조들에서조차 우리는 이것을 약간 떨어져서 눈을 지그시 뜨고 쳐다보면 즉시 분명하게 원래의 얼굴을 알아볼 수 있다.

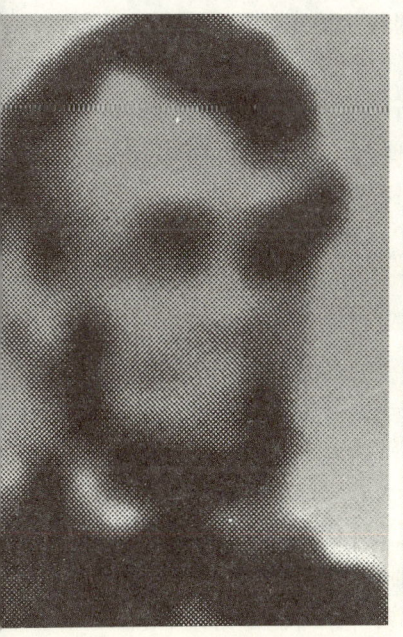 

것을 곰곰이 생각해 보면 우리의 기억이란 특정한 정보가 특정한 장소에 저장되어 있는 사진 앨범, 도서관 그리고 컴퓨터로 구성된 혼합물로 비교할 수 있다는 사실이 분명해질 것이다. 말하자면 각 부위의 뇌 손상은 아주 특정한 기억만을 소멸할 뿐이며 심각한 손상의 경우에도 보통의 기억력은 쉽게 약해지지 않는다고 볼 수 있다. 우리의 기억은 오히려 하나의 홀로그램, 즉 레이저 광선으로 사진판에 부호화해 있는 상에 비교할 수 있을 것이다. 최대한으로 확대했을 때에도 우리가 거기에서 볼 수 있는 것은 일종의 벽지 무늬 정도다. 하지만 레이저 광선을 통과시키면 곧 뒤에 구체적인 상이 나타난다. 뇌에서와 똑같이 정보나 기억의 본질적인 것을 잃지 않고서도 홀로그램은 조각조각 구분할 수 있다. 그리고 각각의 조각들로부터 다시 전체적인 상을 빠짐없이 투영해 낼 수 있는 것이다. 다만 이 조각들이 적으면 적을수록 그만큼 그 상은 윤곽이 희미해질 따름이다. 요컨대 조각들의 상태와 크기는 사진에서처럼 상의 단면이 아니라 선명도를 결정한다.

이 비교는 매혹적이다. 이런 홀로그램처럼 우리의 기억 역시 호출될 때마다 해독될 수 있는, 저장된 모든 지각의 주파수 모델처럼 보인다. 그리고 하나의 사진판 위에 여러 홀로그램을 겹겹이 쌓아 놓고 거기에서 상들을 상호 독립적으로 재생할 수 있는 것과 똑같이 기억 역시 여러 인상들을 한꺼번에 저장하고 이때 스스로 주변에 대한 축소된 다차원적 모델이 되는 것이다. 이 양자의 일치점은 여기에 그치는 게 아니다. 홀로그램의 한 부분이 떨어져 나간 후에도 전체 상은, 덜 분명하고 선명도가 떨어지긴 해도 재생할 수 있는 것처럼 뇌의 각 부위가 떨어져 나가고 분리된 이후에도 기억은 소멸되는 것이 아니라 최악의 경우에 희미해지는 것이다. 우리 뇌의 전부위에 걸쳐 기억이 분산되어 저장돼 있는 것은 개개의 뇌 부위의 결손 혹은 특정한 영역에서 뇌세포의 사멸이 다른 '팀의 구성원'의 손실로 이어지는 것을 막기 위한 것이다. 결국 전체적으로 추구된 생각, 착상, 지적 활동은 해를 입는다 해도 부분적이고 비본질적인 정도에 국한되는 것이다.[49]

그리고 이러한 세포들의 팀워크에 사고의 자유가 놓여 있다. 바로 이런 홀로그램적인 방식으로 저장이 이루어지기 때문에 이른바 창조성이 가능한 것이다. 다시 말해 거의 유사하고 약간 상이한 누적된 저장상들로부터 계속해서 다양한 변형으로 표현되는 창조적 과정이 발생하는 것이다. 그래서 창조성이란 뇌에 특정한 자리를 갖고 있는 것이 아니라 오히려 외적·내적 지각들의 누적된 저장의 상호 작용에서 생겨나는 것이다. 그야말로 창조성이란 이러한 상호 작용 그 자체다.

여기에서 홀로그램의 물리적 원칙과 기억의 생물학적 원칙 사이의 일치는 아무리 분야가 다르다 해도 그것을 관찰하는 기본 법칙에는 커다란 상관 관계가 있을 수 있다. 이러한 일치는 물론 생물학적 영역 자체에만 해당되는 것이다. 만일 우리의 기억과 보존이 유전 물질, 즉 염색체를 구성하는 것과 같은 물질인 핵산과 단백질과 결부되어 있다면 그것은 우리 정신의 한계에 해당된다. 이것은 이미 언급한 바 있는 각 세포의 유전자에 잠들어 있는 정보 저장에 대한 지식을 또 한 번 강조하는 것이 된다. 그렇다면 왜 갓난아이 이후에 발전 단계의 정신적 능력, 즉 순간적인 사고 한계를 넘는 잠재 능력도 유전자 속에 들어 있어야 하지 않겠는가 하는 의문이 생길 것이다. 그리고 실제로 이미 우리가 본 것처럼 모든 체세포는 또한 하나의 뇌세포일 수 있어야 하며 따라서 우리는 이론적으로는 우리의 조그마한 손가락으로도 사고가 가능해야 되지 않겠는가? 우리는 이러한 의문을 이미 간략하게 다루었고 이것은 원칙의 문제가 아니라 분화의 문제, 즉 특정한 세포 집단이 생물체의 발생 과정에서 떠맡게 된 역할의 문제며 따라서 역할 분담의 문제라고 말한 바 있다. 이러한 세포 각각의 다면성은 1968년에 이미 흥미있는 실험에서 증명되었다. 그래서 사람들은 이미 고도로 분화된 개구리의 장세포에서 핵을 추출해 원래의 세포핵을 제거한 난세포에 이식시켰다. 이 새로운 난세포는 예상과는 달리 한무더기의 장세포가 아니라 완전한 정상적인 개구리로 성장했다.[50] 이것은 무엇을 의미하는 것인가?

이것이 의미하는 것은 다름 아닌 하나의 장세포의 제한된 특수 역할로 거기에서 잠자고 있던 모든 유전자가 다시 깨어난 것을 의미하는 것이다. 그래서 원칙적으로 모든 세포에 숨겨져 있는 소질이 발휘되는 것이다.

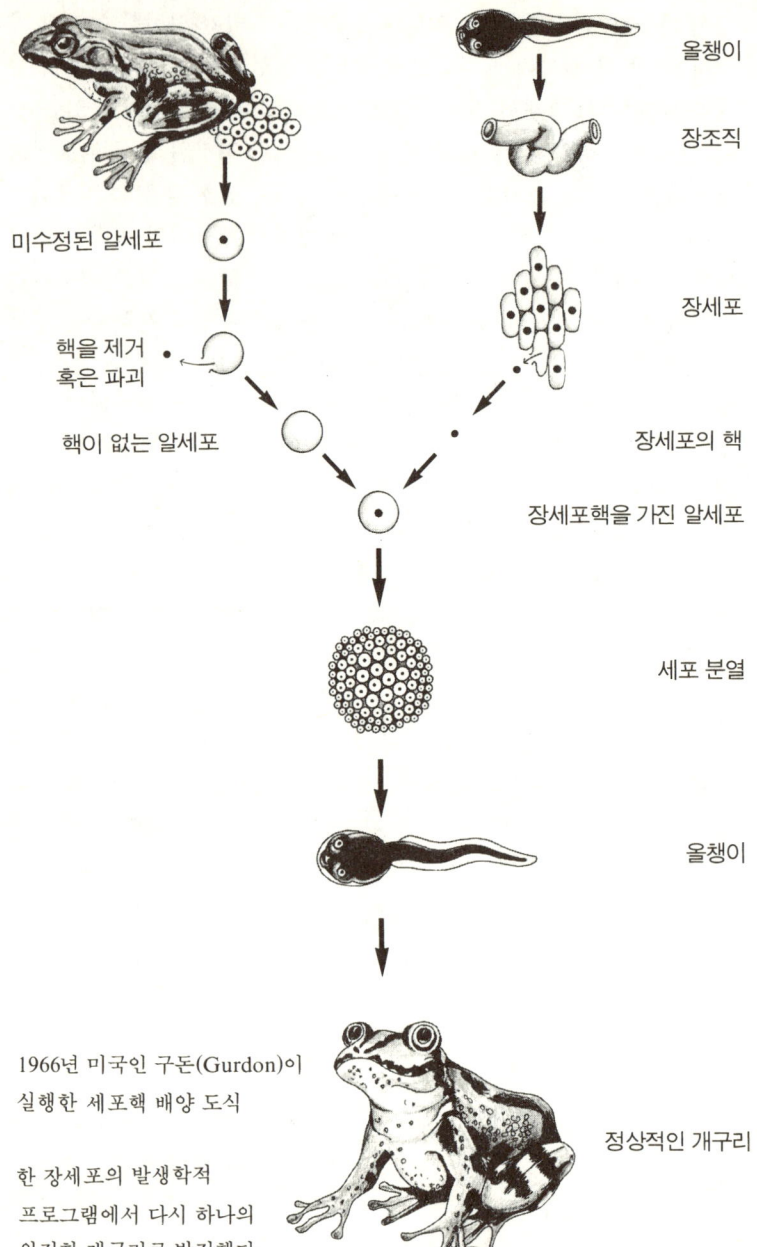

III. 생물학적 의사소통 105

어린아이가 그림을 그리든 연구자가 신경 통로에 대한 새로운 이론을 전개하든 이 양자의 경우 모두의 뇌에서는 똑같은 심리학적·생화학적 과정, 즉 관념과 창조적 사고에 의해서만이 비로소 가능하게 되는 정보 처리 과정들이 이루어진다.

 그렇다면 만일 한 생물체의 모든 세포가 똑같은 텍스트를 간직하고 있다면 과연 누가 이들에게 실제로 읽어야만 할 것을 말해 주는 것일까? 누가 열고 삼그는 열쇠를 쥐징하는 것일까? 프링스 연구지들은 특정한 단백질 분자들, 이른바 억제 인자들이 핵산 띠 위에 자리잡고 세포들이 다만 그들에게 적당한 몇몇 정보만을 읽을 수 있게 허용한다는 사실을 발견해 냈다. 이러한 억제 인자들은 전체 유전자 집단으로부터의 정보 유출을 빙 둘러 봉쇄함으로써 마스터 키의 기능을 하는 것이 분명하다. 보다 작은, 이른바 특수 키로서 작용하는 물질들이 이때 정확한 주형을 따라 억제 인자의 검열을 특정한 장소에서 제거하고, 각 세포가 그들의 고유한 프로그램을 수행할 수 있도록 허용하게 된다. 그렇지만 많은 종류의 세포가 이미 너무나 강하게 (하나의 장세포보다도 더 많이) 분화되고 변화되었기 때문에 그들은 더 이상 분열되지도 않고 더 이상 원래의 상태로 되돌아갈 수도 없다. 이런 경우가 바로 우리의 뇌세포에 해당되는 것이다. 이런 근거에서 우리의 뇌세포를 생각할 수 있다.[51]

총대뇌 피질의 무게(예를 들면 모든 사고와 기억 과정, 지각)

대뇌 피질의 뒷면의 무게(=후두 피질)(예를 들면 연합 동작)

단백질의 총량(장기 기억, 물질 대사)

전달 물질 효소(=콜린에스터라제)(충격 전달에 대한 예)

물질 대사 효소(=헥소키나제)(예를 들면 단기 기억, 물질 대사)

RNA(단기 기억, 물질 대사)

백색 물질(=글리아 세포)(신경 세포의 절연 및 영양 공급의 예)

개별적 세포체의 크기(활동 상태, 적합 가능성)

　　이제 이런 발생학적인 부분을 벗어나 원래 우리의 주제, 즉 창조적 과정으로 돌아가 보자. 예를 들어 어린이들이 그림을 그릴 때, 그러니까 예술적 영역에서 진행되는 과정은 지적인 탐구 과정 때와 마찬가지로 비합리적으로 이루어진다. 신경학자들이 생물 물리학 실험실에서 기억이란 문제를 가지고 실험을 하고 있을 때를 예로 들어 보자. 105쪽의 사진에서는 '막스-플랑크 정신병학 연구소'의 두 명의 연구자가 살아 있는 달팽이의 뇌세포를 정확하게 연구해, 어떤 조건하에서 특정한 신경 충격들이 전달되는지를 발견해 내려 하고 있다. 하지만 조사하고 있는 세포에서뿐만 아니라 연구자 자신의 뇌세포에서도 이 순간 유사한 충격과 역동적인 과정이 진행되고 있는 것이다. 그리고 때때로 거기에서 특별한 착상들이 떠오른다. 여기 하나의 예를 들어 보자. 특정한 세포 자극 후에 연결시킨 오실로스코프의 화면 위에 계속해서 제2의 톱니 모양의 그래프가 그려지는 것은 어떻게 된 것인

III. 생물학적 의사 소통 107

환경은 뇌를 변화시키는 것일까?

캘리포니아 자연 과학자 로젠츠바이크(Rosenzweig)는 다채로운 환경에서 성장한 쥐들과 단조로운 우리만을 볼 수 있었던 쥐들 사이의 놀라운 차이를 보여 주었다. 이 쥐들은 각각 8일 동안 해당 환경에서 살다가 죽었다. 이들의 뇌는 추출되어 여러 가지가 측정되었다. 가장 중요한 결과가 도표에서 확인되고 있다. 수평으로 그어진 빗금은 체험이 풍부한 환경에서 산 쥐들과 단조로운 우리에서 성장한 쥐들간의 백분율 편차를 보여 주고 있다. 이해를 돕기 위해 괄호 속에는 해당 뇌기능 몇 가지가 제시되어 있다.

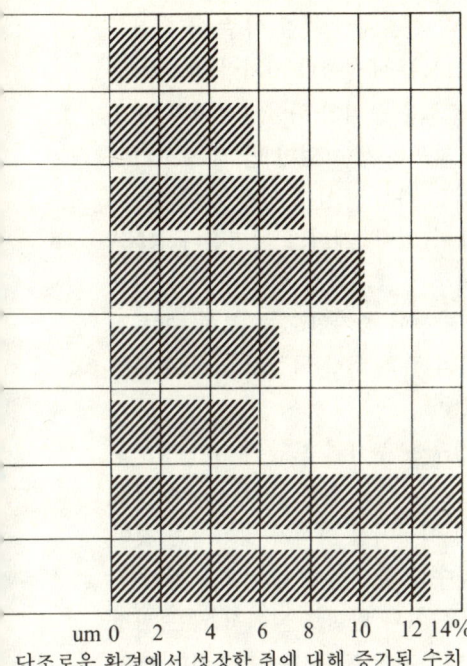

um 0 　 2 　 4 　 6 　 8 　 10 　 12 14%
단조로운 환경에서 성장한 쥐에 대해 증가된 수치

가? 갑자기 설명이 된다. 언제, 왜 그랬을까? 단지 연구자의 전문 지식 때문인가? 아니면 그의 사고를 테니스 경기와 연관시켰기 때문인가? 아니면 그가 앞서 창문을 닫고 아무 생각 없이 소음을 들었기 때문인가? 만일 홀로그램과 유사한 저장이 창조적 착상의 첫번째 전제 조건이라면 이것은 어쩌면 단지 자율적으로 자체에서 발생하고, 완전히 새로운 의미 내용과 창조적인 관념을 생산하는 수많은 진동의 상호 작용 때문일 것이다. 정보 이론적으로 이것은 절대적으로 가능하다.[52]

이처럼 두뇌 활동에 있어서 가능한 한 수많은 연상 모델 형성의 중요성은 쥐 실험, 그것도 측정 가능한 실험을 통해 이미 밝혀졌다. 단조로운 환경(편편하고 밖이 보이지 않고 부대 시설이 전혀 없는 우리)에서 성장한 쥐들은 작은 사다리, 굴, 층계들과 여러 가지 놀이 대상이 제공된 다양한 환경의 우리 안에 제공된 쥐들보다 뇌가 훨씬 작게 발달했다. 또한 몇 주 동안 각각의 환경에서 자란 아주 어린 쥐들에게도 이런 실험이 행해졌는데 여기서는 예상했던 것처럼 변화가 풍부한 환경이 제공된 쥐들에게도 단조로운 우리의 쥐들에 비해 뇌세포의 수는 증가하지 않았다(우리는 뇌세포는 생후 얼마 안 되는 시기에 이미 더 이상의 분열을 하지 않는다는 사실을 알고 있을 것이다). 이에 비해 뇌피질의 중량은 분명하게 늘었다. 게다가 뇌피질의 RNA 함량도 매우 증가했다. 이것은 뇌세포의 생화학적 활동과 이들 섬유의 활동, 그리고 결합, 즉 시냅스의 활동이 증가한 것을 보여 주는 것이다. 또한 이러한 섬유들을 절연시켜 주는 하얀 뇌물질 역시 증가했다(106~107쪽 도표를 참조).[53]

이런 모든 사실을 통해 인간의 경우를 추적해 보면 우리가 정보들을 많이 저장하면 할수록 사고 결합은 그만큼 일찍 나타나고, 이러한 상호 작용에서 새로운 착상(생각)이 이루어질 기회가 많아지는 것이다. 요컨대 많은 것을 경험한 사람일수록 착상이 많이 떠오를 것이다. 그리고 완전히 고립되어 사는 사람은 이와 반대로 뇌에서 많은 과정이 발생할 수가 없다. 여기에 대한 역사적인 예로서는 추측컨대 정치적 이유로 아주 어렸을 때부터 숨어서 지냈고, 외부 세계와의 접촉이 완전히 차단된 채 성장했던 카스파 하우저*(Kaspar Hauser)를 들 수 있으리라 생각된다.

창조적 팀워크

뇌 내부에서 일어나는 분산되어 있는 정보상들간의 상호 작용과 우리가 호르몬 자극이나 학습의 동기에서 볼 수 있는 뇌와 여타 기관들의 상호 작용뿐만 아니라 여러 뇌 사이의 상호 작용, 다시 말해 팀

＊카스파 하우저는 1828년 독일의 뉘른베르크 지방에 나타났던 한 기아(棄兒)의 이름에서 유래되었다. 이 아이는 격리된채 어두운 방에서 오랫동안 살았다는 것 외에는 기억하는 것이 없었다. 이것은 어린아이의 경험 부족이 정신 발달 장애의 원인이 됨을 시사할때 쓰인다.(역주)

워크에서의 상호 작용도 창조적 과정에서 일익을 담당하고 있다. 그 때문에 생물학적 관점에서 볼 때 한 재즈 밴드의 협연 역시 각각의 뛰어난 개인이 할 수 있는 것 이상으로 이룰 수 있는 것은 많은 연상 모델들간의 상호 작용과 공명, 누적의 협조(화합)에 해당된다. 진정한 팀 속에서 인간은 약점을 극복할 영감을 가질 뿐만 아니라 자신을 보정할 수 있는 것이다. 결국 최고의 가능성에 도달하기 위해 우리는 토론을 하는 것이다.

이것은 우리 모두에게 해당되는 것이다. 인간(그리고 여기에서는 인간의 뇌 기능)은 다른 사람과의 상호 작용 속에서 완전히 새로운 가능성을 발견하게 된다. 이러한 팀워크가 얼마나 이론의 여지없이 필수 불가결한 것인지는 무엇보다도 연구에서 볼 수 있다. 예를 들어 한 어린이의 뇌 손상에 대한 복잡하고 특수한 진단은 여러 전문 분야의 협력 없이는 전혀 불가능하다. 요컨대 협동 작업은 의미 있는 유기적 팀워크로의 경향을 보여 주는 것이다. 한 뇌의 수많은 세포들이 그들의 상호 작용 속에서 고도의 조직적 생활, 즉 의식을 가능케 하는 것처럼 다수의 뇌가 개별적인 뇌의 한계를 넘어 개별적인 정신이 해결할 수 없는 과제들을 해결해 낼 수 있는 것이다.[54]

여기 이러한 팀워크의 문제를 끝으로 인간의 뇌에 대한 순례를 마치고자 한다. 우리가 보았던 모든 것들, 그리고 현재의 지식들은 아직 많이는 알고 있지 못하지만 엄청나게 많은 것을 우리에게 줄 수 있는 하나의 현상, 즉 매력적인 세계가 공개되고 있다는 점을 분명히 보여 주고 있다. 우리가 언급했던 몇 가지 문제에서 이미 수많은 생활 영역, 특히 교육 분야를 위해 중요하고도 분명한 도움이 제시될 수 있으리라 믿는다. 미래의 수업, 즉 호르몬과의 상호 작용 혹은 단기 기억으로부터의 기억의 인출과 관련되고, 개별적인 것의 저장을 위해 연상 모델의 형성 및 새로운 영역으로의 진입 때에 '복합 통로 저장'을 고려하고, 물질의 처리와 고정을 위해 열정, 쾌락, 호기심, 환희와 같은 적절한 감정을 지정해 주는 이러한 미래의 수업은 오늘날 행해지는 것과 같은 추세에 역행하는 과정을 밟지 말아야 할 것이다. 이러한 도움들을 우리는 지금 연구하고 탐구하고 있는 것이다. 이것은 우리

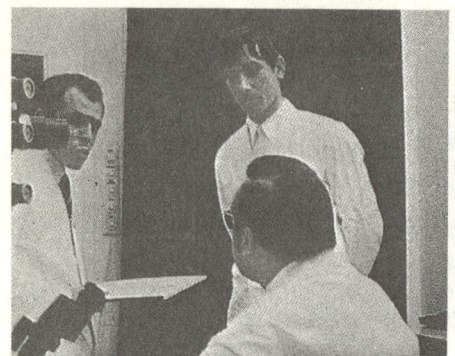 

창조적 팀워크

각 개인에게서는 그의 연상망의 다양한 겹침을 통해 생각과 착상이 발생한다. 팀의 경우(연구 그룹이든 팝 그룹이든)에는 상이한 뇌의 연상망의 겹침을 통해 개인으로서는 어쩌면 결코 가질 수 없는 착상, 즉 혼자서는 결코 수행할 수 없는 프로젝트가 형성된다.

가 절실하게 필요로 하는 그런 도움들이다. 왜냐하면 우리 뇌의 사고 능력, 요컨대 학습 교재를 개발하는 대신에 이러한 뇌는 우리의 중등 학교와 대학에서 (게다가 잘못 다루어진 채) 학습 재료의 저장소로까지 평가 절하되고 있기 때문이다. 뇌는 잘못된 충격들로 인해 폐쇄되고, 방해받고, 불필요한 부담을 떠맡고 있는 것이다. 이러한 문제 속에 원천적인 교육의 곤궁함이 들어 있는 것이다. 이런 교육의 곤궁함은 자연 과학 및 공학 교육의 결여, 학교의 행정 구조와 종종 자격 없는 정치가들과 그들의 전통적인 아집에 의해 악화되었다. 만일 우리가 교육 문제를 새로운 단계로 끌어올리려고 사고와 학습을 이해하고 그리하여 '해방'시키려고 집요하게 노력한다면 장족의 발전을 한 셈이 될 것이다. 이러한 문제를 우리는 이 책의 제4장에서 다루고자 하며 지금까지 언급한 사항들을 근거로 학습과 수업과 교육 수단의 이용에 관한 가장 중요한 결론을 끌어내고자 한다.

Ⅳ. 현장 학습의 참상
심리학과 교육학의 비생물학적인 학습 전략

서 론

다음의 상황을 기억해 보자. 수학 선생님이 교단에 서 있다. 그는 시간이 시작되자마자 어제 배운 것을 반복하려고 한다. 어제는 사각형의 면적에 대해 말했었다. 때는 이미 정오쯤 되었다. 학생들은 주의가 산만해져 있다. 말렌은 옆사람과 숙제에 대해서 귓속말을 나누고 있다. "17의 제곱은 얼마죠?" 선생님은 질문을 던지다가 말렌이 얘기에 열중해 있는 것을 본다. "말렌?" 말렌은 선생님의 목소리가 마치 천둥이 치는 것처럼 들린다. 말렌은 깜짝 놀라 주저하면서 일어나기는 했지만 당황해서 무엇 때문에 그런지 알지를 못하고 있다. 선생님은 말렌에게 이렇게 말해 준다. "우리는 제곱수를 배웠는데, 여기에는 아주 간단한 규칙이 있죠……."

오래 전부터 이미 스트레스 메커니즘은 외부의 지각과 뇌 및 호르몬 반응의 상호 작용을 시작하게끔 정해져 있다. 강력한 충격은 교감신경으로 간뇌의 시상 하부를 거쳐 전달된다. 그리고 부신에서 아드레날린과 노르아드레날린이 분비된다. 혈관이 수축되고 가슴은 점점 빠르고 강하게 두근거리며, 혈압은 상승되어 그녀의 머리는 지끈지끈 압박된다. 선생님의 음성이 다시 들려온다. "17의 제곱은." 말렌은 머리를 짜 내 생각을 해 봐도 아무것도 떠오르지 않는다. 어떤 기억 통로도 익숙한 길을 달리지 않고 있는 것이다. 그녀의 뇌에서는 이미 올바른 사고 연상들이 형성되지 않는다. 다시 말해 전달 억제 결과로서 시냅스 장애, 즉 사고 회로 폐쇄가 일어난 것이다. 하지만 여기에서 그녀의 몸은 원래 준비했던 것, 요컨대 뛰쳐나가거나 소리를 지르는 행동은 일어나지 않는다. 기껏해야 우는 것이 전부다.

이제 뇌와 신체에서 우리의 사고와 동반되어 일어나는 생물학적 과정을 살펴보았기 때문에, 우리들 각자가 자기 자신의 학창 시절을 통해 자기 일처럼 느낄 수 있는 이러한 상황을 전혀 새로운 측면에서 볼 수 있을 것이다. 우리는 이것을 자연적이고, 또 우리가 앞으로 보게 되는 것처럼 소음, 시각적 신경 과민, 실패, 환멸, 공격 혹은 소외의 경우와 같은 다른 스트레스 요인들에서도 유사하게 나타날 수 있는 하나의 기본 현상과 연관시키려고 한다. 이것은 만일 우리가 인간의 정신 활동을 해가 아닌 도움이 되는 쪽에서 단련하려고 할 때 보다 상세히 연구해야만 하는 그런 수많은 현상들 중 하나다.[55]

물론 근본적으로 모든 스트레스를 피하는 것을 다루려고 하는 것은 아니다. 그렇다면 우리는 예를 들어 스트레스 상황을 극복하는 것을 배워야 한다. 하지만 그것을 극복하기 위해서는 의식적이고 의도적인 노력이 필요하다. 그래서 학습 과정 자체는 (학습된 것의 질문과 응용과는 달리) 기본적으로 스트레스의 영향을 받아서는 안 되는데, 그 이유는 단지 스트레스가 제거될 때 좋은 성과가 나오기 때문이다.

우리가 이제 망각, 기억, 회상 혹은 방금 전에 본 것처럼 사고 회로 폐쇄와 같은 전형적인 현상들에 대해 단편적이나마 몇몇 중요한 지식을 접했기 때문에 이제는 순례의 마지막 부분으로서 학습 현장에 한 걸음 더 가까이 가 보고자 한다. 우리는 이러한 기본 현상들을 설명하고, 해석하려고 시도할 뿐만 아니라 이러한 일차적인 해석을 가지고 우리 자신에게 적용해 볼 수 있는 것이 무엇인가를 살펴보고자 한다. 하지만 무엇보다도 우리가 거기에서 생물학적으로 의미 있는 교육, 즉 적대감을 갖지 않고 인간과 함께 이루어지는 교육을 위해 배울 수 있는 것이 무엇인가 하는 것이 중요할 것이다.

우리의 본질적인 인식과 사고는 홀로 존재하는 것이 아니라 항상 우리 체세포의 생물학적 과정들과 동반되어 있다는 사실이다. 그 때문에 정신적 과정을 생물학적 과정에서 분리시키려는 모든 시도는 사태의 본질과 모순되며 따라서 경직될 수밖에 없는 결과로 나아가게 된다. 말하자면 정신을 고립하여 관찰하려는 모든 시도는 정신을 해방시키는 것이 아니라 훼손하는 것이다. 왜냐하면 그렇게 되면 우리는 정신의 생생한 토대를 부정하고 그것의 고유한 발전 가능성을 빼앗는 결과를 가져오기 때문이다.

학습의 네트워크

우리는 이제 이런 의미에서 개선할 수 있는 것들을 보게 될 것이다. 지금까지 사람들은 습관적으로 주의, 기억, 연상, 단기 기억, 입력 채널, 동기 유발, 성공 체험, 정보 등과 같은 개별적인 학습 문제들을 아무렇게나 나열해 놓고 각각을 별개로 연구하고 다루어 왔다. 이때 어떤 교육적 방향은 동기 유발을, 또 다른 교육 방향은 연상을 고집하고, 혹은 정보, 즉 재료 그 자체의 집합론 같은 데서 합리성을 찾으려 하고 있다.

하지만 지금까지 아무도 다음과 같은 점, 즉 뇌가 실제로 학습에 관한 가지 사항만을 연구하는 것은 잘못된 생각이다. 왜냐하면 이런 것들 전부가 뇌에서 구체적인 상호 연관을 이루고 있기 때문이다. 이런 것들을 이해할 때에 비로소 생물학적으로 의미 있는 것들(그리고 인간에 적대적인 것이 아니라 인간과 함께 하는 교육)에 대한 제안들을 전개할 수 있는 것이다.

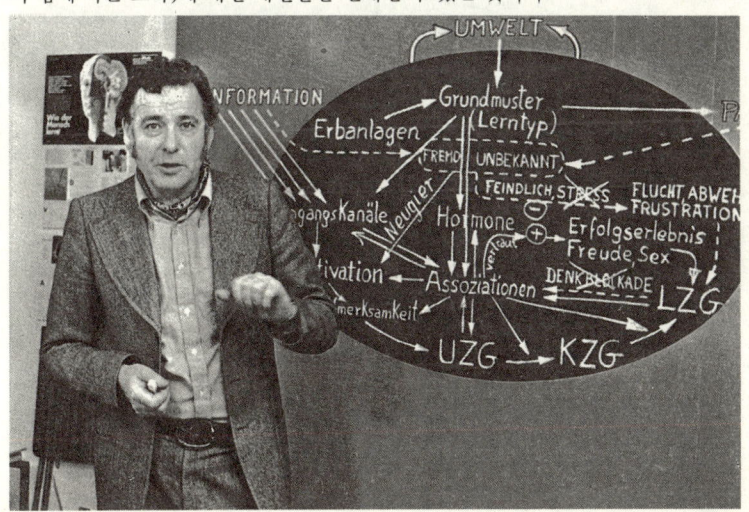

여하는지 그리고 관여한다면 어떻게 관여하는지, 말하자면 그 모든 것을 수행해야 하는 뇌에서 생물학적으로 무엇이 진행되고 또 가능한 지에 대해서는 거의 관심을 갖지 않았다. 이 때문에 우리는 지금까지의 관찰 방식을 내던져 버리고 이 모든 혼돈을 재정립하고자 한다. 다시 말해 우리의 몸 속에서 이것들이 어떻게 존재하며 또 어떻게 상호 연결되어 하나의 네트워크를 만들어 내는지 정리하고자 한다. 학습의 네트워크는 개념적 차원에서 보면 우리의 두뇌 활동과 결부되어 있는 모든 현상들의 얽힘이라고 볼 수 있다.

만일 우리가 이런 식으로 이 책의 끝부분에서 위에 언급한 것들 사이를 실제로 연관시켜 본다면 학습과 교육에서 모든 것이 서로서로 얽히게 되는 것을 차례로 보게 될 것이다. 이것은 교과서와 교육용 필름, 수업, 새로운 영역의 실습, 다른 직업으로의 전환 교육, 새로운 과제 영역에서 고려돼야만 하는 것이다.

자, 이제 이 네트워크를 한단계 한단계씩 구성해 보자. 만일 우리가 생후 첫주의 기본 틀의 형성에 대해 언급했던 모든 것들(공간 소음, 어머니의 음성, 벽의 색, 요람의 버팀대, 비누 냄새, 전등의 조명 혹은

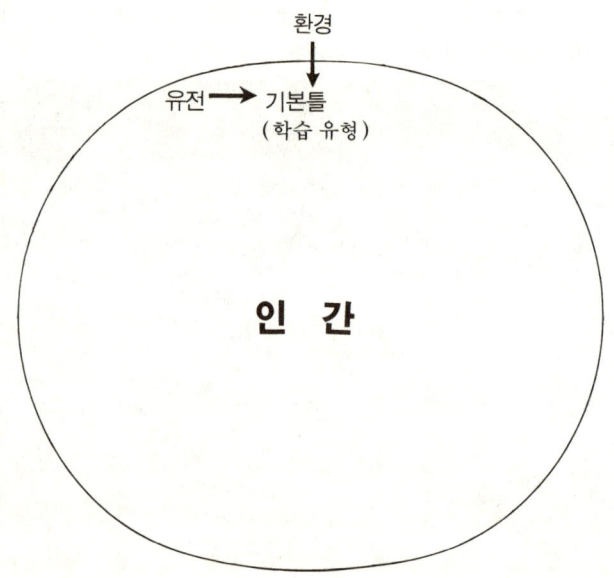

햇빛, 어머니와의 피부 접촉, 고적함 혹은 사람들과 대면, 움직임 등)을 다시 한 번 곰곰이 생각해 본다면 거기에서 학습과 사고에 관한 필연적인 결과가 나타날 것이다. 우리는 최초의 인상들을 통해 각인된 기본 설비가 성장하는 뇌세포들 사이에 형성되어 있는 해부학적 섬유화로 구성되어 있다는 사실을 잘 알고 있다. 요컨대 하나의 세포와 세포의 접합은 외부 지각들의 인상으로 형성되어 있는 것이다. 그리고 이것은 생명 현상들 가운데 엄청난 획기적인 사건에 속한다. 이로써 자연은 우리의 도움 없이도 뇌에 외부 환경의 최초의 부호화된 묘사 (즉 기본 틀)를 형성하는 요술을 부리는 것이다. 이 기본 틀이 없다면 우리는 어쩌면 우리의 환경과 결코 접촉하지 못했을 것이다. 이러한 기본 틀의 작은 부분만이 유전되어 태어날 때부터 존재하는 것이다.

우리가 다시 한 번 39~40쪽로 돌아가 신생아와 유아 그리고 어린아이의 뇌의 현미경 사진을 살펴보자. 최초의 숱이 적은 얽힘을 통해 3개월 된 갓난아이가 이미 환경의 영향하에서 명백한 틀이 형성되고 있다. 이때의 결합은 당연히 어린아이마다 상이하다. 이것은 최초의 인상이 어린아이마다 다르기 때문에 상이할 수밖에 없는 것이다.

하지만 이 과정은 이것으로 완전히 종결된다. 왜냐하면 이 시기 이후에는 새로운 결합이 이루어지지 않기 때문이다. 사실상 모든 신경세포들과 같이 뇌세포들은 나중에는 더 이상 성장도 분열도 하지 않는다. 이것은 '하드웨어'의 궁극적인 각인이 생후 최초의 몇 주 안에 이루어진다는 사실의 명백한 증거다. 이것으로써 사실상 우리의 사고과정과 행동에 있어서도 이미 일정한 궤도가 영원히 확정되는 것이다. 나중에는 각각 반대의 입체 기하에 대해서는 완전히 '눈이 멀어' 방향을 잃고 비틀거리게 되었던 '수직적', '수평적'인 고양이 실험(41쪽 참조)을 상기해 보면 이 점이 분명해질 것이다. 만일 이와 똑같은 실험을 보다 나이가 든 고양이에게, 그러니까 기본 틀이 형성된 뒤에 해 보면 완전히 다른 결과를 얻게 된다. 이런 경우에 이 고양이는 공간이 변화해도 약간의 적응 시간이 지난 후에 다시 완전히 정상이 된다. 이때 환경은 뇌의 구조에 고려할 만한 영향을 미치지 않는 것이다. 그러므로 나중의 정보들은 더 이상 해부학적으로 배선되는 것이 아니라 다른 방식으로, 말하자면 우리가 알게 된 바와 같이 부호화된 단백질 분자들의 형태로 더 이상 변화가 불가능한 기본 틀에 저장되는 것이다. 요컨대 각각의 기본 틀에 따라 보고 듣고 느끼는 것과 같은 입력 채널들과 연관된 감각은 상이하게 형성되며, 예를 들어 시각적 입력 채널에 연결된 신경관들은 뇌피질의 기억에, 그리고 더 나아가 변연계에 있는 것으로 여겨지는 다른 신체 기능을 위한 연결 중추에 완전히 다르게 결합된다.[56]

이러한 상이성은 인간 관계의 태도에 커다란 영향을 미치는 것으로 여겨진다. 그래서 특정한 두 개의 기본 틀 사이에는 완전히 다른 일치 가능성이 발생할 수 있다는 사실이 설명될 수 있다. 많은 사람들이 그들의 정보, 인상 그리고 감각을 직접 교환할 수 있는데 반해, 또 많은 사람들은 두 개의 다른 언어를 쓰는 사람들처럼 서로를 이해하지 못한다. 그들은 상이한 연결 다리와 해석을 거친 다음에야 비로소 이해할 수 있는 것이다. 우리의 언어가 실제라기보다는 뇌에서 어떤 지역의 지도와 같은 형태를 취하고 있는 상징에 의해 구성되어 있기 때문에 상이한 기본 틀에는 똑같은 상징을 가지고 있고 또 똑같은 지역의 것인데도 완전히 다른 지도가 제작될 수 있는 것이다. 결과적으로 종

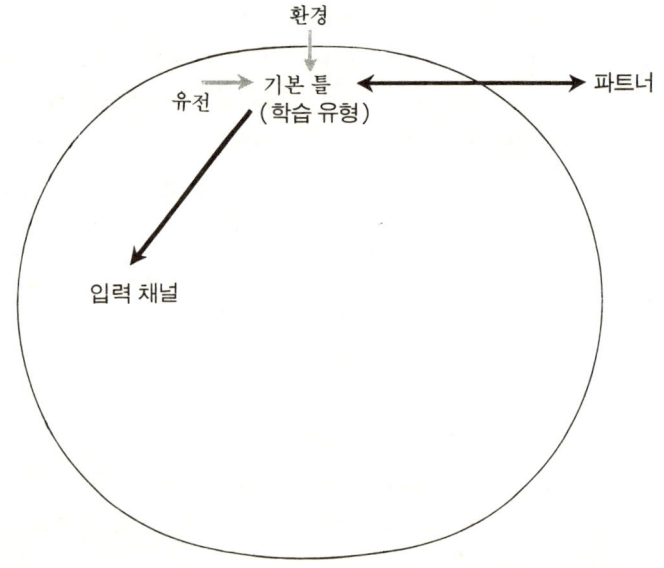

종 너무나 다르고 적대적이어서 두 사람에게 이해될 수 없는 것으로 머물러 있는 행동과 견해가 상호간에 완전히 거부감을 일으켜 충돌하게 되고, 양자의 관계를 단절시킬 수 있는 것이다. 우리는 다른 사람의 기본 틀에 대해 어느 정도 알고 난 뒤에야 비로소 그와 놀랄 만큼 의사 소통이 되고(그리고 이것은 우리가 그의 지도를 연구했을 때만이 가능하다) 그의 말이 올바르게 정리되어 거기에 대해 적절하게 반응할 수 있는 것이다.[57]

요컨대 이렇게 하여 우리 뇌 속의 신경 결합의 최초의 배선들은 어떤 상대의 기본 틀과 (이것이 배우자든 선생님이든 특정한 환경이든 아니면 책이든지 간에) 일치될 수 있으며, 그 후에는 의사 소통을 아주 원활하게 할 수 있는 것이다. 하지만 동시에 이 기본 틀은 우리의 감각 지각의 입력 통로와 연관되고, 그렇지 않으면 똑같았을 기본 틀이 사람마다 매우 다를 뿐만 아니라 특수한 방식으로 각인될 수 있기 때문에, 어떤 학습 재료의 수용 가능성은 단순히 우리가 감각의 상이한 공명을 근거로 추측할 수 있는 것보다 훨씬 더 큰 다양성이 생겨나게 되는 것이다. 이 책의 1부에서 네 가지 유형의 학생들이 똑같은 학습 재료를, 그것도 '압력=힘/면적'이라는 물리 법칙을 네 가지 상이한 방식으로 학습하는 예를 제시한 바 있다. 우리는 거기서 다음과 같은 사실을 기억할 것이다. 한 학생은 대화를 통해 이해를 구했다. 그는 동료 학생과 함께 아직 명료하지 않은 사항에 대해 대화를 나누고 설명하게 한 다음 그 설명에 귀를 기울였다. 두번째 학생은 실험의 관찰을 통해서, 그러니까 시각적으로 학습했으며, 세번째 학생은 이 법칙을 감각과 느낌을 통해서, 즉 감각적으로 가장 잘 배웠고, 네번째 학생은 개념과 공식을 근거로, 말하자면 언어적 추상적인 방법을 통해 이것을 이해했다. 서로 다른 입력 채널을 사용했음에도 불구하고 설명의 내용은 언제나 똑같았다. 즉 면적이 커지면 압력은 작아지고, 면적이 작아지면 압력은 커진다는 똑같은 답을 제시했던 것이다.

여기에서 우리는 사람들의 네 개 혹은 다섯 개의 커다란 학습 유형 [시각적 유형(시형), 청각적 유형(청형), 감각적 유형(감각형), 언어적 유형과 대화형]이 존재한다고 결론을 내릴 수 있을 것이다. 따라서 한 교사가 자신의 학급에서 기본적으로 사용하는 가장 중요한 학습 유형과 그의 수업은 상응하게 설정돼야만 하는 것이다.

중고등 학생에서와 똑같이 수백 명의 대학생들에 대한 대규모 설문 조사는 우리가 예상치 못한 사실을 보여 주었다. 즉 100명이 수강하는 강의나 30명 규모의 한 학급에서 거의 학생수만큼이나 많은 학습 유형들이 존재한다는 사실이었다. 물론 개별적인 입력 채널들은 추측한 대로 실제로 다르게 형성되었고 그 때문에 학습에도 서로 다르게 적응했다. 하지만 이러한 표면적인 차이는 개인적인 연상이나 감정, 습관, 환경, 학습 재료에서뿐만 아니라 불수의적 계통의 서로 다른 반응으로부터 관련 호르몬과 물질 대사 기능에 기인하는 수많은 다른 요인들과 상호 작용을 이루고 있는 것이다. 이런 반응들은 너무나 달라서 한 사람의 교사나 혹은 교과서 저자도 모든 학습 유형에 대처하기가 불가능할 정도다.

우리가 중고등 학생들과 대학생들에게 제시한 질문은 부록(173~181쪽)에 있다. 우리가 어떤 학습된 것, 즉 현존하는 지식을 질문한 것이 아니라 심층에 놓인 각 개인의 개인적인 경험에 대해 물었기 때문에 이 설문지는 아주 열정적으로 채워졌다. 그 전에는 의식적으로 그러한 개인적인 문제를 (비록 이 문제를 각자가 항상 생각하면서도) 거의 언급하지 않았었기 때문인지도 모르겠다. 그에 상응하게 학습 설문 조사에 대한 개별적인 진술 역시 자발적으로 나왔다. 예를 들어 10, 11명의 한 집단에서 굉장히 대립적인 학습 조건들이 발견되었다.

—나는 뭔가를 먹은 뒤에 어려운 과제를 처리해야 한다. 그렇지 않으면 그것을 이해할 수가 없다.

—나는 식사하기 전에 내 숙제를 스스로 한다.

—나는 숙제를 저녁에 해야 한다. 숙제할 때 즐거이 뭔가를 먹는다.

—나는 문이 열려 있으면 계산을 잘할 수 있다.

—나는 방에 혼자 있어야만 한다.

—방에는 다른 사람이 있어야 한다.

—조용해야 한다. 음악 소리도 안 된다.

IV. 현장 학습의 참상

―나는 라디오가 켜 있을 때만 공부가 된다.
―내게 학습 재료가 주어지면 나는 선생님의 말씀을 곧 이해한다.
―본문을 읽고 답하기 할 때는 아주 안 좋다. 왜냐하면 본문이 너무 이상하기 때문이다.

사실상 한 학급의 설문 조사에서도 20가지의 상이한 학습 유형이 나타나고 있다. 왜냐하면 몇 안 되는 요인들이 수많은 조합 가능성을 제공하기 때문이다. 분명히 존재하는 이러한 습관과 생후 최초의 몇 주의 기본 틀이 형성되는 실험은 많은 도움이 되리라고 생각한다. 우리가 보는 바와 같이 이러한 습관은 똑같은 생활권의 거주 집단에서도 극히 상이하다.

이제 우리는 (엄청나게 많은 수의 상이한 학습 유형들을 근거로) 그 모든 유형을 다 고려해서 수업에 임할 수는 없다고 말할 것이다(말한 바처럼 한 사람의 교사가 모든 유형을 다 고려한다는 것은 불가능하다). 하지만 여기서 문제는 그 반대의 경우다. 어떤 형태로든 수업을 진행하는 선생님들에게는 이러한 다양성을 단순히 알고 있다는 것만으로도 극히 중요한 것이다. 비록 그가 교사로, 교수로, 외국어 학원의 어학 교사로 혹은 직업 학교의 실기 교사로서 솔직히 많은 부담이 된다 할지라도 그는 모든 각각의 학습 유형을 동시에 사용하려고 최선을 다할 것이다. 그들은 원래부터 좋은 혹은 나쁜 학생이란 결코 존재하지 않는다는 인식하에 수많은 '실수'와 '훌륭한 성과'를 오로지 어떤 학생의 우둔함, 게으름, 지능, 성실함 혹은 관심의 표현으로만 이해하는 것이 아니라, 학습 유형의 우연한 잘못, 혹은 올바른 적용의 결과로 이해할 것이다. 더 나아가 우리는 교사들 자신이 아니라 학생들이 가능한 한 조기에 학생들 자신의 개인적인 학습 유형을 발견해 내도록 이끌 수 있는 일반적인 도움과 처방을 제공할 수 있을 것이다. 간단히 말하자면, 교사가 중심이 되지 않고 모든 문제의 중심을 학생에게로 돌려야 한다.

하지만 이것은 지금까지의 설명에서 보여 준 것처럼 특히 학생들에게 도움이 될 것이다. 왜냐하면 학생들은 수업에서 자신들 각자가 최선의 것을 찾아낼 수 있는 방법을 빠른 시간내에 터득하게 되기 때문

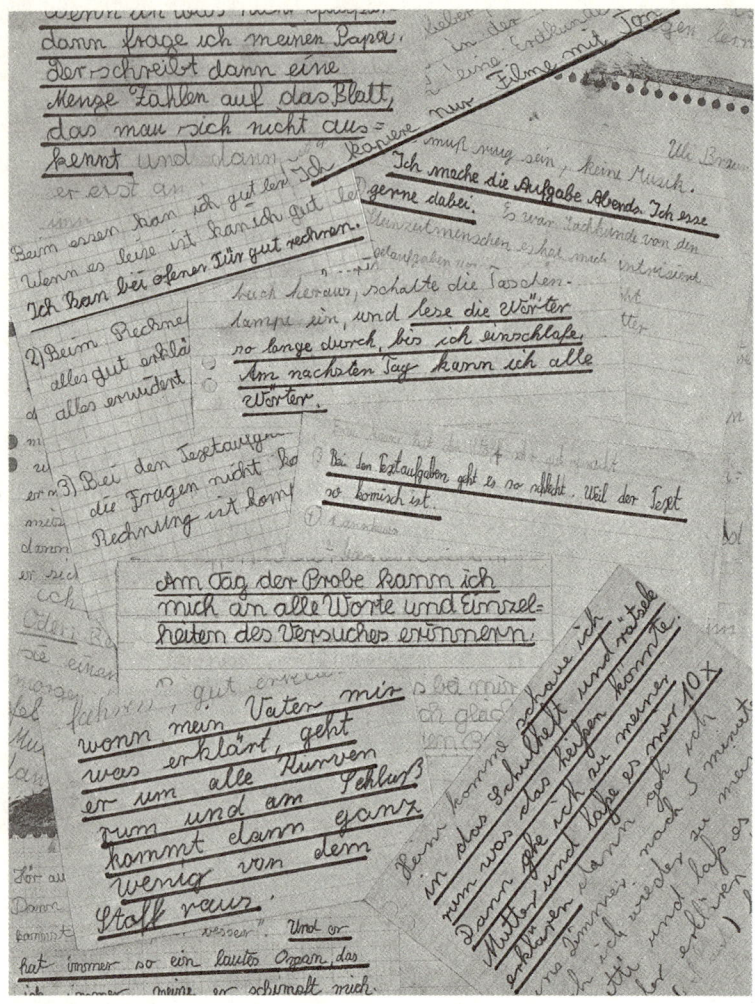

'내가 어떻게 해야 학습을 가장 잘할 수 있는가?'라는 문제에 대한 답의 원본을 모은 것. 학생마다 아주 다른 학습 습관에서 학습 유형의 다양함을 읽을 수 있다.

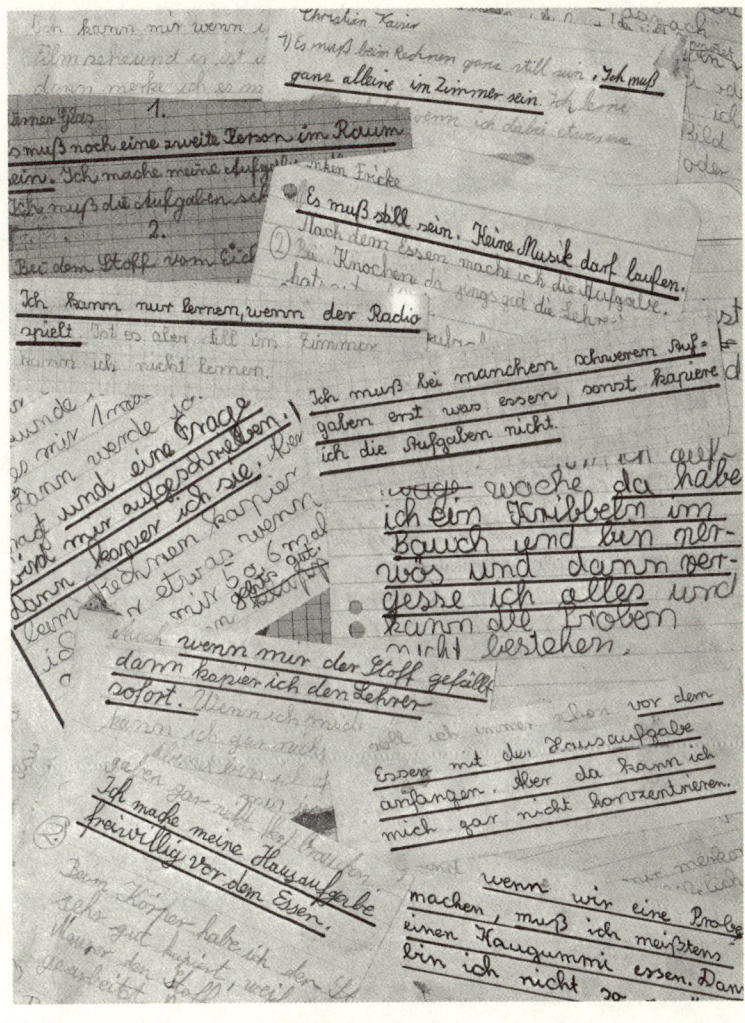

이다. 그렇게 될 때 학습하는 것이 갑자기 학생에게 흥미 있는 것이 되고 자기 자신의 독창적인 일이 되는 것이다. 그가 라틴어, 생물, 혹은 수학에서 가장 잘 배울 수 있는 방법을 많이 발견하면 할수록 그만큼 그는 (그가 수업중에 더 좋은 점수를 받느냐 혹은 수업이 끝난 후에 친구와 배운 것에 대해 대화를 하느냐 하는 것, 그리고 그가 소리내어 글을 읽느냐 아니면 손가락으로 줄을 짚어 가면서 읽느냐 하는 점이 문제이긴 하지만) 잘 이해하게 되는 것이다. 어떤 경우에도 그는 자신뿐만 아니라 자신의 동료 모두가 다른 방식으로 학습한다는 사실을 알게 될 것이다. 그리고 학습 유형은 학습 재료뿐만 아니라 지능, 즉 맥락 관계를 인식하고 유추하며 배운 것을 결합시켜 의미 있게 가공하는 능력과는 별개라는 것도 알게 될 것이다. 우리 모두는 누구나 똑같은 과목도 학교나 선생님에 따라 좋아하게 되기도 하고 싫어하게 되기도 한다는 사실을 경험했을 것이다.

　이제 학습을 우리 자신의 기본 틀에 맞추어 우리 자신의 학습 유형을 통해 실행하고자 한다. 그러나 우리의 고전적 수업 유형에서는 오늘날에도 여전히 (학습을 위해 사용될 수 있음에도 불구하고 여기에 참여하지 않는 모든 뇌 부위를 무책임하게 경시한 채) 언어적인 것, 즉 말과 아주 특정한 입력 채널, 즉 상징 연상과 기호화를 매우 선호하고 있다는 점을 인식해야만 한다. 이 모든 것은 오랫동안 무의미한 전통을 다음 세대로 아주 집요하게 전수시킨 명백한 예가 되는 것이다. 이러한 수업 방식의 뿌리는 중세, 즉 수도원 교육의 좌석 순서(배치)를 유지한 설교, 어떤 사고도 체세포의 활동 없이는 이루어질 수 없는데도 불구하고 정신을 육체와 분리시켜 생각하는 형이상학적 기본 입장에서 기인한다. 여기에 또한 순수 아카데미적 개념 세계, 즉 실제가 아니라 인위적 체계에 해당하는 추상적 사고 구조의 근원이 놓여 있다.[58]

　사물의 개념 대신에 우리는 사물 자체를 가지고, 즉 그들의 상호 작용, 그들의 환경과의 관계를 가지고 시작해야 하는 것이다. 그렇게 되면 개념 또한 뇌에서 다양하게 고정될 것이며, 시각적, 감각적, 청각적 입력 모두에 똑같이 유익하게 될 것이고, 이것을 통해 현실과 유리된 방법에서보다 훨씬 강화된 연상 능력을 제공할 것이라고 생각된다.

예를 들어 한 어린아이에게 다음과 같은 질문을 던져 보라. "의자가 뭔지 아니?" 그러면 그 아이는 십중팔구 "사람이 앉을 수 있는 것"이라고 대답할 것이다. 의자는 여전히 환경, 즉 움직임, 활동, 어떤 가능성(사람이 거기에 앉을 수는 있지만 그것이 필요 조건은 아니라는 것을 의미한다)과 결합되어 있는 것이다. 간단하게 말해 의자는 조작적으로(operational) 기술되고 있는 것이다. 하지만 이 아이는 학교에 오자마자 엄청난 정신적 무장 과정이 시작된다. 갑자기 의자는 더 이상 사람이 앉을 수 있는 뭔가가 아니라 "의자는 가구다"라고 선생님이 교정을 해준다. 이리하여 의자는 단순한 개념이 되어 버린다. 부류와 특징에 따른 분류가 시작된다. 개념은 그것의 환경이나 과제로부터 분리되어 죽음의 체계, 즉 체계 이론(Systemtheorie)이 되는 것이다. 하지만 이것은 어느 누구에게도 나중의 일상 생활에 도움이 되지 않고 그 반대로 우리의 세계에 대한 우둔함과 오해에 원인이 되는 것이다. 이렇게 오늘날의 수업 체계는 원칙적으로 아주 독특한, 현실과 유리된 기본 틀의 특별한 결합, 즉 아주 특수한 (수백 개의 학습 유형 중 하나의) 학습 유형을 근거로 하고 있다. 그리고 그 때문에 이러한 아주 특수한 학습 유형만이 이런 수업 체계를 최적의 것으로 만들었다.[59]

역사적인 유래에 의해 오늘날까지도 우리의 교육에서는 전형적인 좌석 순서는 물론이고, 선생님의 강의에서도 중세의 수도원에서 행해지던 것과 똑같은 언어적 추상적 '설교'가 유지되고 있다.

이러한 문제가 교사의 수업 방식에만 해당되는 것은 아니다. 학생들이 받아들인 수많은 정보 역시 마찬가지로 제한되고, 반감을 일으키고, 당혹스럽게 하거나 추상적이 된다. 교실의 분위기, 좌석 순서, 교사와 학생의 관계 그리고 다른 많은 것들이 감정 세계에 대해 지적 과정과 직접적인 관계가 아니라 간접적으로 관계를 맺고 있다. 바로 이러한 감정 세계에 대한 간접적인 메커니즘은 개별적인 공상의 산물이 아니라, 우리가 사고 회로 폐쇄에서 이미 본 것처럼 철저히 심리학적으로 측정할 수 있는 요인들이다. 우리는 감정이란 간뇌에서 우리 신체의 호르몬 반응과 관련되어 있는 지각들이라는 점을 잘 알고 있을 것이다. 또한 점점 생성되어 가는 네트워크를 살펴보면 인간마다 서로 다른 호르몬 작용은 어쨌든 기본 틀에 의해 사전에 작동된다는 사실을 알게 될 것이다. 이와 똑같은 것이 개인적 연상 세계의 설비에도 해당된다.

요컨대 기본적인 요구는 다음과 같은 것이어야 한다. 교육 체계가 효율적이 되려면 만일 모든 학습 유형에 다 대처할 수 없다면 최소한 모든 상이한 학습 유형이 (예를 들어 독서형, 교사에 전적으로 의존하는 가정 교사형, 토론을 좋아하는 대화 유형, 실제 응용을 통해서 동기를 갖는 유형, 경쟁을 통해 자극되거나 위축되는 유형, 음악을 들을 때 피곤해지는 유형, 어려운 일에 잘 집중하는 유형, 혹은 활동을 통해 기억하는 유형, 이미 존재하는 연상 및 나중에야 비로소 가능한 연상을 통해 학습하는 유형을 비롯한 다른 수백 개의 학습 유형이) 계발되도록 허용해야 한다는 것이다. 말하자면 각자는 주어진 학습 재료, 즉 언어로 주어진 정보를 자기 자신의 기본 틀, 즉 연상 가능성으로 번역해야만 한다.

이것을 위해 필요한 것은 무엇인가? 첫째로 모든 학생은 자기 자신의 학습 유형을 발견해야 하며, 둘째로 이것을 가지고 학습을 시작하기 전에 자기 자신의 연상 세계로 앞서 말한 번역을 해야 하는 것이다. 자기 자신의 학습 유형에 대해 각자가 알아보는 데에는 173~181쪽의 부록에 있는 질문서가 도움이 될 것이다. 그리고 이것이 순수한 기억 저장의 몇 가지 과정에 해당하는 '번역'에 관해서는 182~199쪽

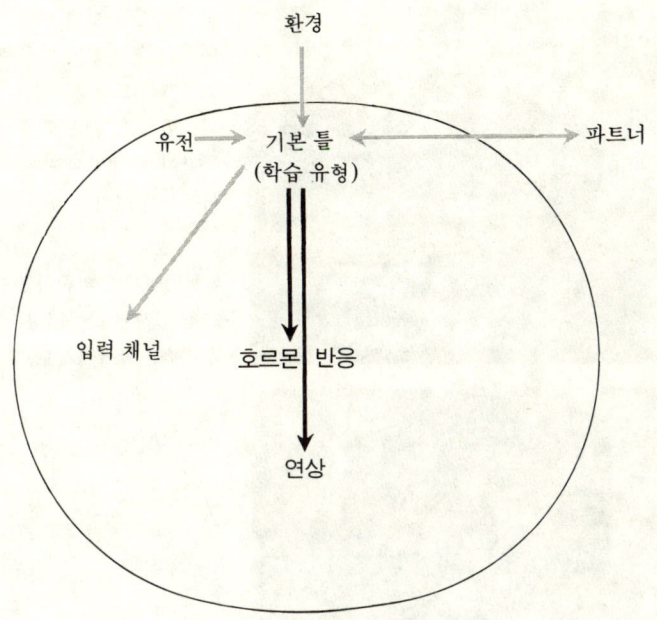

의 기억력 검사가 도움이 될 것이다.

지금까지는 모든 학습 유형을 번역하지 않고 낯선 학습 재료를 수용하도록 강요되고 있었다. 그래서 이러한 재료가 단지 죽어 있는 폐기물로 저장되어서 나중에 이것을 더 이상 다룰 수 없게 되면 깜짝 놀라는 것이 상례였다. 어떤 학생이 항상 자기 자신의 학습 유형에 맞게 정보를 선별해야 한다는 사실을 (모든 수업이 수많은 상이한 학습 유형 중 단지 하나의 학습 유형으로만 대부분 이루어지기 때문에) 모르고 있는 한 그는 학습할 때 경직되는 것이다. 자기 자신의 학습 가능성을 이해할 때까지 오랫동안 그는 어려움을 겪게 될 것이다.

이렇게 생기는 한 학급의 여러 다른 모습을 우리들 각자는 학창 시절에서 기억할 수 있을 것이다. 두세 명의 학생은 열심히 손을 들고, 다른 몇몇은 두려움에 떨며 자기 자리에 움츠리고 있을 때, 한 학생은 자기 짝처럼 선생님을 따라가려고 헛되이 애쓰고 있는 그런 모습이다. 그의 눈빛은 그가 무슨 생각을 하고 있는지 너무도 분명하게 나타

모든 학습 유형에 다
대처할 수는 없기 때문에
효율적인 교육 체제는
최소한 모든 학습 유형이
똑같이 잘 개발되도록
허용해야 한다.

선생님에게만 의존하는
'가정 교사형'만큼이나
독서형인 학생에게도,

토론적 대화 유형과
긴장해서 귀를 기울이는
학생에게도,

경쟁을 통해서 좌절하는
학생과, 경쟁을 통해서
자극받는 학생에게도
그리고 다른 수백 가지
학습 유형에도 이것은
똑같이 적용되는 말이다.

내고 있다. "나는 정말 모르겠다, 뭐가 문제인지 이해가 안 간다. 악셀은 어떻게 이것을 간단하게 풀어 버릴까? 그애는 항시 모든 것을 곧 이해하는데, 나는 어딘가 우둔한 것은 아닐까. 수업은 언제나 끝나지 ……." 이런 체념에서 그는 더 이상 혼자서는 벗어날 수가 없다.

해당 과목에 대한 보충 수업 형식이 아니라 그 자신의 학습 유형에 대해 보다 잘 이해할 수 있도록 이런 학생들에게 (이 책의 설문지의 형식으로) 도움이 주어진다면 그들에게 상황은 돌변할 것이다. 그 학생은 이 설문지를 채우고 그때 이미 자신이 지금까지 결코 생각해 보지 못했던, 전혀 다른 가능성을 가졌음을 확신할 것이다. 그는 더 이상 단지 선생님을 통한 직접적인 전달이 그에게 아무것도 가져다 주지 못했다는 이유만으로 당황하거나 얼어붙지 않고, 이미 배운 것을 이해한 친구에게 물어 보거나 책을 복습하거나 어쩌면 일종의 종이 쪽지에 중요한 아우트라인을 작성해 놓을지도 모른다. 이제부터 갑자기 모든 것이 완전히 달라진다. 그는 다시 자신감을 갖게 되고 더 이상 자기 짝이 우연히 선생님이 가르친 것을 직접 받아들일 수 있는 학습 유형을 가졌다는 이유만으로 그를 시기하지 않는다. 그는 더 이상 긴장한 채 앉아서 다른 학생들이 곧바로 받아쓰기 시작하는 것에 놀라지 않는다. 어쩌면 그는 속으로 이렇게 생각할지도 모른다. "모든 것을 곧바로 받아쓰는 악셀은 어쩌면 언어적-청각적 유형인지도 몰라. 그런 것은 어쨌든 내 방법은 아니지, 하지만 선생님이 설명하는 것을 잘들어 봐야지, 조금이라도 이해할지도 모른단 말이야. 나중에 악셀과 좀더 얘기해 보고, 복습하면서 요약해 봐야지. 그러면 무슨 뜻이었나 알게 될거야."

이렇게 자신의 학습 모델을 알게 됨으로써, 즉 어쩌면 자기 짝과는 전혀 다른 방식으로 받아들이고 학습해야만 하기 때문에 갖고 있지 않을지도 모르는 가능성을 알게 됨으로써 그는 처음으로 선생님에게 편견 없이 귀를 기울일 수가 있고, 그에게 원래는 전혀 해당되지 않는 입력 채널을 통해서도 이전보다 훨씬 더 많이 이해할 수 있을지도 모른다.

펜실베이니아 대학교에서 세 명의 미국인 심리학자들이 읽기가 약한 어린이를 대상으로 흥미있는 실험을 했다. 이 아이들은 읽고 쓰는 데 있어 개별 자모를 가지고 단어와 문장을 구성하는 데 어려움을 가지고 있었다. 여러 차례의 실험 후에 이 세 명의 연구자들은 흥미있는 기술을 사용해 올바른 입력 채널을 찾아내고 이 아이들이 짧은 시간 내에 전체 문장을 실수 없이 최소한 읽을 수 있게 하는 데 성공했다. 이들은 이 아이들이 유럽의 알파벳보다 중국의 상형 문자를 더 쉽게 다룬다는 놀라운 관찰을 하게 되었다. 5분이나 10분 뒤에 그들은 벌써 그런 상형 문자로 된 간단한 문장을 읽어 냈다. 그리고 약 4시간 후에는 이전에는 며칠 동안 연습한 뒤에도, 긴 문장은 말할 것도 없이 단어 하나도 올바로 읽지 못했던 아이가 다른 아이들보다 더 빨리 이야기 전부를 이해할 수 있었다. 읽기가 약한 이 아이들은 개별적인 자모의 형태가 아니라 완전한 음절의 형태로 학습한다는 사실을 말해 주는 것이다. 이런 읽기가 약한 어린이들의 기본 틀에는 서양의 알파벳 자모와 이 알파벳 자모로 구성된 단위들은 분명 너무나 추상적이

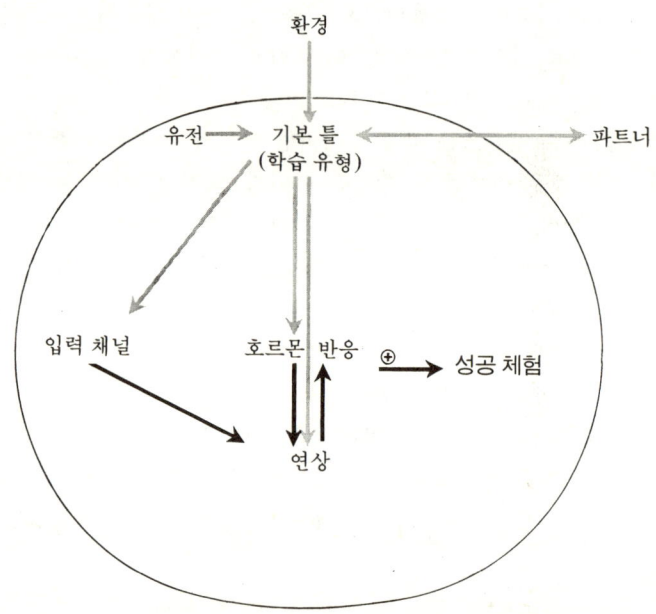

어서, 이에 따라 이것들을 가지고 내용이 이해되는 단어를 만드는 것이 너무 부자연스러운 것이다.[60]

이 연구의 결과는 전형적인 교육의 일반화가 잘못된 결과를 낳게 하는 수업에서의 획일적 방법을 말해 주는 것으로 생각된다. 문제는 기본 틀이 학생마다 서로 다르다는 사실을 근거로 보았을 때 오로지 이런 방법이 적용될 수 있는 학생만이 존재하는 것이 아니라는 점이다. 어쩌면 읽기가 약한 학생들에게는 전혀 적합하지 않는 것일 수도 있다. 왜냐하면 개별적인 음성에서 연상 활동을 하고 특히 이것으로 기꺼이 '구성'하는, 다시 말해 종합적으로 학습하는 학생들이 많기 때문이다.

자기 자신의 학습 유형에 대한 이런 지식은 학교 생활 외에도 모든 정서적 구조 역시 개선시켜 준다. 학습이 갑자기 잘 된다는 사실은 사고를 해방시키고 학습을 개선해 주는 성공 체험을 의미한다. 또한 이것은 호르몬 조절과 연관된, 특히 부신계의 '부정적' 호르몬과 성 영역의 '긍정적' 호르몬의 상호 관계와 연관되어 작용한다. 이 점에 대해서

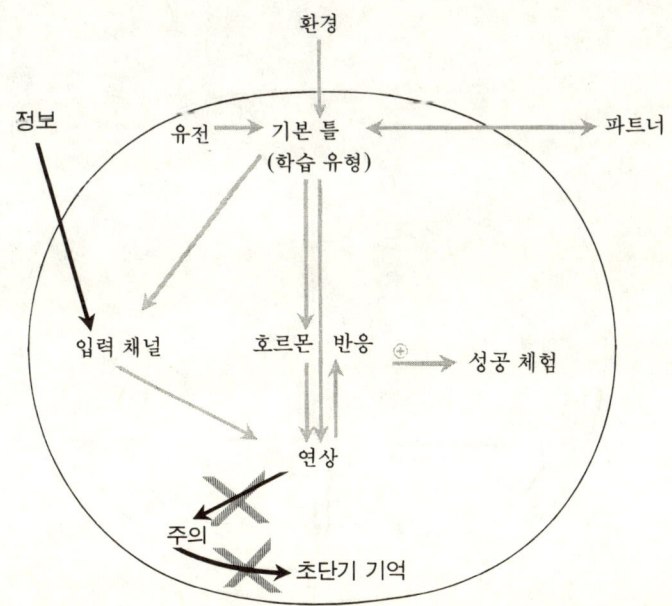

는 다음에 보다 더 자세히 알아보자.
　우선 일단 정보 자체가 뇌에 이르는 긴 길을 추적해 보자. 말하자면 우리는 어떤 학습 재료를 좋게 혹은 나쁘게 수용하는 데에는 전혀 다른 요인들이 관여한다는 사실을 확인하게 될 것이다. 뇌에서 일어나는 여러 과정에 대한 일반적인 기본 규칙은 학습 유형과 별개며 이것을 잘 고려할 때 학생들의 수업을 개선시킬 수 있게 된다.
　예를 들어 어떤 정보를 초단기 기억에 의식적으로 수용하는 것은 주의에 달려 있다. 하지만 우리가 특정한 정보에 주의를 기울이느냐 그렇지 않느냐는 다시금 이미 존재하는 연상에 달려 있다. 다시 말해 이러한 정보를 가지고 이루어질 수 있는 사고 결합에 달려 있는 것이다. 익숙한 연상들이 새로운 정보와 많이 접촉되면 될수록 그만큼 주의가 환기될 기회가 많아지는 것이다. 하지만 우리가 새로운 정보를 결합시킬 것이 아무것도 없으면 이 정보는 뇌에 대한 인식 신호를 가질 수가 없고, 이런 정보는 기억의 입구에서 배척된다. 이러한 입구는 우리가 알고 있는 바와 같이 초단기 기억을 말한다. 들어온 정보는 초

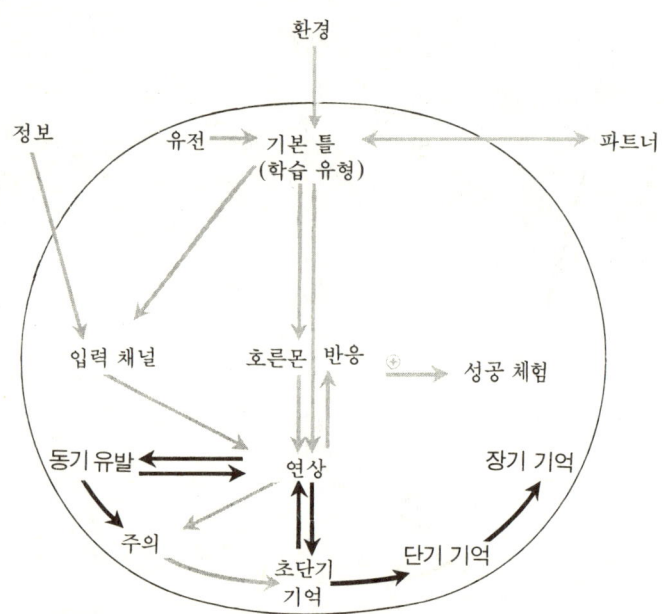

단기 기억에서 몇십 초간 측정 가능한 전류의 형태로 머물다가 정착될 어떤 곳도 발견하지 못하게 되면 소멸되어 다시는 회복할 수가 없다. 이미 말한 바와 같이 이런 정보는 거리의 소음이나 외국어의 말처럼 스쳐지나가게 된다. 주의가 환기되지 않는다. 연상들이 존재하지 않고, 아무것도 저장되지 않는 것이다.

그러나 정보들이 입구를 통과해서 특정한 연상과 결합하게 되면 기억의 거실, 즉 단기 기억에 수용되고, 결국 안방, 다시 말해 장기 기억에까지 들어가게 되는 것이다. 이 두 가지 단계는 순수한 이온 전류, 전기적 신호나 진동이 아니라 물질적 저장인 것이다.

그렇다면 우리가 순간적으로 사라져 버리는 단기 기억에서 어떤 것을 보다 확고하게 정착시키기 위해 할 수 있는 것은 무엇인가? 어떻게 어떤 정보에 필요한 '통과 허가서'를 만들 수가 있을까? 거실에 들어가기 위해서 정보들은 수십 초간 초단기 기억에서 소환되어야 한다. 다시 말해 이미 확고하게 저장된 정보(연상)에 결합될 수 있어야 하는 것이다. 한 정보가 들어오는 채널이 많으면 많을수록 그만큼 빨리 이 정보는 그런 연상 가능성을 발견하게 된다. 연상이 많으면 많을수록 학습의 동기 유발, 동인, 충동, 학습에 대한 주의가 커지는 것이다.

바로 여기에서 하나의 새로운 정보와 함께 들어오는 '친숙한 정보'에 새로운 정보가 따라 들어올 때 많은 도움이 된다. 지금까지는 유감스럽게도 학습할 때에 저장된 정보들이란 학습될 재료뿐만 아니라 그것과 함께 진동하는 여타의 지각도 포함되어 있다는 사실이 너무나 무시되고 있으며 그 때문에 수업에서도 고려되고 있지 못하다.

요컨대 하나의 학습 내용은 항상 수많은 다른 정보들을 동반한다. 그래서 전체 정보는 방의 왁스 냄새, 우리가 듣는 소음, 긍정적이고 부정적인 감정들, 방에 비치는 햇빛, 간단히 말해 학습시에 존재하는 모든 환경들도 포함하고 있다.

여기 전형적인 예가 있다. 우리 모두는 이와 유사한 형식으로 한번은 경험한 바 있을 것이다. 우리 자신을 사로잡고 있는 어떤 일에 몰두해 있을 때 갑자기 전화벨이 울린다. 마지못해 가서 수화기를 든다. 일에 너무 몰두해 있어서 귀로 들어오는 정보에 신경을 집중할 수가

여러분이 종종 겪게 되는
상황이다. 어떤 사람이
일에 몰두하고 있다.
전화벨이 울린다.

일어나서 전화기로 간다.

대화를 한 다음 돌아와서
어떤 이름을 적으려고
한다. 하지만 아무리 해도
더 이상 기억해 낼 수가
없다. 마침내 다시 그리고
가 본다.

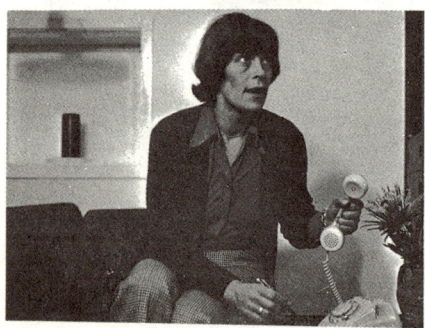

새로 전화를 하기 전에 그
정보가 갑자기 다시
떠오른다.
여기에서 무슨 일이 생겨난
것일까?

없다. 특히 어떤 이름이 거론된다. 급히 베르트홀트라는 사람에게 편지를 해야 한다. 우리는 모든 것을 잘 기억할 것이라고 믿는다. 그래서 수화기를 내려놓고 자리로 다시 돌아온다. 뭔가를 급히 처리해야 한다는 사실은 알고 있기 때문에 메모를 하려고 하지만 잊어버렸다. 사라져 버린 느낌이다. 일이 급하다는 것은 알고 있기 때문에 아는 사람에게 다시 한 번 전화해 보는 수밖에 다른 도리가 없다. 그래서 다시 전화기가 놓여 있던 자리로 간다. 수화기를 집어들자 갑자기 다시 떠오른다: 맞다. 베르트홀트 씨에게 편지를 써야 한다.

무슨 일이 일어난 것일까? 회상은 분명 베르트홀트라는 이름과 결합한 것이 아니라 주변의 모든 것, 즉 시계 바늘 소리, 장미가 든 푸른 꽃병과 그 향기, 손을 얹고 있었던 나무의 온기, 의자, 시선이 머물렀던 책장, 말하자면 동시에 한꺼번에 받아들인 모든 느낌과 결합되어 있었던 것이다. 근본적으로 이것은 어떤 학습 재료의 고정과 소환에 있어 자연적인 도움으로 작용한다. 망각된 이름이 하나의 입력 채널인 귀를 거쳐 저장되었던 반면에 전체 정보는 다수의 입력 채널들을 거쳐, 즉 눈과 손의 느낌, 코, 혹은 장미와 결부된 아름다운 회상을 거쳐 뇌에 도달했던 것이다. 그리고 거기에서 각각 해당 연상에 결합하게 된다. 그러니까 전화기로 돌아가서 상황 체험을 다시 하여 이 모든 연상들을 새로 환기시켰을 때에야 비로소 똑같은 감정이 생겨나고 이것과 함께 갑자기 베르트홀트라는 이름이 다시 떠오르게 된 것이다. 동기가 부여되었고(왜냐하면 그 사람에게 편지를 하려고 하기 때문에), 찾고 있는 정보에 대한 주의가 기울어졌고(생각해 내려고 애를 쓰고 있기 때문에), 그 정보가 당연히 이미 단기 기억에 정착되었음에도(그렇지 않았다면 나중에 이것을 기억해 낼 수가 없다) 불구하고 그 전에는 이름을 기억해 낼 수가 없었다. 이것만으로는 충분치가 못했던 것이다. 베르트홀트라는 이름은 숨겨져, 즉 역치(閾値) 이하의 연상에 싸여 있었던 것이다. 그리고 이런 연상의 활성화를 통해서 비로소 그것은 다시 빛을 보게 된 것이다.

전체 환경의 연상 세계(여기서는 전화기가 놓여 있는 곳)가 특정한 정보, 즉 베르트홀트라는 이름을 인출해 낸 것과 똑같이 당연히 그 역도 가능하다. 그래서 개별적인 정보는 또한 전체 감정 세계, 예를 들어 특정한 멜로디에 결부되어 있는 모든 회상, 사고 그리고 감정을 다시 발생시킬 수 있는 것이다. 최초의 사랑 체험, 실망, 파티, 방랑, 바다, 산 등이 이와 같은 것이다. 멜로디 외에 냄새도 종종 과거의 모든 장면을 다시 상기시켜 주는데, 예를 들어 특정한 햇빛 차단 기름 냄새는 휴가 여행 때의 해변, 보트타기 등의 모습을 생생하게 떠올려준다. 특정한 마루 닦는 왁스는 모든 삶의 단면을 부활시켜 주는데 이 냄새는 오래 전에 놀았던 유치원 방에 배어 있던 냄새였던 것이다. 냄새나 멜로디처럼 수없이 많은 만족 혹은 불만족스런 지각과 감정들이 있는데 이들은 곧 그들과 결부된 연상을 일깨운다.

이런 2차 연상들은 학습에 어떤 영향을 미치는가? 이들은 아주 강력하다. 왜냐하면 이들은 학습을 엄청나게 촉진시킬 수도 있고, 학습을 완전히 불가능하게 할 수도 있기 때문이다. 이미 말한 것처럼 학습 내용만이 정보로서 받아들여지는 것이 아니라 수많은 환경의 지각들

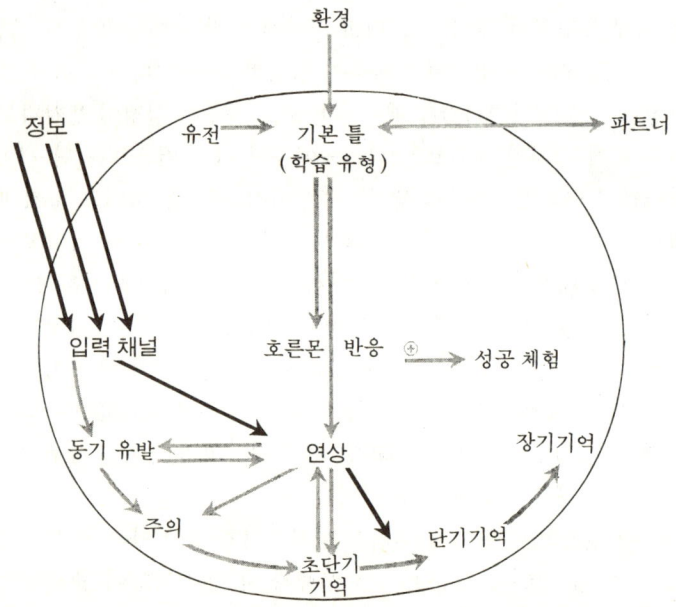

이 같이 수용된다. 예를 들어 영어 단어를 암기한다고 할 때 우리가 암기중에 듣는 음악, 부엌의 커피향, 거리의 자동차 바퀴 소리 그리고 어쩌면 우리가 그때 껌을 씹고 있었던 것도 전체 정보에 속하게 된다. 우리의 뇌는 모든 것이 상호간에 엄밀하게 분리되어 쌓여 있는 창고가 아니다. 말하자면 여기는 awareness라는 영어 단어가, 저기에는 커피향이, 또 다른 어딘가에는 블루스 리듬이 놓여 있는 것이 아니다. 홀로그램과의 비교에서 이미 관찰한 것처럼 모든 기억이 '도처에', 다시 말해 뇌 전역에 분할되어 있다. 그리고 그들 사이에는 교차 결합과 횡결합(기억 정보의 수용시에 이미 형성되었으나, 또한 나중에 회상시에 추가적인 학습으로도 형성된 연상)으로 연결되어 있다.

1차 정보와 2차 정보가 상호 구분되지 않기 때문에 원래의 학습 내용은 학습 때 존재하는 지각과 감정을 통해 훨씬 더 많은 수의 뇌세포와 기억 영역과 결합된다. 이러한 결합은 이 새로운 학습 내용이 친숙하고 만족스러운 동반 정보들과 결부될 때 학습에 도움이 된다. 그때 이 새로운 학습 내용은 낯선 재료가 낯선 포장(=동반 정보)에 싸여 들어올 때보다 훨씬 더 뇌에 잘 고정되고 나중에 다시 잘 소환될 수 있다. 지금까지 잘 모르는 사람도 마음에 드는 친구를 통해 소개받으면 두려움이나 적대감 없이 대할 수 있다. 마찬가지로 학습시에 친숙한 동반 상황들은 낯선 재료에 대한 거부감이나 방어를 완화시키게 되는 것이다. 게다가 친숙한 포장은 작은 성공 체험을 전달함으로써 재인식의 감정을 일으킨다. 이 모든 것은 스트레스 메커니즘과는 멀리 떨어진 '긍정적인' 호르몬 자세로 가는 경향임이 분명하다. 다양한 고정 과정을 통해서 그 밖에 또 다른 입력 채널들이 함께 진동한다. 어쩌면 언어적-추상적 정보 자체는 전혀 필요가 없는 뇌의 지각 영역들도 이제는 간접적으로나마 함께 참여하게 된다.[61]

하지만 학교에서는 그러한 연상 도움들이 부족하다. 그야말로 대부분의 교육자와 학부모들의 전통적인 견해에 따라 이런 연상 도움들이 '본질적인 것'에서 관심을 돌리게 하기 때문에 오히려 터부시되고 있다. 그래서 이미 말한 오늘날 수업에서의 동반 정보들과 학습 정보의 결합은 어떤 이로움도 제공하지 못할 뿐만 아니라 학습을 방해할 수

우리가 놀라게 되는 상황은 도피 행동과 함께 동시에 사고 회로 폐쇄를 야기한다. 이것은 원시 시대의 인간에게는 (동물에서와 마찬가지로) 생존을 위한 기능을 가졌던 것이다.

도 있다. 학교의 분위기와 학습 재료를 '포장하지 않거나', 혹은 게다가 추상을 통해 추가적으로 낯설게 제공하는 방식은 많은 두려움과 방어, 적대적 태도, 그리고 이와 더불어 '부정적인' 호르몬 상태를 만들어 낸다.[62]

많은 경우에 (개인적 구조와 기본 틀에 따라) 이때 다시 수십만 년 동안 유전학적으로 우리에게 고정된 스트레스 메커니즘이 들어선다. 이것은 물론 돌발적으로 신체의 에너지 비축분을 동원하지만 학습과

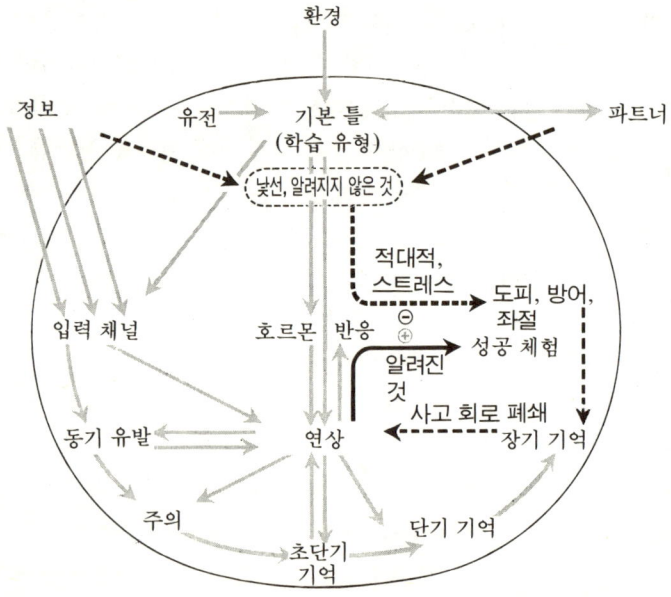

는 전혀 다른 목적을 위해 사용되고 있다. 어떤 경우에는 이 스트레스 반응은 학습과 사고를 희생하는 결과를 낳는다. 이것은 우리가 이미 알고 있듯이 자연 현상에 의해 당연한 일이다. 왜냐하면 이런 경우에 있어 우리가 생존 경쟁에서 살아 남기 위해서 사고보다 훨씬 더 빠른 다른 반응이 일어나야 하기 때문이다. 요컨대 사고 회로 폐쇄는 당연히 오늘날에도 실제로 발생할 수 있는 빠르고 반사적인 신체 반응을 위한 것이다.[63]

이러한 메커니즘에 대한 한 예를 생각해 보자. 어떤 부인이 집으로 돌아온다. 날은 이미 어두웠다. 그녀는 열쇠로 문을 열고 어두운 복도로 걸어 들어가다가 뭔가 무시무시한 것을 보고 놀라 비명을 지른다. 방어를 하려는 듯이 그녀는 두 손을 높이 쳐들고 번개처럼 다시 밖으로 나간다. 문을 닫고 정문까지 날듯이 도망을 가서 기진맥진해 서 있는다.

그녀는 문을 열었을 때 크고 낯선 뭔가가 복도 구석에 서 있는 것을 보았다. 그녀는 그것을 정리할 수가 없었기 때문에 그것은 완전히 낯선 것처럼 우선 적대적으로 작용했던 것이다. 지각은 시상 하부와 교감 신경에 즉각 격렬한 두려움과 자동적인 도피 행동을 신호한다. 왜 그럴까? 그것은 잘 모르는 어떤 것을 보았을 때 위험할 수도 있기 때문에 곧 최상의 근육 운동, 여기서는 도피를 준비하는 것이 생명체에게는 무엇보다 중요한 것이다. 집 밖 정원 문에 이 부인은 서 있다. (직접적인 스트레스 상황은 사라졌다.) 그녀는 숨을 몰아쉬고 곰곰이 생각하기 시작한다. 어둠은 점점 익숙해져 온다. 설명되기 시작한다. 그녀는 다시 돌아가 열쇠를 따고 조심스럽게 문을 열고 불을 켠다. 이제야 그녀는 무엇 때문에 그렇게 놀랐는지 알게 된다. 그것은 세탁해 가져다 놓은 양탄자였다. 이웃 여자에게 그것을 자기가 없을 때에 복도에 세워 놓으라고 부탁했던 사실을 까맣게 잊었던 것이다.

수많은 유사한 경우(구두 시험에서 호명을 받았을 때든, 불이 났을 때 맨 처음의 당황에서든, 혹은 사방이 조용한 가운데 예기치 않은 소리를 들었을 때든)에서처럼 여기서도 또한 사고 회로가 우선 폐쇄된다. 최초의 놀람이 지난 후에야 비로소 사고가 다시 가능하게 된다.

그래서 사실상 수업 시간에도 역시 2차 정보들이 '낯설고', '잘 모르고', '적대적'일 때 학습과 기억을 방해한다. 이것은 누군가가 선생님으로부터 직접 호통을 받았을 때와 똑같은 것이다.[64]

상이한 학급의 학생 집단을 대상으로 한 테스트에서 충분히 설명을 한 재료(이것은 뮌헨의 학생들에게는 매우 친숙한 맥주 양조와 호프 재배에 관한 것이다)를 몇 주 뒤에 다시 질문을 했다. 그것도 신중하게 만들어진 배분 비율에 따라 네 가지 상이한 종류의 질문이었다. 첫번째는 매우 친절하고, 고무적이고 게다가 자유스런 분위기의 구체적인 질문 자세였다. 두번째는 구체적이고 익숙한 표현을 쓰기는 했지만 위압과 호통 속에서였고, 세번째는 처음처럼 친절했고 질문 자체는 아주 구체적이고 명백했지만, 교사가 낯선 태도를 취하고 익숙지 않은 표현 방식으로 질문을 던졌다. 네번째는 친절하고 친숙한 방식이지만 이번에는 완전히 추상적으로, 분명한 연관이 없는 개념으로만 질문이 이루어졌다.

결과는 아주 놀라운 것이었다. 첫번째 경우에 정답은 91퍼센트에

학습 자료의 질문에 대한 여러 종류의 스트레스 영향

4개의 상이한 스트레스 상황하에 학생 집단들을 선정해 여러 번에 걸쳐 4가지 질의 요지를 가지고 질문을 해 보았다. 물론 이 학생 집단은 이에 오래 전부터 이러한 학습 재료를 배운 적이 없었다. 개별적 질문과 시문식(試問式)으로 차례로 또 여러 번에 걸쳐 물어 보았다. 그래서 개인적인 지능 정도와 학습 유형 및 응답자들의 다양한 어려움 정도와 서로 다른 좋은 좌석의 차이는 적어도 같게 했다. 이것으로도 모두가 예상되는 변조된 오류의 근원이 제거된 것은 아니지만(결국 어떤 한 학생에게 똑같은 질문을 4개의 다양한 방법으로 질문할 수는 없다), 결과는 의미 있는 현저한 수적인 차이를 보여 주었다: 연상 능력이 스트레스에 의해서 분명히 폐쇄된 것이다.

STRESS FAKTOR	ANTWORT GEWUSST	DENK-BLOCKADE
Keiner	91%	
Angst machen	50%	X
fremd	41%	X
abstrakt	33%	X

달했다. 두번째의 두려움을 야기하는 질문에서는 정답률이 51퍼센트로 떨어졌다. 세번째의 다른 질문 방식, 즉 친절하고, 추가적인 '두려움 제공'은 없었지만 낯설고 익숙지 않은 표현 방식과 교사의 태도를 사용한 질문에는 결과가 41퍼센트로 더 나빠졌다. 마지막으로 네번째의 친숙한 방식을 사용했지만 연상력이 부족한 추상적인 표현을 통한 질문에는 좌절감이 야기되어 사고 회로 폐쇄가 더 강화되었다. 단지 33퍼센트만이 올바른 대답을 했던 것이다. 요컨대 이 모든 것은 결코 적대적인 태도가 발견되지 않는데도 낯선 것에 대해 자연스럽게 발생하는 방어 메커니즘인 것이다. 우리는 이것을 보다 고등한 동물에서 발견할 수가 있다.

예를 들어 비둘기 몇 마리가 놀고 있는 한 공원으로 가 보자. 우리는 이 비둘기들을 방해하지 않으면서 입으로 소리 내면서 빵을 뜯어 여기저기 뿌려 줄 수가 있다. 비둘기들에게 이것은 익숙한 지각들이다. 하지만 갑자기 손뼉을 쳐 보라, 그러면 비둘기들은 순간 날개를 퍼덕거리며 거기서 도망갈 것이다. 이 익숙지 않은 소리는 곧 신체적 움직임(도피 반응)으로 전환된다. 하지만 이러한 스트레스 반응은 더 큰 프로그램의 일부에 지나지 않는다. 왜냐하면 모든 생명체가 무엇보다 우선 잘 알지 못하는 것에 항상 도망치기만 한다면 자연적으로 그런 프로그램은 존재할 필요가 없는 것이다. 그러나 뇌가 새로운 어떤 것에 폐쇄될 뿐만 아니라 어떤 경우에는 이것을 수용하고 처리하기 위해서, 요컨대 학습하기 위해서 이러한 도피 메커니즘은 아주 다

스트레스 메커니즘에 의한 소리의 도피 행동으로의 즉각적인 전환

낯선 대상을 봤을 때 맨 처음에는 도피로 대응을 하지만 그 다음에는 학습의 기본 충동인 호기심으로 대응한다.

른 반응을 통해 곧 소멸된다.

헬라부룬의 동물원에서 우리 카메라 팀은 여러 가지 색 줄이 그어진 공을 영양 우리에다 놓아 두었다. 이 동물은 낯선 대상을 보자마자 서로 흩어지기에 바빴다. 가젤 영양에서도, 들소에서도, 코뿔소에서

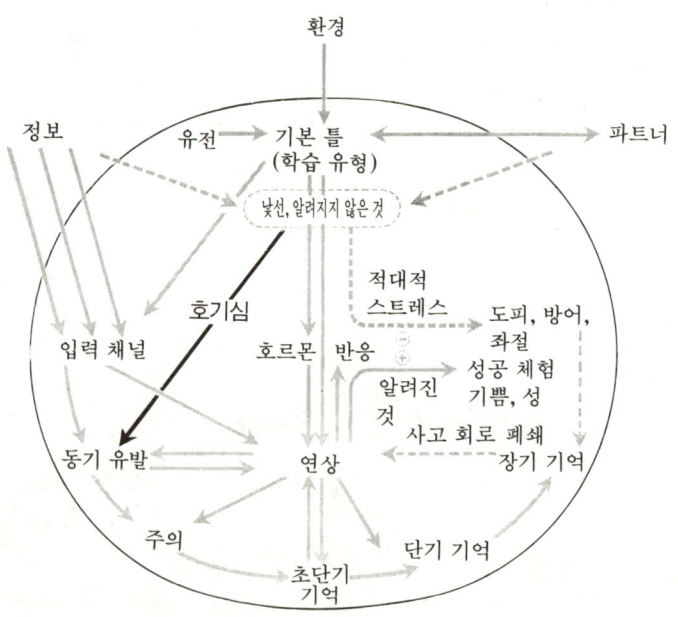

Ⅳ. 현장 학습의 참상   141

도 이와 똑같은 일이 벌어졌다. 이 공이 몇 분 동안 거기에 놓여 있자 이번에는 주저하면서 가까이 다가왔다가 다시 물러나곤 했다. 그런 다음 다시 접근해서는 마침내 그것을 코로 냄새 맡기 시작했다. 요컨대 자연은 모든 낯선 것에 대한 기본적인 거부감을 호기심을 통해서 극복할 수 있다는 사실을 보게 된다. 호기심은 무엇보다도 학습의 기본 원동력이며, 보다 고등한 동물들에 존재하는, 낯선 것에 대한 방어를 압도하는 충동인 것이다.[65]

　바로 이 점에서 우리는 학교에서도 호기심을 도입해야 한다. 이 호기심은 충동, 즉 낯설고 잘 모르는 재료를 받아들이고 그것에 주의를 주고 적절한 연상을 찾도록 하는 동기를 유발시킨다. 그래서 호기심은 우리가 만들고 있는 네트워크에 스트레스, 도피, 혹은 좌절로 인해서 막힌 길이 반드시 뚫려지지 않고도, '낯선-잘 모르는' 것에서 '동기유발'에 이를 수 있게 하는 중요한 연결 다리가 된다.

　많은 수업 시간에 졸립고 하품나는 지루함을 경험하지 않는 사람은 없을 것이다! 이미 우리에게 깊이 뿌리 박혀 있는 선천적인 학습 능력은 수업을 위해 모든 것을 이용하고 있다. 그래서 전통적인 학습 재료를 이용한 고유한 방식에 의해 지루하게 반응하는 것은 원래 당연한 일이다. 그러한 경우 우리는 신체 내부의 기관에서 일어나는 것을 직관적으로 알 수 있다. 142~143쪽의 그림에서 고등 학교 교사가 학생에게 수열에서 진동의 개념을 설명하고 있다. 그는 그 개념을 다음과 같이 정의한다. "수열 2, $-3/2, 3/4\cdots\cdots, (-1)^{n-1}n-1/n$에 있어서 n이 한없이 커질수록 일반항 $(-1)^{n-1}n-1/n$의 절대값은 한없이 1에 가까워진다. 그러나 항의 값의 부호가 번갈아 바뀌므로 이 수열은 일정한 값에 수렴하지 않는다. 또 양의 무한대나 음의 무한대로 발산하지도 않는다. 일반적으로 수렴하지도 않고 양의 무한대나 음의 무한대로 발산하지도 않을 때 이 수열은 진동한다, 또는 극한은 없다"라고 한다. 수열의 원칙을 이미 전에 배웠던 학생은 미친 듯이 그 텍스트를 따라가려 한다. 하지만 이미 처음의 낱말들 이후에 이러한 독창적인 문장 구성의 나머지는 그 학생의 머리를 스쳐지나간 것에 지나지 않는다. 그가 0의 연속에 대해 뭔가 이해했다고 해도 사실상 그는

교사의 텍스트는 고등학교의 수열에 관한 교과서*에서 발췌한 것이다.
이런 부적당한 교과서 텍스트가 제공됐을 때 뇌에는 다음과 같은 신호가 나타난다.
낯설다! 적대적이다! 조심해라!
낯설다 혼란스럽다. 적대적이다.
n이 한없이 커질수록 일반항 $(-1)^{n-1} n - 1/n$의 절대값은 한없이 1에 가까워진다.
그러나 항의 값의 부호가 번갈아 바뀌므로 이 수열은 일정한 값에 수렴하지 않는다.
또 양의 무한대나 음의 무한대로 발산하지 않는다.

*역주: 동아출판사(1991), 수학 II(이홍천, 김종현 저)

IV. 현장 학습의 참상   143

교사의 말이 학생에게 들리지 않는다. 학생은 유리관 속에 앉아 있는 것 같다.

교감 신경이 부신과 특정한 뇌 영역들을 자극한다. 아드레날린과 교감 신경 노르아드레날린이 분비된다.

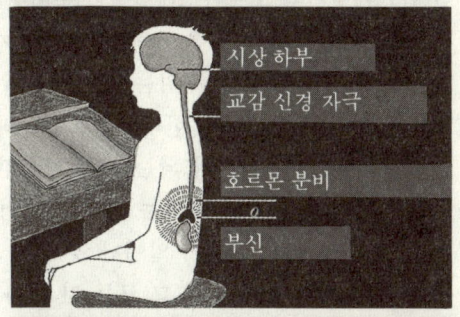

뇌의 접지점들이 차단된다. 시냅스들과 전달 물질이 더 이상 평상시처럼 일을 하지 않는다.

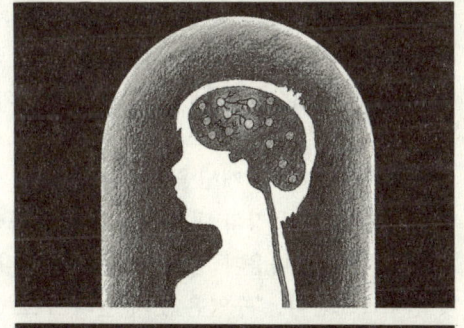

충격이 더 이상 전달되지 않는다. 가능한 연상들이 발생하지 않는다. 사고 회로 폐쇄가 일어난 것이다!

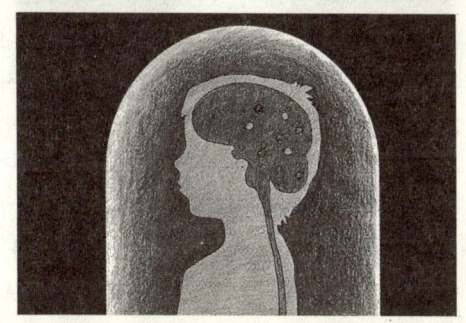

더 이상 이해하지 못하는 것이다. 그에게 그 텍스트는 낯설고 혼란스러우며 고정 가능성이 없고 뇌의 어디에도 배열할 수 없는 것이다. 뇌는 신호를 한다. 낯설다. 적대적이다. 주의하라! 그리고 다시 동일한 결과가 기관에서 나타난다. 낯선 단어들은 귀를 거쳐 일정한 뇌세포에 등록된다. 의식하지 못한 부수적인 정보(그것은 이해되지 않는다)가 시상 하부로 인도된다. 시상 하부는 자극들을 교감 신경을 지나서 부신과 특정한 뇌 영역으로 가도록 보낸다. 갑자기 스트레스 호르몬인 아드레날린과 노르아드레날린이 분비된다. 얼굴 붉힘(홍조를 띠는 것), 빠른 심장 고동, 혹은 근육의 긴장은 가벼운 스트레스 반응을 의미하는 것이다. 호르몬 수위는 계속해서 우리의 시냅스가 스위치 역할을 하는 뇌에서도 증가한다. 이미 언급되었듯이 시냅스의 차단 가능성이 높아진다. 학생의 뇌는 이제 친숙한 정보들을 올바르게 받아들여 연합하고 저장할 수 없는 것이다. 단어들은 그 학생의 귀에 들리지 않고 사고 회로 폐쇄가 일어난 것이다. 그는 유리 상자에 갇혀 있는 것처럼 차단되어 있다. 그 모든 것은 다만 혼란을 야기한 설명 때문인 것이다. 그 경우 또다시 재차의 반복, 수시간 동안의 그 설명에 파고들어도 어떠한 훌륭한 의도는 도움이 되지 않는다. 정반대가 된다. 무리하게 애쓰는 중에 사고 회로 폐쇄와 좌절만이 더욱 강화되는 것이다.

이때 만일 그러한 개념을 규정하는 것이 중요하다면 0의 연속에 관한 앞서의 멋진 문장의 내용을 보다 단순화해 재현할 수 있을 것이다. 그렇다, 게다가 다음과 같이 말하는 것이 각 수업 단계를 만족시키는 것일지도 모른다. "수열은 숫자 앞의 부호 ⊕,⊖에 상관없이 각 숫자가 앞선 숫자보다 작아지면 0을 향해서 간다." 어떤 것을 공식으로 만드는 것은 필연적으로 불충분하기 마련이지만 그러나 원리의 본질적인 것을 알게 하고 나중에 어쩔 수 없이 추상화하여 정확하게 공식으로 만들었을 때에 원래의 현상으로 되돌아갈 길을 열어 놓는다. 이것은 교사의 교과서적 설명과는 정반대인 것이다.

어떤 새로운 재료에 대한 자연스러운 사고 회로 폐쇄를 피하기 위해서 어떻게 하면 될까? 이것은 새로운 정보를 바로 전에 든 사례처럼

Ⅳ. 현장 학습의 참상 145

〈복합 채널 학습〉: 예를 들어 만지고, 맛보고, 냄새를 맡는 것은 학습 과정에 중요한 체험들이다. 맥주 양조에 대한 수업 시간에 교사는 호프 송이를 학생들에게 나누어 준다.

학생들은 이것을 손에 들고 하나씩 뜯어 낸다.

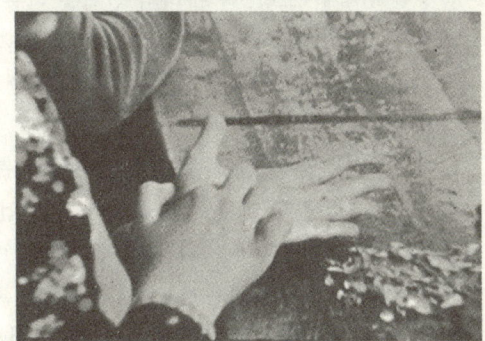

그리고 손가락으로 으깨서는……

쓴 가루를 혀로 핥고서는……

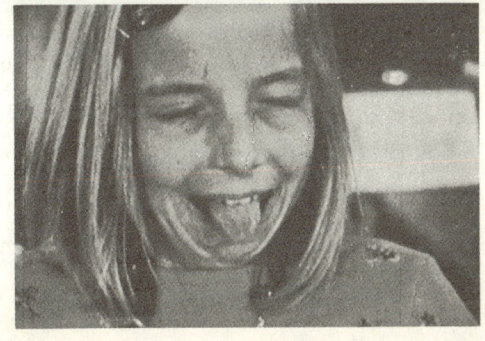

얼굴을 찡그린다.

더욱 낯설게 함으로써가 아니라, 이미 우리가 본 것처럼 친숙한 것들로 포장해서 제공하면 이 정보가 뇌에서 (베르트홀트라는 이름에 동반하고 있는 전화기 놓인 곳의 복합 통로 정보와 유사하게) 실마리를 발견할 수 있도록 함으로써 가능하다. 그 때문에 우리는 동반된 다양한 정보들이라는 원칙을 수업 시간에 의식적으로 이용해야 하는 것이다. 하지만 어디에서 적절한 포장을 해야 하는가? 자, 이때에 우리는 항상 존재하고 있고 또 모든 다른 실마리를 찾아낼 수 있게 하는 아주 특정한 친숙한 포장, 즉 우리의 신체를 이용하는 것이다. 요컨대 순수하게 개념적으로 이루어진 학습을 다른 감각 기관과 연관시킴으로써 (이것은 우수한 교사들은 오래 전에 이미 행하고 있는 것이다) 보충하기를 우리는 권하는 것이다.[66]

이제 다시 '맥주 양조'에 관한 주제를 다루고 있는 한 학급을 살펴보자. 이 시간에 막 맥주의 원료인 호프가 언급되었다. 어린이들은 이 호프가 어디서 어떻게 자라는지, 생김새는 어떤지, 어떤 식물군에 속하는지, 어떻게 수확되는지, 그리고 이것이 쓴 물질을 함유하고 있다는 사실과, 어떻게 이용되는지를 알았다. 이제 교사는 호프 송이를 여러 개로 나눈다. 그리고 학생마다 두 송이씩 받는다. 아이들은 이것을 뜯어 내고 손바닥 위에서 강하게 문질러 본다. 완전히 자유 의사대로 이런 행위들을 하게 내버려둔다. 설명을 한다고 하여 주의를 다른 데로 옮기거나 혹은 이런 행동을 금지시키지 않는 것이 전제가 된다. 왜냐하면 특히 만져 보는 것, 신체적 움직임, 이러한 감각적 학습은 자율적으로 모든 새로운 재료에 대해 (이미 말한 바와 같이 우리 자신이라는) 친숙한 포장을 제공하기 때문이다. 학습 내용이 보다 많은 입력 채널을 지나감으로써 보다 강하게 저장된다는 사실을 전적으로 도외시한다 해도 어린이들에게 있어 어떤 새로운 것, 잘 알지 못한 것을 만져 보려는 충동은 어쩌면 자신의 신체로써 이것과 친숙해지려는 아주 단순한 충동일지도 모른다. 하지만 이 호프에 관한 시간에 어린이들은 호프 송이를 갈라 보고 으깨 보는 데에 머물지 않는다. 그들은 코로 냄새를 맡거나, 손으로 느껴 보고, 입 속에 넣어 보기도 한다. "맛이 어떠니?" "무슨 맛이 이래" "아주 써" "봐라, 지금 너희들이

맛본 것은 루폴린(Lupolin)이라는 성분이다. 이 쓴 물질이 나중에 맥주에 쓴맛을 일으키는 거란다." 정말 맛이 쓰다. 아이들은 얼굴을 찡그리면서 혀를 쑥 내민다. 이 모든 것이 커다란 즐거움을 만든다. 손가락 사이의 으깨진 것에서 받아들인 맛의 느낌, 혀를 쑥 내민 것, 찡그린 얼굴들이 이제 호프의 쓴 물질뿐만 아니라 이것과 연관된 다른 모든 새로운 정보들이 이제는 추가적인 입력 채널들과 연상 영역 위에서 강력하게 고정되고, 층층이 여러 겹으로 결합되는 것이다.

수업에 더 많은 입력 채널을 이용할 수 있는 가능성은 오늘날 무수히 많다. 교사, 교과서 그리고 칠판과 같은 매체를 이용한 고전적 형태의 수업 외에도 오버헤드(Over-Head) 영사기, 슬라이드, 필름 영사기, 전축 그리고 녹음기 등등의 수많은 교육 매체들이 있다. 그러나 이렇게 비용이 들지 않는 교육 매체들도 얼마든지 있다. 말하자면 '하드웨어'가 풍부하게 제공되고 있기는 하지만 이 하드웨어는 고도로 기술적이면서도 유감스럽게도 아직 보잘것 없는 '소프트웨어', 즉 비참한 내용과 결합하고 있는 것이다. 수많은 교육 매체 출판사와 하드웨어 회사들이 전혀 조심성 없이 새로운 기구와 함께 이런 소프트웨어를 시장에 내놓고 있다(이런 부속품들이 전혀 팔리지 않는 것에 놀라는 것도 이런 이유인 것이다). 여기서 혁신적인 기술이 자유롭게 사용된다면 혁신적인 학습 방법론이 가능할 수도 있을 것이다. 그리하여 수많은 잘못된 교사를 통해 학생들에게서 학습에 대한 즐거움을 빼앗는 대신에 우리는 (어쩌면 특수 학교나 특정한 직업 교육을 제외하고도) 현 교사 숫자를 10분의 1정도로 줄이고 지금의 경비를 그대로 투자만 한다면 현 교사 체계와 사범 교육 체계를 질적으로 다양화할 수 있는 교육적 엘리트를 양성할 수 있을 것이다. 그것은 학습 도구의 준비, 교육 매체의 사용 그리고 연습의 실행 같은 것의 처리가 포함된 보다 많은 보조원(학생들)을 둔 엘리트 교육자로 구성되어야 한다. 만일 다양화가 가능한 곳, 그리고 개인 지도가 필요한 곳이라면 같은 수의 인력으로 보다 효과적인 수업뿐만 아니라 보다 소수의 학급, 그리고 보다 적은 수의 수업 시간이 당연한 결론이 될 것이다. 모든 기술을 동원해 다양하게 제공된다면 거의 드러나지 않는 유능한

교사의 능력을 모든 학생들이 접할 수 있을 것이다.[67]

물론 이러한 새로운 교육 매체의 출발이 좋다면 결정적으로 교사-학생 관계를 긍정적인 것으로 변화시킨다. 이런 매체들은 한편으로는 교사의 매개 기능의 일부를 빼앗아가지만, 다른 한편으로는 (바로 다양한 매체에서의 경우에) 교사를 학습 과정중에 필연적으로 갖게 되는 학생들과의 개인적인 접촉 관계로부터 해방시켜 준다. 그리고 교사는 자신의 정보 우위를 통해 우월한 상대자의 위치에서라기보다는 오히려 제삼자로부터 중립적인 정보 근원에 대한 학습 파트너이자 학습 조력자가 된다. 하루 한 시간 훌륭한 학습 파트너와의 흥미있는 접촉이 이루어짐으로써 (오늘날처럼 아직도 매시간 새로운 좌절을 겪어야 하는 대신에) 구태의연한 매체들이나 교육 방법과 씨름하는 학교 생활을 충분히 지적이고 인간적인 자극으로 전환할 수 있다. 이런 식으로 하면 오늘날 감히 꿈도 꿀 수 없는 모든 피교육자를 위한 수업의 질과 효과가 지금보다 적은 비용으로 가능할 것이다.

이제 다시 우리의 생물학적인 학습 보조로 돌아가 보자. 제공된 학습 재료의 순서도 중요한 역할을 하게 된다. 만일 새롭고 낯선 재료가 의미를 제공하는 보다 큰 맥락 관계가 나타나지 않으면 재료에 대한 주의가 생기지 않고 정리도 되지 않는다. 요컨대 새로운 재료의 세부적인 것, 즉 어휘, 역사상의 날짜, 이름, 화학 공식 그리고 억지로 뇌의 어딘가에서, 그것도 잘못된 장소에서 연상을 하지 않으면 안 되는 전문 표현들을 학습할 경우 우리의 회색 세포들에서는 아무것도 이루어지지 않는다. 재인식과 정리의 성공 체험이 이루어지지 않기 때문에 추가적인 좌절과 스트레스가 나타나고 이와 함께 다시금 사고 회로 폐쇄가 발생하고 연상의 어려움이 증가하게 된다. 마침내 보다 큰 맥락 관계가 설명되고 이 모든 세부적인 것들에 대한 체계가 제시됐을 때조차도 이미 때는 늦어 버린 것이다. 초단기 기억은 오래 전에 사라져 버려 이런 세부적인 것은 더 이상 파악할 수가 없게 되는 것이다. 요컨대 학생들이 이런 새로운 개별적인 정보들, 어휘와 특수 표현들을 되살리려고 노력하는 시간은 만일 사전에 이러한 정보들이 의미 있게 고정될 가능성이 존재하지 않으면 쓸데없는 시간 낭비가 되는 것이다.

그래서 새로운 개별 정보들에 앞서 사전에 항상 보다 큰 맥락 관계, 이른바 전체의 체계가 제시돼야 한다는 기본 요구가 전제된다. 보다 큰 맥락 관계가 들어간 그다지 낯설지 않은 정보는 뇌의 여러 부분에서 고정되며 입력되는 세부적인 것들에 대해 수용 태세를 갖춘 망상이 형성되는 것이다. 그야말로 이런 정보들은 (다른 경우에 머릿속에 집어넣어야 하는 반면에) 이제는 직접 흡수되어 받아들여지는 것이다. 이것은 마치 우리가 어떤 놀이에 흥미있는 규칙을 정하고서는 결국 이 놀이를 할 수 있도록 발생하는 모든 어려움을 기꺼이 받아들이는 것과 마찬가지다.

우리는 이미 친숙하지 않은 정보들을 뇌에서 보다 잘 고정시키는 데 도움을 주는 모든 보조 수단들을 살펴보았다. 이것은 우리가 호기심을 일깨우고, 낯선 재료를 친숙한 정보로 포장하고, 특정한 추가적인 입력 채널을 이용하며, 새로운 정보를 친숙한 감각 지각과 결부시켜 이것이 다시금 새로운 호기심을 유발하도록 이끄는 것이었다. 이 모든 것이 함께 호르몬 반응, 가령 기쁨, 즐거움, 그리고 뇌세포간의 접촉과 시냅스의 마찰 없는 작동에 대한 성공적 체험에 관심을 집중시키게 된다.

아주 구체적인 생물학적 메커니즘이 이러한 학습 보조 수단의 근거를 이룬다는 사실, 가령 하나의 정보가 기쁨, 성공적 체험, 에로틱한 자극, 그리고 호기심 혹은 유희와 결부되어 있는 경우 그것은 훨씬 더 좋게 자리를 잡는다는 사실이다. 그리고 이것은 우리가 중고등 학교나 대학교에서 무책임하게 팽개치고 있는 학습 법칙에 관해 말하고 있다는 사실(=긍정적인 호르몬 작용의 활성화)은 아무리 강조돼도 지나치지 않을 것이다. 그러므로 중요한 것은 학습 과정을 불쾌한 동반 사건들로부터 벗어나게 하는 것이며, 또한 학습을 유쾌하고 멋진 사건들과 결합시키는 것이다. 부신을 통한 뇌에서의 스트레스 호르몬 분비가 억제될 때에만 사고와 학습에 대한 현존하는 연상 가능성들이 충분히 이용될 수 있다. 그 효과는 심지어 배가될 수도 있다. 이후의 소환, 즉 저장된 정보를 다시 회상할 때, 기쁨도 다시 회상되며 우리가 그 경우 갖고 있는 즐거움이나 감격 역시 같이 회상된다. 이렇게 학습 재료를 전체적으로 처리할 때 뇌에서 긍정적으로 변화된다. 이로써 질문을 했을 때나 시험 때에 학생들에게 동일한 호르몬 상태로 가져다 주는 모든 감정은 이른바 학생으로 하여금 "스트레스에서 벗어나게" 한다. 말하자면 뇌에서 일어나는 스위치 결합 시냅스가 특히 잘 작동하는 상태가 되는 것이다.[68]

여기에서 우리는 긍정적인 사건과 결부된 것은 장기 기억에 훨씬 더 잘 간직된다는 설명을 얻게 된다. 우리는 종종 나이 든 사람에게서 그들의 전쟁과 전후의 경험담을 듣는다. 이 사람들이 실제로 무시무시한 모든 사건들 중에서도 즐겁고 아름다운 순간을 즐겨 보고하고 있지 않던가? 아름다운 것, 유쾌한 것은 기억할 만한 가치가 있고 이야기할 만한 가치가 있을 뿐만 아니라 오히려 보다 상세하게 설명할 수 있는 것이다. 여기에 비해 고생이나 두려움은 잘 회상할 수 있는 것들이 훨씬 더 적다. 이것은 우리가 지속적인 두려움, 무엇보다도 우리의 삶이 직접적으로 위협당하는 그런 상황에 대해서 더 이상 아무것도 기억하지 못한다는 것을 의미하는 것은 아니다. 다만 적절한 사건은 단순히 그것들과 결부된 긍정적인 호르몬 상태로 인해 불쾌한 사건들보다는 훨씬 더 다양하게 연상된다는 것이다. 그러므로 그것은 정신적으로 더 잘 가공될 수 있고, 욕구 불만과 긴장과 결부된 그러한 것들보다 더 상세하게 회상 될 수 있다. 이처럼 좌절 및 긴장과 결부된 것들 역시 고정되긴 하지만 우리의 지적 능력과 이런 지적 능력의 다양한 연상을 거쳐 고정되는 것보다는 덜하다. 오히려 그것은 상응하는 경고 반응과 종종 조절하기 어려운 잠재 의식적 반응을 거쳐서 고정될 뿐이다.

결론적으로 우리는 다음과 같은 사실을 인식하게 된다. 불쾌한 2차 연상시, 즉 선생님과의 긴장, 굶주림의 느낌, 추위, 사람들이 누군가와 싸울 경우에는 순수하게 생물학적으로 유쾌한 분위기보다는 나쁘게 학습된다. 뿐만 아니라 그 자체가 비록 어떤 스트레스를 야기하지 않는다 해도 나중의 질문들도 장기 기억에서 불러내질 수 없다. 그것도 저장되어 있던 원래의 스트레스 신호 물질을 통해서 근본적으로 질문

Ⅳ. 현장 학습의 참상   151

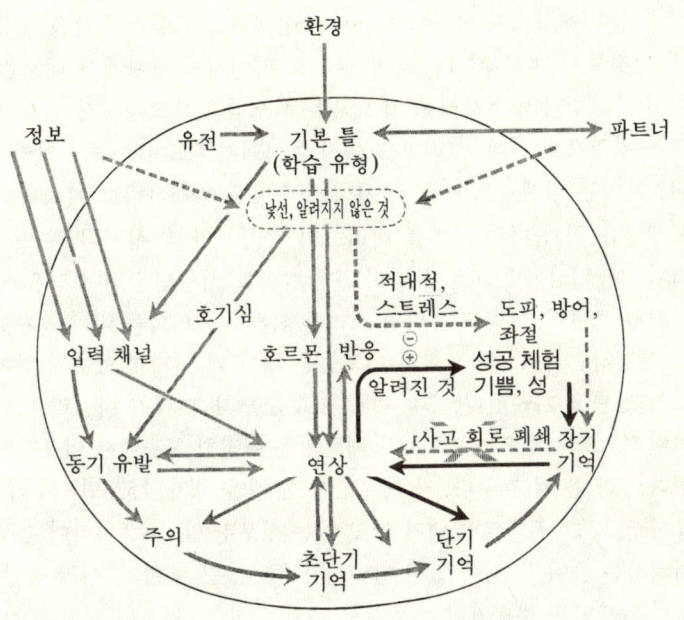

자체가 어렵게 된다.

유감스럽게도 지금도 실제 학습 현장에서 이러한 관계들을 거의 모르고 있다. 그러므로 많은 교사들과 학부모들은 반대로 스트레스 인자에 의해 많은 성과를 가질 수 있다고 믿는다. 예를 들어 자우어 선생님의 경우 그는 교실에서 소리를 지르며 손으로 책상을 두드린다. "자, 제발 조용히! 자 해 봐 헤르만! 칠판으로 나와. 이제 너는 아주 깨끗하게 여기 연도, 오른쪽에 종교 개혁 시대의 사건들을 써 봐. 좀 빨리 해라. 성적과 관계되는 것이다!" 이 학생은 선생님을 지나 칠판으로 간다. 갑자기 선생님은 학생들을 돌아보며 소리친다. "도대체 누가 책장을 넘긴 거지? 아, 테오 너구나! 도대체 무슨 일이야?" 테오는 약간 당황해서 프랑스어 책을 옆으로 치우고 부끄러운 듯 선생님을 바라본다. 그는 선생님이 왜 그런지 잘 알지 못하고 있다. 그때 선생님은 테오에게 이렇게 소리를 지른다. "야, 이 바보 같은 녀석아, 일어서! 이 책은 도대체 뭐야?" 선생님은 그 책을 높이 쳐든다. "지금은 역사

시간이지, 프랑스어 시간이 아니야!" 선생님은 프랑스어 책을 책상 위에 던지듯이 내려놓는다. 책이 땅으로 떨어지자 당황해서 테오는 웃는다. "그렇게 멍청하게 웃지 마라!" 선생님은 테오에게서 등을 돌리고는 칠판으로 간다. 그리고 또다시 돌아서서 "도대체 누가 킥킥거렸나? 가비는 알겠지, 자 반장, 가비가 수업을 방해한다고 기록해 둬." 선생님은 화가 나서 가비를 바라보며 "얼마 안 돼 성적이 뚝 떨어질 거다. 이 녀석아." 교실이 다시 술렁거리고 선생님은 자제력을 잃은 것처럼 보인다. 그리고는 다시 소리를 지른다. "너희들 내가 멍청하다고 생각하는가 보지? 도대체 너희들은 내가 왜 여기서 있는지 알아?" 그는 칠판을 가리킨다. "자 여기 이것들을 내 머리가 아니라 너희들 머릿속으로 처넣으란 말이야!" 헤르만은 여전히 칠판에서 머뭇거리고 있다. "다 쓴 것 같구나. 자 헤르만이 쓴 것을 보자. 1525년 – 루터. 훌륭하구나? 그게 헤르만 네가 알고 있는 전부란 말이냐? 파비어 전투에 대해서는 들어 본 적이 없단 말이야? 칼 5세는? 자 여기, 성적 불량 통고!" 선생님은 헤르만이 아무것도 쓰지 못한 그 연도에 체크를 한다. "성적 불량 통고! 성적 불량! 불량!" 그는 마지막 연도 1546년으로 간다. "조금은 무서운 전쟁이라고? 너 알고 있는 게 한 가지라도 있는 거냐? 그건 누구나 아는 거야! 앉아! 성적 평가 가! 멍청한 녀석들, 너희들이 더 이상 이것을 풀지 못한다면……." 이때 시간이 끝나는 종이 울린다. 교실이 술렁거리면서 학생들이 일어선다. 다시 한 번 선생님은 교실을 돌아보며 으르렁거린다. "자 다음 시간에는 7장이야!" 선생님은 서류철을 싸 들고 나간다. 그 뒤를 따라 학생들은 떼지어 교실을 빠져 나온다(뮌헨의 어느 인문계 고등 학교의 1973년 당시의 전형적인 수업 과정이다).

 자, 이제 우리는 자우어 선생이 도대체 어디에서 흥분한 나머지 말문이 막혔는지 질문해 봐야 할 것 같다. 그의 수업 방식은 위협해서 위축되게 하고 주저하게 하고 두려움을 야기하고 이해할 수 없게 말하고 칠판에 학생의 잘못을 체크하는 데 있다(그리하여 학생이 알지 못했던 것을 드러나게 한다). 그의 성적 불량 통고는 또 다른 방법이며 훨씬 더 중요하다. 자우어 씨가 동기 유발을 유도했던 것일까? 아니다. 호기심을 일깨웠을까? 아니다. 성공 체험을 가져왔을까? 물론 아니다. 더 좋은 기억의 고정으로 유쾌한 연상을 함께 동반시켰던가? 아니다. 더 큰 연관성을 제시했을까? 아니다. 더 많은 입력 채널을 이용했는가? 아니다. 만일 누군가가 '가'라는 성적을 받는다면 자우어 선생님도 역시 '가'다.

선생님은 그의 임무와는 완전히 반대로 욕구 불만을 전달하면서 두려움, 몰이해를 야기했고 학습 재료로부터 주의를 벗어나게 함으로써 스트레스 연구에는 흥미로울 수 있었지만 전달과 역사의 상세한 이해를 위해서는 중요하지 않은 일을 한 것이나 다름없다. 하지만 그가 친숙한 방식으로 역사 과목의 연도를 질문하고 이름을 차례로 나열한다 해도 이것은 재차 그가 학생들이 개념을 암기하는 능력을 시험하고자 하는 경우에만 흥미로울 것이다. 주제와 연관된 고유의 가능성에 대해, 즉 역사의 이해에 대해서는 이것 역시 여전히 정보를 전달할 수 없다.

오늘날도 거의 극복되지 않은 이러한 교육 방법들은 그러한 일시적인 사고 회로 폐쇄보다 훨씬 더 좋지 않은 결과를 낳게 된다. 동일한 방식으로 이러한 순간적인 사고 회로 폐쇄를 넘어 지속적 폐쇄 현상이 나타나게 되는데 이것은 특정한 주제와 연결되거나 완전히 그 사체 학습으로 향해질 때 생긴다. 이제 어떠한 것이 학습으로 느껴지자마자 사고는 중단된다. 폐쇄는 대부분 스트레스와 욕구 불만하에 수업되는 과목과 관련되거나 혹은 학급 전체 분위기와 관련된다. 그런데 마찬가지 방식으로 이런 메커니즘은 터부시된 채 설명되고 있다. 즉 그것들은 그 말의 가장 원래적인 의미에서 '생각할 수 없는' 것들이다.[69]

이제 우리는 개인마다 학교에 의해서 그 이후의 생활에서 수학, 화학, 역사, 쓰는 것, 혹은 읽는 것(대체로 학습이라고 하는 것)을 영원히 싫어하게 되는지 이해하게 되었다. 간단히 말해 학습 재료의 저장, 즉 학습 과정 자체와 함께 2차 정보 역시 함께 저장되며 상황에 따라서는 이런 학습과 결부되어 인생 전반에 남아 있기 때문이다.

학습을 방해하는 교과서들

이런 의미에서 수업을 반대로 이끄는 것은 잘못된 선생님만은 아니다. 수많은 교과서가 저지르고 있는 것도 마찬가지로 소름 끼치는 것이다. 왜냐하면 이런 교과서들은 학습 능력을 죽이는 강제적인 (교과서에 무더기로 들어 있는) 학습 재료들을 사용하기 때문이다. 가장 정확한 아카데미적 개념들이 모든 생물학적 학습 법칙을 손상시킨다고 했을 때 그것은 무엇 때문일까? 그 답은 위에서 인용한 0의 연속이라는 제한된 규칙을 생각하는 것만으로도 충분할 것이다. 이러한 개념들은 아카데미적인 의미에서 정확하고 완전하기 때문에 극히 부정확하게 연상된다. 그들은 학생을 당황하게 만들고 이해와 수용을 봉쇄하며 학습에 대한 즐거움을 빼앗게 된다. 그 이유는 일부 소수의 학생에 국한된 학습 유형 때문에 단지 그 학생들만이 거기에 적응하기 때문이다.

많은 교과서들이 과연 우리들의 기본 틀과 똑같은 파장에 놓여 있는지 의문이다. 교과서에서는 항상 어처구니 없는 추상적인 양식이 두드러지는데 이 양식은 가능한 한 모든 것을 전문어로 채우고, 부자연스럽게도 함축된 주요 단어만을 사용해 표현하며, 가능한 한 개념화하고 있기 때문에 과학적이라고 믿고 있는 실정이다. 그래서 우리는 학교 교과서가 전문가들을 위한 것인지 아닌지 자문해 보아야 할 것이다. 그런 전문가들은 교과서를 쓸데없는 말로 채워 넣고 그리하여 각각의 실질적인 방향을 방해하고 있다. 그래서 외국어 문법에서 초보자들은 어쨌든 학력 고사에 필요한 예외 규칙 때문에 골머리를 썩이고 있다. 또 수학 교과서에는 혼란스러움을 더해 주는 무의미한 주석들로 가득 차 있다. '전환 규칙과 결합 규칙의 특별한 경우에 대한 기본 명칭법은 다음에서 유래한다. 기본 형식의 도움으로 좀더 복잡한 전환 형식과 결합 형식을 증명할 수 있으며, 다시 말해 숫자의 실례를 들거나 기하학적인 예증을 들지 않고 추론할 수 있다'는 것이다. 이 경우 우리가 괄호로 묶인 것을 계산할 때 그 괄호 안에 있는 각각의 부분들을 특별히 곱하거나 나눠야만 한다고 단순히 언급하는 것

IV. 현장 학습의 참상   155

이 아니라 다음과 같은 분배 법칙이 기술된다. '분배 법칙이란, 계산시 처음 나타난 수는 하나의 수로 곱해지거나 나눠지게 되는데, 이 경우 우리는 수로 표현된 각 부분에 그 숫자를 인수 또는 분모로서 할당한다.'

교육학자들은 어떤가? 이들은 모든 측면에서 강압적이고 넘쳐 흐르는 학습 재료들로 교과서를 채움으로써 학습 능력을 사멸시키며 가장

고등 학교 물리 교과서*에서 발췌한 텍스트:
망원경은 초점 거리가 긴 대물 렌즈와 초점 거리가 짧은 대안 렌즈를 사용하여 먼 거리에 있는 물체를 확대시켜 좀더 가까이에 있는 것처럼 볼 수 있도록 만든 장치다.

망원경의 원거리는 두 렌즈의 초점이 한곳에서 만날 수 있도록 먼곳에서 온 빛이 이 점에서 실상을 만들고…….

다시 대안 렌즈에 의하여 확대된 허상이 보이도록 되어 있다. 상을 밝게 하기 위해서는 큰 대물 렌즈를 써야 한다.

*역주: 고등 학교 물리(교학사 1991, 송인명, 이춘우 저)

정확한 관념적 개념을 사용함으로써 경직시키고 있다. 학교에서는 이것을 읽을 때 무슨 일이 일어나는지에 대해서는 조금도 관심을 갖지 않는다. 교과서가 이렇게 되도록 허용하고 게다가 추천하기까지 하는 교과서 편수관들과 문교부는 어떤가? 교과서는 펼쳐지는 곳마다 똑같이 그와 같은 학습을 방해하는 양식을 만나게 된다. 여기 고등 학교의 물리 교과서에 쓰여 있는 것을 보라. '망원경은 초점 거리가 긴 대물 렌즈와 초점 거리가 짧은 대안 렌즈를 사용하여 먼 거리에 있는 물체를 확대시켜 좀더 가까이에 있는 것처럼 볼 수 있도록 만든 장치다. 망원경의 원리는 두 렌즈의 초점이 한 점에서 만날 수 있도록 하여 먼 곳에서 온 빛이 이 점에서 실상을 만들고 다시 대안 렌즈에 의하여 확대된 허상이 보이도록 되어 있다. 상을 밝게 하기 위해서는 큰 대물 렌즈를 써야 한다.'

이 단락은 명사들로 채워져 있다. 함축적인 10개의 단어가 모든 설명을 담당하고 있다. 표현은 학문적으로 들린다. 하지만 결과적으로 대개의 학생들에게 망원경의 원리가 무엇인지는 항상 불분명하게 기억되기 마련이다.

이러한 교과서는 학습 재료에 대한 이해를 전달하지도 못하고 이것을 응용할 수 있는 능력도 가져다 주지 못한다. 결과적으로 우리의 교과서들은 우스꽝스럽게도 아무것도 남아 있지 않게 한다. 과거 고등 학생들을 대상으로 한 수많은 실험들이 슬프게도 이것을 분명하게 확인해 주고 있다. 이런 책은 과연 누구를 위해 쓰이는가? 누가 이것을 이해해야 하는가? 사실 학생 모두일 것이다. 하지만 우리는 이러한 교과서를 읽어야 하는 학생들의 반응을 상상할 수 있을 것이다. 우리가 0의 연속에서 간략하게 설명했던 그런 똑같은 반응이다. 이러한 추상

똑같은 학습 재료의 두 가지 표본

위의 것은 전통적인 교과서에서 발췌한 것. 아래의 것은 학교에서 사용하기 꺼려하는 전문 서적에서 발췌한 것이다. 첫번째 경우에 학생들이 대부분 불확실함과 거부감으로 반응하는 데 반해 두번째 보기는 호기심, 즐거움, 친숙한 경험들과 이것을 통한 성공 체험으로 반응한다. 이 모든 것은 해당 호르몬 자극을 거쳐 돌발적으로 다양한 것을 보존하고 다시 기억하도록 하는 수용 능력을 증가시킨다.

IV. 현장 학습의 참상   157

2. Fundamentalkonstruktion zur Achsenspiegelung

Konstruiere zu zwei gegebenen Punkten P und Q die zugehörige Symmetrieachse a!

Lösung (Fig.50): Nach FS. 8; 3 sind nur Achsenpunkte von zwei zueinander symmetrischen Punkten P und Q gleich weit entfernt. Gleich große Kreise um P und Q können sich demnach nur auf der Symmetrieachse zu P und Q schneiden. Wegen FS. 1 legt bereits ein solches Kreispaar die gesuchte Achse eindeutig fest.

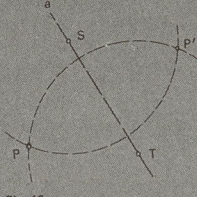
Fig. 49

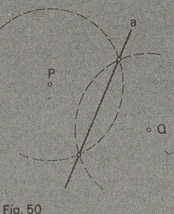
Fig. 50

Anmerkung: Daß es zu P und Q nicht mehr als eine Achse geben kann, folgt aus der Tatsache, daß die Strecke [PQ] nur *einen* Mittelpunkt hat und in diesem Punkt nur *ein* Lot zu PQ errichtet werden kann[1].

[1] Eine von der Anschauung unabhängige Begründung ergibt sich aus FS. 2 und 4.

darüber hinterlassen, wir können aber vermuten, wie sie diese Schwierigkeit meisterten.
Wahrscheinlich zogen sie zunächst eine lange Gerade, indem sie eine Schnur zwischen zwei in die

Jeder Block wurde behauen und mit einem Maurerwinkel geprüft

Schwere Blöcke wurden über Rollen die Sandrampen hochgezogen

Ein Bleilot stellte fest, ob die Blöcke genau senkrecht standen

Erde gesteckten Pfählen spannten. An jeden Pfahl banden sie gleich lange Stücke Schnur, die länger als die Hälfte der eben gezogenen Geraden waren. Sie zogen mit den straffgespannten Schnüren Kreisbogen um die Pfähle. Diese Teilkreise schneiden sich in zwei Punkten. Wenn der Baumeister die beiden Punkte durch eine Gerade verband, schnitt sie die erste Gerade im rechten Winkel und teilte sie in zwei gleich lange Strecken.

Der Baumeister mußte auf dem flachen Boden rechte Winkel schlagen können, um seine Fundamente quadratisch zu machen. Um zu prüfen, ob seine Mauern auch genau senkrecht standen, mußte er auch in der Luft rechte Winkel schlagen können. Hierfür hatten die ägyptischen Baumeister ein Bleilot. Wenn die Schnur von der oberen Kante einer Mauer so heruntergehängt, daß das Bleigewicht frei schwingen kann, schlägt es einen Kreisbogen und

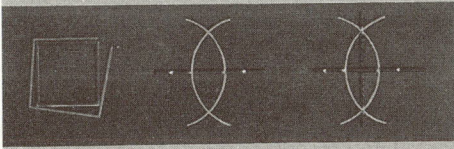
Ein falscher Winkel in der unteren Lage bedeutete einen fehlerhaften Grundriß. Man erhält rechte Winkel, indem man von zwei beliebigen Punkten einer Geraden aus Halbkreise von gleichem Radius schlägt und ihre Schnittpunkte miteinander verbindet

적인, 사이비 기하학적인 전문어를 통해 학교에서 이 책을 읽을 때에 학생들은 처음부터 시각적 영역, 운동 영역 그리고 감정 영역과 같은 연상 영역들과의 중요한 연결이 차단되고 그리하여 다른 입력 채널들 또한 전혀 진동조차 할 수 없게 된다. 동기 유발과 주의가 사라지게 되는 것이다.

젊은이들을 위한 '기적의 숫자 세계'에 대한 영어로 된(157쪽 그림은 영어를 독일어로 번역한 것임) 전문서에서는 사정이 완전히 다르다.[70] 이 책에는 예를 들어 고대 이집트인들은 피라미드를 건축할 때 설계도를 정확히 오른쪽 구석에 구성해 두고 있었다는 사실을 보여주고 있다. 거기에는 어떤 한 구성의 각도가 잘못될 경우 전체 건물의 형태가 파괴된다는 사실이 적혀 있다. '파괴된' 피라미드와 함께 연상계는 기하학적 규칙에 호기심과 긴장을 유발하는 것이다. 그런 다음 설계도 구석 두 개의 말뚝에 두 개의 같은 길이의 끈을 맨다는 것을 설명한다. 이런 다음 원호가 그려지고 점으로 표시된 이러한 원호의 교차점이 연결된다. 그런 다음 새로운 선은 정확히 수평으로 이전의 선에 이어진다. 여기에 그림을 그리는 사람은 피라미드 건축에 참여했던 사람으로 모서리를 구성하고, 줄을 팽팽하게 하고, 상상으로도 충분히 가능한 활동을 회상케 하는 움직임과 일을 설명한다. 이러한 설명을 사람들은 함께 체험하게 된다. 사람들은 이것을 쉽게 잊지 않는데 그 이유는 이러한 '스크린' 위에 설명되는 추상적인 기하학적 모델이 뇌의 기본 틀에 다양하게 연상되고 고정되기 때문이다. 유감스럽게도 우리의 교과서는 이렇지 못하다. 이와 똑같은 것이 13~14세 학생들을 위한 기하 설명에서 나오는데 여기에서는 어떻게 파라오들이 피라미드를 그처럼 아름답게 건축했는지가 문제가 아니라 똑같은 기하학적 원리를 다음과 같이 말하고 있다. 대칭을 위한 기본 구성: 해설; '8: 3의 기본 명제에 따라 축이 되는 점은 서로 대칭이 되는 점 P와 Q로부터 똑같은 거리만큼 떨어져 있다. 이에 따라 P와 Q를 중심으로 한 똑같은 크기의 원들은 P와 Q의 대칭축에서만 교차될 수 있다. 기본 명제 1 때문에 이미 이러한 한 쌍의 원이 구해진 축을 분명하게 확인해 준다. 주; 직선 PQ는 다만 하나의 직선에 불과하며 이 점에서 PQ에는 하나의 직선만이 그어질 수 있다는 사실에서 P와 Q에 이르는 선은 더 이상 축으로서 존재할 수 없다.' 이 이상의 설명은 제시되지 않는다. 첫번째 구성 설명은 뇌에서 다양한 방식으로 피라미드 건축에 고정된다. 두번째 경우에는 사람들은 이전의 지식에 따라 스스로 상상해 버린다. 말하자면 좌절과 같은 것 외에는 아무것도 얻지 못하는 것이다.

그렇다면 그런 교과서들은 어떻게 만들어지는가? 분명히 우리의 교과서 저자들은 영국의 저자들과는 반대로 저자 스스로가 모든 것을 대학에서 배웠다는 것을 보여 주고, 자신의 실질적인 과제를 수행하는 것, 요컨대 어린이들에게 수학적 규칙을 가져다 주는 것뿐이다. 이 결과는 학습 재료는 낯설고, 익숙지 않으며 적대적으로 머문다. 연상 가능성도 보다 큰 연관도, 호기심도 유발되지 않으며, 그 때문에 동기 유발 역시 결여돼 있다. '명료함'을 넘어선 불필요한 첨가를 통해 초단기 기억에 간섭이 일어난다. 계속해서 실수다! 하지만 이것을 통해 학생에게서 생기는 실수는 그 학생에게 기억되는 것이다.

여기서 이러한 수많은 기본적인 오류를 피할 수 있는 간단한 방법으로서 교과서의 원고 작성과 편집에 기본적으로 학생을 참여시키는 것이 있을 수 있다고 생각한다. 우리는 이미 이런 시도를 한 적이 있다. 한 여학생이 생물학자 한 사람과 함께 교과서 편집자로 참여했는데 그때 나눈 대화를 기록했다. 화제는 생물학 분야에 관한 것이었다. 생물학자가 "……이제 수생 녹색 식물을 보자. 중요한 것은 많은 바닷말이 그들의 광합성 생산물을……"라고 읽자 이 여학생은 제동을 건다. "잠깐만요! 수생 녹색 식물이 뭔지를 사람들은 몰라요." 생물학자: "하지만 그것은 도표에서 설명된단다." 여학생: "교과서를 읽고 있을 때는 그 표를 읽지 않는걸요." 생물학자: "음, 그렇다면 여기는 좀더 잘 설명해야겠군. 계속해 보자. ……많은 바닷말이 그들의 광합성 생산물을 일부는 직접 용해된 형태의 물로 방출시킨다는 사실이다. 대부분의 1차 소비자는 여과해서 음식을 얻는 유형에 속한다. 이들은 바닷말 외에도 박테리아와 곰팡이류를 먹이로 취한다. 2차 소비자는 동물성 플랑크톤과 작은 물고기들이다─이제는 분명하지 그

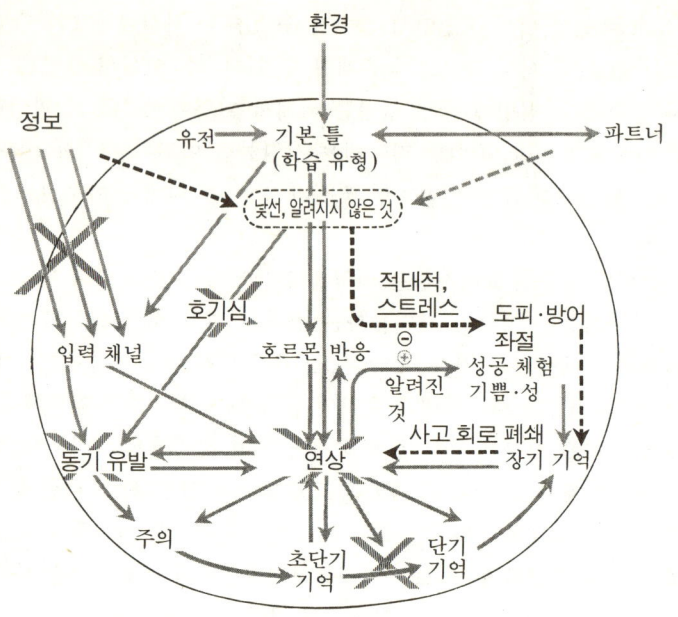

렇지?" 여학생: "아니요, 분명치 않아요. 여기서 사람들은 무엇보다 왜 그것이 중요한지 아직 모르고 있는걸요." 생물학자: "이것 참, 그렇다면 처음부터 식물계와 연관시켜야만 될지도 모르겠구나"(메모를 한다). "계속해 보자. 해안 지대에서 자란 훨씬 키가 큰 식물의 물질 생산은 자유롭게 떠다니는 바닷말이 생산하는 물질의 2~5퍼센트에 지나지 않는다. 알겠니?" 여학생: "알겠어요. 하지만 또 이해가 안 가는 것이 있는데요. 바닷말의 물질 생산이 무엇의 몇 퍼센트라는 것은 무슨 뜻인가요?" 생물학자: "잠깐만, 그래, 그것은 말이지……음…… 그래, 그것은 간단히 말하자면 물 속의 바닷말이 해안가의 식물들보다 약 50배 가량 더 많이 물질을 생산한다는 말이지." 여학생: "아! 그렇군요. 그런데 왜 선생님은 그렇게 쓰지 않았나요?"

이것은 우리가 기록한 것의 한 단면에 지나지 않는다. 해당 연령대의 학생들에게 학습의 장애가 아니라 도움이 되는 그런 교과서를 끊임없이 개발하기 위해서는 이러한 공동 작업이 교과서 편찬에 규정돼야 한다. 이러한 처리를 통해서 구성, 문장 구성 그리고 어휘 선택이 학생들의 연상 작용을 가능케 함으로써 쉽게 기억할 수 있는 교과서가 만들어지는 것이다. 그리고 이렇게 될 경우에야 비로소 학생들은 이러한 학습 재료를 장기 기억에 고정시키고 여기에서 처리할 수 있게 되는 것이다. 다시 말해서 교과서가 단지 지식의 저장소의 한계를 넘어 학생들 스스로 이 학습 재료를 가지고 궁극적인 목표가 무엇인지를 찾을 수 있게 해야만 한다.

교과서는 (각각의 기본 틀, 즉 각각의 학습 유형과는 전혀 별개로) 일반적으로 좋게, 혹은 나쁘게 만들 수 있다. 그래서 최소한 새로운 정보들을 어떤 경우든 항상 친숙한 복장으로 제공하고, 문장을 명사로 이루지 않고, 과정들을 추상화하지 않고 실제적으로 설명하고, 가능한 한 많은 연상 영역들이 잘 사용되지 않는 입력 채널들과도 공명을 이루도록 함으로써 가장 중요한 뇌기능들을 도와야 한다. 이것을 위해서는 암기 학습을 '기억술'로 가르치는 것과 마찬가지로 추상화하는 것을 '번역술'로 가르쳐야 한다. 그리고 이런 주제와는 완전히 일치하지 않는 다른 과목들은 성과와 점수면에서 책임이 없어야 한다.

교과서 저자들이 뇌 기능의 법칙을 무시하여 학생들은 종종 도움이 되기보다는 해가 되는 교과서에 만족하고 있다. 그들이 여기에 만족하고 있는 한 자신들의 실질적인 과제를 완수하는 것—요컨대 교과서를 학생들에게 대화 상대로 만들고, 호기심, 경이, 열정, 생활과의 관련, 즐거움과 긴장을 불러일으키는 것을 이해하지 못하거나 혹은 이것을 필요한 것으로 간주하지 못하는 것이다. 가능한 한 이런 해를 줄이기 위해 학생들은 다음의 세 가지 사항을 분명히 알아야 한다.

1. 만일 내가 어떤 교과서에 당황하게 된다 해도 이것은 내가 바보가 아니라 이해할 수 없도록 표현한 책의 저자에게 책임이 있는 것이다. 따라서 나는 나에 대해 절망할 필요가 없다.

2. 만일 어떤 교과서가 (수학, 물리학, 문법 혹은 다른 어떤 과목에서) 엄청나게 복잡하다 해도 결코 사실 자체가 그렇게 엄청나게 복잡한 것이 아니다. 저자는 어쩌면 그것을 간단한 단어와 명확한 문자로 설명할 수 없었거나, 아니면 그렇게 할 의사가 없었을 것이다. 그러니

까 나는 이 과목에 두려움을 가지거나 이 과목에 전혀 재능이 없다고 생각할 필요가 없다.

3. 교과서가 이해할 수 없다 해서 억지로 이해하려는 것은 의미가 없다. 오히려 나는 이 재료를 다른 근거에서 다루어 보고 (수업 시간에 특히 주의를 집중해 참여하거나 다른 학생 혹은 보다 나은, 보다 자세한 책의 도움을 받아) 그것을 나 자신의 학습 유형에 맞게 만들려고 해야 한다.

최선의 방법은 물론 문교부와 교사가 학습에 전혀 도움이 안 되는 교과서와는 결별하고, 교과서 저자는 전문가로서의 위신이 아니라 어린이들의 학습에 도움이 되는 그러한 교과서를 써야 할 것이다.

이것은 교과서는 물론이고 마찬가지로 서로 다른 연령대의 수업을 위해 개발된 다른 모든 매체에도 해당된다. 그 때문에 학습 생물학적 법칙에 다소간 일치시키기 위해 어떤 유형의 학습 재료를 선별하고 제공해야 하는지 169~172쪽의 부록에서 간략하게 요약했다.

요 약

이렇게 하여 우리는 두뇌 활동의 네트워크의 끝에 도달하게 되었다. 하지만 아직도 우리가 그러한 네트워크에서 필연적인 결과로서 끌어낼 수 있는 것에는 이르지 못했다. 이런 부족한 개관에서 무엇보다도 우리의 뇌에서 모든 것이 연관되어 있다는 점, 그리고 이것이 실제에서는 어떻게 나타나는지가 문제였다.

만일 우리가 이러한 네트워크의 전체 과정을 살펴보면 유전 소질과 환경, 그리고 '파트너'를 통해서 형성된 우리 뇌의 기본 틀에서 어떻게 각각의 학습 유형에 따라 입력되는 정보들이 그들의 입력 채널을 찾게 되는지 볼 수 있을 것이다. 발생된 지각, 감정 그리고 직관들은 이 때 동시에 낯선, 잘 모르는 인상에 대해 스트레스 충격을 일으키고 신경 호르몬적으로 정위된 사고 회로 폐쇄가 이미 존재하는 사고 내용들에 대한 결합을 어렵게 한다(연상 폐쇄). 하지만 성공 체험과 기쁨

IV. 현장 학습의 참상   163

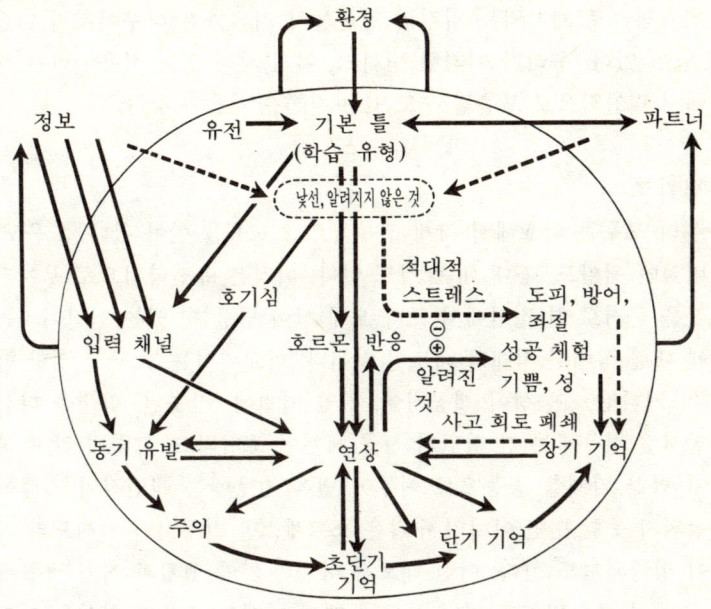

에 긍정적인 호르몬 반응도 일어날 수 있고 해당 연상에 이르는 길에서 사고를 자유롭게 할 수도 있다. 새로운 것임에도 불구하고 친숙성이 유발된다. 이것은 호기심과 발견 욕구가 동기 유발화를 강화시켜 우리의 뇌세포들이 모든 입력되는 정보에 몰두할 수 있게 되는 것이다. 주의가 집중되어(새로 입력된 것이든 연상에서 소환된 것이든) 초단기 기억에서 처리된 지각들은 단기 기억을 통해 재빨리 소환되고 그런 다음 계속적인 처리 과정 속에서 자신의 내용을 장기 기억에 저장시키는 것이다. 방어와 경직의 경우(=긍정적 호르몬 상태)든 감각 지각과 생각한 것들의 개방과 수용의 경우(=부정적 호르몬 상태)든 우리의 사고, 감정 그리고 행동은 이것에 따라 그 후 다른 사람들과 그들의 감정, 정보에 다시 영향을 미친다. 우리는 맥락 관계에 대한 보다 나은 이해를 통해 이런 영향을 우리의 행동과 태도에 나타나게 하고 결국 우리가 우리의 환경을 이해하고 형성하는 방식에 이르기까지 영향을 미치게 된다.

계속적으로 제기되는 일련의 질문들이 지금까지 다루어지지 않은 채 남아 있다. 우리가 이러한 팀워크, 여러 뇌의 상호 작용이라는 생각에서 필연적으로 도출될 수도 있는 결론은 다음과 같다.

팀워크:
우리 모두는 학교에서 각개 전투식으로 교육을 받아 왔다. 도움도, 예비적인 귀띔도, 흉내 내는 것도 없다. 이것은 유전학적으로 부여된 소질을 근거로 한 집단에서 보다 오래 살아 남을 수 있는 인간이라는 종에 대한 심대한 적대적 태도인 것이다. 학교에서는 '소규모 집단 학습'의 커다란 가능성이 제공되어, 만일 여기에 '잘못된' 학생을 다시 동참시킬 경우에는 한 집단의 성공 체험이 포기되고, 그렇지 않고 개인이 벅찬 과제를 공동으로 이루어 냈을 경우에는 개인적인 기쁨이 체험되지 못할 뿐만 아니라 수많은 스트레스를 발생시키는 태도의 기본이 형성되기도 한다. 이런 태도는 나중의 가족 생활과 직업 생활에서 종종 동료와의 고립이나 동료에 대해 자신의 고유한 위신을 지키기 위한 자기 변론, 혹은 전적으로 비본질적인 '업적'과 외관상의 결과에 집착하는 명예욕 같은 것이 될 것이다.

시행 착오:
우리가 학교에서 시행 착오에 대해 취해야만 하는 완전히 다른 태도 역시 언급될 가치가 있다고 생각된다. 쓰기나 계산의 실수에서 생각의 실수, 장기적 안목의 부족 그리고 잘못된 평가에 이르기까지 시행 착오는 오늘날 (정위에 도움이 되는 것인데도) 이런 것으로 이용하기보다는 항상 실패자에 대한 증거로만 간주되고 있다. 왜냐하면 시행 착오의 굉장히 큰 긍정적인 의미가 역시 생물학적 상호 작용에서 발생하기 때문이다. 갓난아이 때는 시행 착오를 더듬어 가면서 그 작은 머리를 쳐들고 달려서 다시 돌아오는 법을 배우는 것이다. 이렇게 한 생명체가 자신의 환경을 더듬어가는 것은 다름 아닌 시행 착오가 무엇보다 학습의 기초 과정이기 때문이다. 학습의 기초 과정을 다시 좌절 체험에서 성공 체험으로 전환시키는 것이 교육 개선의 가장 중

요한 과제인지도 모른다. 여기에서 다시금 시험의 종류 그리고 평가와 진학의 모든 체계에 대한 필연적인 결과가 나타나는 것이다.[71]

교육 분위기:

지금까지 언급한 것에서 필연적으로 가져올 수 없는 다른 영역이 학습의 외적 조건, 즉 학교 건물과 건물의 시설들이다. 만일 우리가 성공 체험, 기쁨, 즐거움, 호기심, 경이 그리고 우리의 개별적인 학습 유형을 이용할 수 있는 가능성을 수업에서 이루어 내려고 한다면, (요컨대 처음에 요구했던 것처럼 인간에 적대적인 것이 아니라 인간과 함께하는 학습이 형성되려면) 교육 분위기가 도외시돼서는 안 된다. 학습을 하고 배운 것을 처리하는 동안 모든 동반 지각들이 얼마나 중요한지 이미 살펴보았다. 우리의 생물학적 육체와 상호 작용을 이루고 있는 (오류투성이며 부분적으로는 범죄적이기까지 한) 현대식 학교 건물과 체험 환경이 빈약한 학교 주변을 발견해 내는 데 힘들어 하는 것은 오늘날 어린이들에게 그들의 학습 의욕에 대한 기본 태도를 질식시키는 것과 근본적으로 다를 바 없다. 그래서 이것에 해당되는 여러 가지 변경 사항들을 열거하는 것만으로도 독립된 하나의 장으로 채워져야 할 정도다.

이와 같은 문제들뿐만 아니라 다른 많은 기본 문제들도 비록 생물학적으로 의미 있는 학습의 중요한 연구 주제들을 제시한다 해도 이 책에서 제외될 수밖에 없을 것 같다. 하지만 바라건대 이 책을 읽는 독자들도 TV 프로그램의 시청자들과 같이 제기된 맥락 관계들을 계속해서 생각해 보고 연구하고 실행해 보기를 바라는 바다.

부 록

I. 학습 재료와 학습 자료의 준비[72]
학습 생물학에서 근거한 13가지 규칙

1. 학습 목표를 인식하라

학습자에게 매시점 학습 자료의 가치와 의미가 개인적으로 인식되어야만 한다. 그러면 충동과 주의력이 일깨워지고, 학습의 동기가 부여되고, 우리 신체 기관에서 '수용'을 하게 되며, 학습 내용이 의미 있게 저장된다. 정보는 '더욱 깊숙이' 고정된다. 왜냐하면 이때 정보는 뇌피질의 인식 가공 영역을 거쳐 대뇌 변연계 역시 '정서적으로' 함께 관여하고 있기 때문이다.

2. 의미 있는 교과 과정을 짜라

현실과의 관계에서 벗어났거나 전술한 학습 내용으로도 응용할 수 없는 학습 자료는 이미 기억 속에 잘 저장되지 않는다(위를 참조). 달리 말해 그런 학습 자료는 그 시간이 지난 다음에는 무가치하게 된다. 왜냐하면 그것은 고립된 채로 저장되며, 그리하여 더 광범위한 사고 결합과 연결되지 않기 때문이다. 그러므로 주제나 교과 영역의 차례와 구성은 역사적이나 전문 체계적인 관점에 따라서가 아니라, 실제의 학습 목표와 그 이해에 따라서 분류돼야만 한다.

3. 호기심으로 '낯선 것'을 보상하게 하라

호기심, 매혹과 기대감이 결여되면 낯선 자료에 대해 매우 중요한 학습 준비가 야기되지 않는다. 오히려 익숙지 않은 것과의 대결은 간뇌와 교감 신경(또한 특정한 뇌 영역에서도)을 거쳐 카테콜라민 호르몬의 직접적인 발생을 야기시킨다. 그리하여 작은 스트레스 자극시에는 그 낯선 재료가 조금은 유지되지만 이해를 불가능하게 하며, 게다가 좀더 큰 자극의 경우에는 그 학습 자료에 대해 거부 반응이 일어난다. 결국 입수된 정보를 굳히고 가공하는 것은 더 이상 계속될 수 없다.

4. 새로운 것은 친숙한 것으로 포장하라

알려지지 않은(적대적인) 스트레스. 그렇게 해서 발생된 부정적인 호르몬 상태는 위에서 언급되었듯이 사고와 결합을 폐쇄하며 자료가 연상적으로 고정되는 것을 방해한다. 익숙한 '포장'은 그에 비해 모르는 것에 대한 거부감을 누그러지게 하고, 그것을 뛰어넘어 재인식의 감정을 통해서 작은 성공 체험을 중재하며, 그것은 긍정적인 호르몬 상태의 학습 성향을 띤다.

5. 세부 사항 이전에 연관성을 갖게 하라

연관성이 크면 당연히 어떤 방법으로든지 일상의 경험 세계, 즉 친숙한 것들과 항상 관계지을 수 있다. 그러므로 그러한 정보는 세부 사항들과는 반대로 결코 너무 낯설지 않다. 그것은 오히려 뇌의 많은 영역에 고정될 수 있으며, 이후에 제공될 세부 사항에 대해 받아들일 준비가 되어 있다. 그리하여 이것은 '흡수되어' 수용된다.

6. 간섭을 피하라

유사한 내용의 추가 지각들은 종종 초단기 기억내에서 선회하는 1차 정보의 소환을 방해한다. 그런 추가 지각들은 확고한 저장 없이 1차 정보를 사라지게 하며, 또 있던 것도 방해한다. 1차 정보는 단기 기억으로 소환하는 것이 낫다. 즉, 잘 알려진 사고 내용에 고정한 다음에 비로소 '주제에 대한 변화'를 줄 수 있다.

7. 개념 전에 설명을 하라

사실과 관계 있는 설명을 하고(아직은 설명될 수 있는 개념을 명명하지 않고) 이것을 통해 5의 규칙에 상응해서 이미 잘 알려진 연상 모델들을 만들라. 그리고 나서 본래의 새로운 개념은 (사람들이 비로소 궁금해 할 때) 연상 모델에 확고하게 고정될 수 있다.

8. 연상을 첨가하라

구체적인 동반(부수) 정보와 실례를 통해서 하나의 새로운 정보는 동시에 뇌에서 인식 신호로 유지된다. 조작적(도식화된) 묘사는 더 광범위한 입력 채널과 예전에 이용되지 않은 감각적이며 운동적 뇌 영역을 공명하게 한다. 그것은 단기 기억과 장기 기억으로의 이행이 더 잘 수행되며, 정보를 다시 소환할 수 있는 다양한 가능성이 제공된다.

9. 학습의 즐거움을 갖게 하라

즐거움과 성공 체험은 학습이 긍정적으로 되도록 호르몬 분비를 조절하며, 그와 더불어 뇌세포 사이의 시냅스 접촉이 마찰력 없이 이행되도록 배려한다. 그리하여 긍정적인 체험과 결부된 정보들은 특히 적절하게 만들어져, 이해되고 동시에 다시 다양하게 (그리하여 '더욱 적용 가능하게') 기억 속에 고정된다.

10. 많은 입력 채널을 사용하라

학습 자료를 가능한 한 많은 입력 채널을 통해 제공, 각인 그리고 가공하라. 뇌에서 지각 구역이 더 많이 관여되면 될수록, 더욱 심층적인 이해에 대한 연상 가능성들은 더 많이 발견되고, 주의력과 학습 동기는 더욱더 증가되고, 학습된 정보는 그것을 필요로 할 경우 더 빠르게 다시 소환될 수 있다.

11. 현실과 연결을 하라

학습 내용을 가능한 한 실제 사건과 많이 결합하라. 그리하여 그것은 10번의 경우와 같이 '그물 모양으로' 고정된다. 실제 체험이 따르게 되면, 학습 내용은 추가적인 정보에도 불구하고 더 잘 입력된다 ('일직선상의 연속'으로서 대신 '모델'로서 수용). 그리고 나서 학습된 것을 적절하게 고정시키고자 할 경우 실제 주변 환경은 거의 의식하지 못한 채 '보조 교사'로서 작용한다. 왜냐하면 그것은 학습된 것을 공명시킬 수 있기 때문이다.

12. 새로운 정보를 반복하라

모든 각각의 학습 자료를 일정한 시간 간격을 두고 반복해서 수용하라. 하나의 정보는 반복적으로 초단기 기억을 넘어서(하지만 초단기 기억의 짧은 시간내에서가 아니라) 수용되는 경우, 그것은 지금까지 있었던 여러 기억 내용들과 결합될 수 있다. 순수한 체험의 많은 지각 채널들을 부분적으로 보충하고, 내적으로 다수의 입력 채널 정보로 만들면, 즉 내적 경험으로 만들면 상상력을 자극하게 된다.

13. 밀접한 연결을 하라

수업, 책, 과제 등과 같은 모든 사실들의 밀접한 연결은 4, 5, 8, 10, 11번을 서로 강화하고 성공 체험들을 전달하며, 그리고 학습 정보를 유지시킬 뿐만 아니라 수고를 더 들이지 않고도 창조적인 결합을 촉진시킨다. 그러한 연결과 조화는 물론 13번 자체에 대해서도 해당된다. 우리는 그러한 것들을 모든 실제적인 경우에 대해서 고려해야만 하며, 그때그때의 학습 유형과 일치시켜야 한다.

Ⅱ. 학습 유형 테스트
나는 어떻게 나의 학습 태도를 알 수 있는가?

아래의 문제들은 학습하는 데 몰두하도록 학습 태도를 자극하고, 뇌의 여러 상이한 기능에 관심을 불러일으켜 '더욱더 고답적(高踏的) 견지'에서 냉정하게 학습 과정을 관찰하도록 적절한 도움을 주어야 할 것들이다.

다음의 학습 세계로 '가 보는 것'은 교사에 대한 평가 수단으로서가 아니라 학습자를 위한 것이다. 그래서 학생들을 여러 관점에서 분류하고자 한다. 여기에서는 다시 한 번 지능 지수뿐만 아니라 많은 다른 조건들과 관련된 학습 능력이 분명하게 나타난다.

문제들은 다음의 범주에 따라서 배열된다.

1. 학습 자료의 방법과 제시
2. 학습 자료와의 관계
3. 입력 채널
4. 교사
5. 학습 분위기
6. 학습 감독

1. 학습 자료의 방법과 제시

나는 특히 상(+), 중(0), 하(-)로 이해하거나 저장한다.

이해	저장

1) 학습 자료가 말로 설명될 경우
2) 슬라이드가 나타나거나, 그림들이 판 위에 그려지거나 벽에 걸릴 경우
3) 첨가하여 필름(영상)으로 제시되는 경우

	이해	저장
4) 그래픽, 곡선 등과 같은 도식(圖式)이 학습 내용으로 제시될 경우		
5) 내가 스스로 그러한 도식을 그리는 경우		
6) 내가 내 책으로 배우는 경우		
7) 내가 다른 사람의 책으로 배우는 경우		
8) 내가 내 노트로 배우는 경우		
9) 내가 모든 것을 편안하게 스스로 열심히 노력해서 얻는 경우		
10) 내가 정보들을 대화를 통해 체험하는 경우		
11) 학습 자료가 간단한 경우		
12) 학습 자료가 복잡한 경우		
13) 학습 내용과 더욱더 연관성이 클 경우		
14) 세부 사항이 주어지는 경우		
15) 학습 내용이 단지 아주 특정한 방법으로 나에게 제시되는 경우		
16) 학습 자료가 여러 방법으로 반복되는 대신에, 유일한 방식으로 혹은 한 가지 예를 들어 설명되는 경우		
17) 학습 내용이 아주 특정한 방식으로 그리고 차례대로 나열될 경우		
18) 학습 자료가 많은 개별적인 정보들로 이루어지지 않는 경우		
19) 무엇인가가 유머 있고 재미있게 표현될 경우		
20) 학습 자료가 실제 과정들과 연관될 경우		
21) 학습 자료가 우연히 나의 개인적인 체험들과 관련될 경우		
22) 학습 자료에 대해 예비 지식이 있는 경우		

이러한 질문들로부터 어떤 수업 방법이 가장 빠르게 나에게 일치하는지, 그리고 나의 개인적인 '수신망'을 갖고 '잘못' 제공된 학습 자료를 언제 바꾸어야만 하는지의 여부가 드러나게 된다.

여기에서는 '이해'와 '저장'에 대해서 매우 상이한 결과들이 나타날 수 있다. 왜냐하면 양자는 바로 여러 가지 뇌 기능과도 관계가 있기 때문이다.

2. 학습 자료와의 관계

나는 특별한 것을 잘 이해하거나 저장한다. 해당되는 것에 표시를 하시오.

	이해	저장
23) 내가 거기에 잊지 않도록 메모를 남기거나, 요약 내용을 기입하는 경우		
24) 내가 내 방식대로 무엇인가를 고쳐 썼을 경우		
25) 내가 학습 자료로 무엇인가 고안해 냈을 경우		
26) 내가 학습 자료를 연관 관계에 따라서 배열하는 경우		
27) 내가 학습 자료를 완전히 암기하고 있는 경우		
28) 내가 주제에 대해서 무엇인가를 읽은 경우		
29) 누군가가 나에게 학습 자료와 관계해서 무엇인가를 설명하는 경우		
30) 그것이 나로 하여금 호감이 가는 것, 아름다운 것, 흥미로운 것을 기억하게 하는 경우		
31) 그것이 나로 하여금 불쾌한 것, 격분스러운 것을 기억하게 하는 경우		
32) 나에게 그 주제가 흥미로우며, 자연스러운 듯한 느낌이 드는 경우		
33) 내가 노력을 해야만 하며 나에게 많은 것이 요구되는 경우		

아마도 내가 지금까지는 생각지 않았으며, 물론 여기에서도 한편
으로는 직접적인 이해나 다른 한편으로는 이후의 저장을 위해서 서로
구분될 수 있는, 필요한 학습 보조와 '번역의 도움'을 나는 이러한 질
문들로부터 추론할 수 있다.

3. 입력 채널

해당되는 것에 표시를 하시오.

34) 내가 하나의 대상을 택해서 손으로 만져 보고 다
룰 경우, 내가 그것을 단지 정확하게 바라만 보았
던 것보다는 그 대상을 훨씬 잘 기술할 수 있다.

35) 나는 종이 비행기라도 스스로 만들어 보고 나서
야 비로소 그것이 어떤 것인지 안다. 구경하는 것
만으로는 그것을 저장하지 못한다.

36) 사람들이 기구나 기계를 가지고 그것이 어떻게
다루어지는지 나에게 설명할 경우 혹은 내가 수
업 시간에 하나의 실험을 할 때 구경을 하는 경
우, 나는 내가 그것을 손으로 음미하거나 모방하
는 것보다 더 잘 저장한다.

37) 내가 그 길에 대해서 설명을 들었거나, 그 길을
도시 계획도에서 보았을 뿐만 아니라 그 시가지
도를 손가락으로 따라가 보았을 경우 그 도시로
통하는 길을 더 잘 발견한다.

38) 나는 꽃이나 잎의 구조를 스스로 분해해 보는 것
보다 책의 그림에 의해서 더 잘 이해한다.

39) 나는 대화나 독서보다는 체험에 의한 것을 더 잘
기억해 낸다.

내가 어떤 입력 채널을 통해 가장 잘 배우는지, 어떻게 하면 다음의 이해하지 못하는 학습 자료를 가장 잘 이해할 수 있을까?가 위의 질문들로부터 명확해지게 된다. 경우에 따라서는 충분히 음미하시오!

4. 교사

나는 특히 상(+), 중(0), 하(−)로 이해하거나 저장한다.

	이해	저장
40) 교사가 설명하는 경우		
41) 교사가 나에게 무엇인가를 개인적으로 설명하는 경우		
42) 교사가 엄한 경우		
43) 교사가 관대한 경우		
44) 교사가 내 마음에 드는 경우		
45) 교사가 내 마음에 들지 않는 경우		
46) 교사가 학습자에게 그 자료를 함께 연습시키는 경우		
47) 가정 교사가 나에게 무엇인가를 설명할 경우		
48) 동료나 학교 친구가 나에게 무엇인가를 설명할 경우		
49) 내 친척 집에서 그것이 나에게 설명되는 경우		

이러한 문제들은, 나의 '학습 상대'의 파장(波長)과 일치하는 많은 성공과 실패에 대해서 설명하고 있다. 그러므로 여기에서도 언제나 학습 상대와 '일치하여' 배우고, 그에 '거부감'을 갖지 않는 상황을 택하게 된다.

5. 학습 분위기

내게 특히 좋은 결과를 가져오는 것에 표시를 하시오.

50) 학습시 음악이 흐를 경우
51) 어떠한 소음도 나의 집중을 방해하지 않는 경우
52) 나 혼자 그곳에 있을 경우
53) 내 마음에 드는 누군가가 그곳에 있을 경우
54) 내가 동기생들과 함께 있을 경우
55) 낯선 사람이 내 주변에 있을 경우(카페 분위기)
56) 내가 학습 전에 무엇인가를 먹었을 경우
57) 내가 학습시 무엇인가를 먹거나 마실 수 있는 경우
58) 내가 기분이 좋을 경우, 즉 즐거운 기분일 때
59) 내가 화가 났거나 '절망 상태'에 있을 경우
60) 내가 학습 이후에 해야 할 일을 기대하고 있는 경우
61) 나는 수업 시간에 많은 선생님을 잘 따라가지만 다른 선생님의 경우는 전혀 그렇지 않다.
62) 내가 두려움을 느끼는 선생님이 있다.
63) 그러한 교사에게서 나는 대부분 더 나쁜 점수를 받는다.
64) 그러한 교사에게서 나는 대부분 더 좋은 점수를 받는다.
65) 나는 동기생이나 동료들 앞에서 뭔가 짓누르는 듯한 느낌을 갖는다.
66) 특정한 환경에서 나는 잘 집중할 수 있지만, 다른 환경에서는 그렇지 않다.
67) 나는 종종 사고 장애를 일으키며 반복된 설명에도 불구하고 아무것도 이해하지 못한다.

이러한 문제들은 어떤 학습 조건이 나에게 유리한지 어떤 것이 나에게 스트레스를 일으키는지를 알게 해준다. 그러므로 어떤 것이 연상의 차단 혹은 사고 폐쇄를 의미하는지를 명확하게 나타내 준다.

6. 학습 감독

해당되는 것에 표시를 하시오.

68) 나의 부모님(또는 상대방)은 학습 자료에 대해서 나와 토론한다.
69) 나의 부모님(또는 상대방)은 무엇보다도 점수에 (시험 성과 등)에 관심이 있다.
70) 나는 점수(시험 결과 등)에 관한 한 나의 부모님 (또는 상대방)에 대해 두려움을 느낀다.
71) 나의 부모님(상대방)은 학교(성장 교육, 공부)에 대해 관심이 없다.
72) 나는 대개의 경우 나를 격려할 누군가를 필요로 한다.
73) 나는 구두 시험보다 필기 시험을 더 좋아한다.
74) 나는 구두 시험만큼 필기 시험이 마음에 든다.
75) 나는 시험 보는 것을 좋아한다.
76) 나는 시험을 증오한다.
77) 시험을 볼 때 내가 배웠던 것은 종종 출제되지 않는다.
78) 나는 시험 동안에는 아주 잘 기억해 낼 수 있다.
79) 과제물이나 시험을 위해 배웠던 대부분의 것들을 아주 빨리 잊어버린다.

80) 나는 많은 사물들을 매우 확실하게 그리고 오랫동안 저장할 수 있지만 그것을 적절한 순간에 종종 기억해 낼 수 없다.

81) 시험을 위해 배워야만 했던 것들에 대해서 나중에는 더 이상 듣고 싶지 않다.

82) 나는 질문된 것 이상의 것들에 대해서 더 많이 알고 싶지 않다.

83) 내가 일단 몇 시간 후에 학습 자료에 대해 아직도 알고 있다면 그것은 대부분 확실하게 저장되어 나중에 잘 소환해 낼 수 있다.

84) 시험을 볼 때 나는 대부분은 연관된 것을 기억해 또는만 세부 사항을 기억해 내지는 못한다.

나는 학습 재료를 상(+), 중(0), 하(−)로 답할 수 있다.

85) 교사가 나에게 질문하는 경우
86) 동급생이나 동료가 나에게 물어 보는 경우
87) 나의 부모나 친한 사람이 나에게 물어 보는 경우
88) 내가 알고 있는지 모르는지와는 거의 상관 없는 경우
89) 내가 무관심한 경우
90) 내가 미리 집중적으로 준비했던 경우
91) 내가 미리 가능한 대답을 확실하게 예고했을 경우

질문 68~91번으로부터 다음과 같은 사실을 알 수 있다. 학습 감독이 나에게 무엇을 의미하는지, 어떤 조건하에서 내가 학습 재료를 잘 기억할 수 있는지, 내가 어떤 시험 유형 그리고 어떤 '스트레스 유형' 인지를 알게 된다. 불리한 조건들을 간단하게 변화시킬 수 있는 가능성들을 아마도 일련의 질문 속에서 발견할 수 있을 것이다.

일반적으로 편성된 이러한 질문 목록이 당연히 어떤 개인적 학습 유형에 대해서 완전히 충족시킬 수는 없다. 그러므로 여러분은 분명

히 그 밖에도 더 많은 (아마도 특히 전형적인) 개별적인 질문들을 발견할 수도 있다.

물론 이 91가지 문제들은 위에서 택한 분류 기준말고도 학습 생물학적인 양상에 따라서 분류할 수 있다. 아마도 여러분은 스스로 8가지로 분류될 수 있는 양상을 찾아낼 수 있을 것이다.

여러분은 다음과 관련돼 있다.

1. 인간들마다 차이가 나는 기본 틀은 한 가지 학습 자료를 성취하는 경우(유전학적이고 출생 이후에 나타나도록 제한된 '하드웨어')에 대해 중요한 의미를 지닌다는 사실과의 관계
2. 어떠한 과정에서 하나의 정보가 가장 잘 입력되는지에 대한 개별적인 입력 채널들의 기능 수행과의 관계
3. 동기화와 학습 목적이 뇌와 다른 기관 사이의 무의식적인 상호작용을 규정하는 한 그것들과의 관계
4. 동기화와 학습 목적이 뇌와 다른 기관 사이의 의식적인 상호 작용을 규정하는 한 그것들과의 관계
5. 연상 형성의 의미, 즉 하나의 정보가 어떤 '내적 공명'과 관련되어 증폭되는지와의 관계
6. '간섭'의 의미, 즉 다른 정보를 통해서 방해가 되며 원래의 정보가 말소되거나 완전히 사라지게 되는지와의 관계
7. 학습 내용이 어떤 기억 단계로까지 도달되며 나중에 소환시 어떤 기억 단계에서부터 기억이 가능한지, 그때그때의 저장 단계(초단기, 단기 혹은 장기 기억)의 의미와의 관계
8. 사고 결합과 이해뿐만 아니라 기억을 촉진할 수 있거나 또는 시냅스에서 충격 전달의 생화학적 방해를 통해 사고 회로 폐쇄로 이끌 수 있는 호르몬 위치의 의미와의 관계

그 밖에도 이해와 저장 사이의 차이에 대한 이유들 가운데 하나가 있다. 그것은 강한 스트레스 상황에서 인상들이 강하게 각인되고 오랫동안 저장되기 때문이다. 특히 어떤 생물이 비슷한 상황을 경계하기 위해서 더욱 중요하다. 하지만 이것은 지배적인 연상 폐쇄 때문에 대부분 고립되어 나타나므로 정보의 내용은 이해되지 않는다.

Ⅲ. 기억력 검사
나의 초단기 기억과 단기 기억은 얼마나 좋은가?

함부르크의 Gruner und Jahr 출판사의 친절한 협찬으로 인쇄된 이 검사는 잡지 *Schule*의 논설 시리즈로 생물 환경 연구회에 의해서 만들어졌다. 이 검사는 중고생들, 학부생 혹은 학습에 관심 있는 사람이라면 기본 틀과 그로부터 생기는 개별적 학습 유형의 다양성에 대해 어느 정도 알 수 있다(173~181쪽 참조). 기억이란 학습 기능과 사고 기능으로 이루어지는 작은 단면이다. 이 검사로 여러분은 자기 자신의 기억력을 검사할 수 있다. 물론 그 결과는 단지 하나의 경향만을 제시할 수 있다. 왜냐하면 우리들 중의 영향을 줄 수 없는 너무나 많은 요소들이 검사 결과에 관여하기 때문이다. 예를 들어 여러분은 하루 중 어느 시간에 그 문제를 풀었는지, 정신적 또는 육체적 상태가 어떠했는지, 막 무엇인가를 먹었는지 혹은 잠을 잤는지 혹은 검사들에 두려움을 가지고 있는지 등 너무나 많은 요소들이 검사 결과에 관여하기 때문이다.

다음의 검사를 위한 보조로서의 계산 상자				
3·7	3:3	6·5	2·10	5·5
2+17	8·5	11−4	1+6	35−6
9−3	10−7	8:4	7·2	2:2
4·4	5:1	17−4	8·7	6·7
9+3	7·7	7+3	8·4	4−3
15−9	18+2	9:3	3·3	4·2

그럼에도 불구하고 우리는 몇 가지 기본 관계들을 끄집어내고자 하며 우리의 뇌를 검사하고자 한다. 근본적으로는 정보의 수용과 같은 그러한 일상의 과정이 얼마나 다층적이고 매혹적인지를 이미 우리는 잘 알고 있다. 학교는 뇌의 생물학적 과정에 대해 전혀 알지 못하는 하나의 조야한 학습장임에 틀림없다. 뿐만 아니라 우리는 사람마다 다른 복잡한 상호(교체) 관계 속에서 일반적으로 타당한 원칙을 세운다는 것이 얼마나 어려운 일인지 이미 알고 있다. 하지만 여러분은 항상 개인적인 사고망의 강점과 약점들의 몇 가지가 어디에 놓여 있는지 찾아내야 할 것이다.

하지만 주의하세요! 여러분은 지금부터 검사를 함께 수행할 한 명의 상대가 필요합니다. 그래서 여러분 스스로가 검사를 받고자 한다면 이제부터는 더 이상 읽지 마시고, 상대방에게 이 책을 넘겨주십시오.

검사 I : 기본 학습 유형
　　　　[입력 채널에 의존하는 초단기 기억에서 단기 기억으로의 전이(이행) 과정]

친애하는 검사자, 특히 당신의 협력에 대해 감사를 표합니다. 여기에서 당신은 네 가지 입력 채널들 중의 어떠한 것에 대한 정보가 검사될 사람(=피검사자)의 기억 속에 가장 확고하게 저장되는지를 경험할 것입니다. 그리고 어떤 학습 방식들이 서로 잘 결합되어 있는지를 경험할 것입니다. 제한 시간은 대략 30분입니다. 당신은 다섯 가지로 분류된 문제에 따라서 평가를 하십시오.

1. 당신은 읽기 기억을 검사하십시오(제한된 시간은 약 2분입니다).
당신은 피검사자에게 아래 10개의 단어를 읽도록 하십시오. 당신은 각각의 단어를 2초 동안 바라보게 하십시오. 계속해서 즉시 피검사자에게 30초 동안 182쪽의 계산 상자에서 암산 문제를 내고, 그리고나서 피검사자에게 이미 읽었던 단어를 기억하도록 20초의 시간을 주십시오(시계를 쳐다보십시오).

손수건   이불
피아노   손잡이
골무   외투
창문   잔디
난로   굴뚝

당신은 평가표의 네모 1(198쪽)에 피검사자가 기억하고 있는 단어의 숫자를 기억하십시오!

2. 당신은 청각 기억(듣는 것)을 검사하십시오(제한된 시간은 약 2분입니다).

피검사자에게 다음 10개의 단어를 큰소리로 분명하게 2초 간격으로 읽어 주십시오. 계속해서 피검사자에게 다시 30초 동안 계산 문제를 내고 그에게 그가 들은 낱말들을 기억하도록 20초의 시간을 주십시오.

깡통   먹
슬리퍼   설탕
양탄자   램프
항아리   저울
깃털공   장(欌)

당신은 기억된 단어들의 숫자를 평가표의 네모 2에 기입하십시오.

3. 당신은 시각 기억(보는 것)을 검사하십시오(제한된 시간은 약 7분입니다).

당신은 다음 항목들 중의(혹은 유사한 항목들 중의) 10개의 가정용품들을 한 접시에 모으십시오. 그리고 이것들을 2초 간격으로 차례차례 피검사자의 책상에 놓으십시오. 그러고 나서 피검사자에게 다시 30초 동안 암산 문제를 내고 그가 본 대상들을 기억하도록 20초의 시간을 주십시오.

동전	칼
행주	레코드
열쇠	연필
노트	골무
사과	단추

당신은 그가 기억한 대상들을 평가표의 네모 3에 기입하십시오.

4. 당신의 감각 기억을 검사하십시오(제한된 시간은 약 7분입니다).
다시 다음의 항목들 중에서 10개의 가정용품을 한 접시에 모으십시오. 그리고 피검사자에게 각각 2초 동안 하나의 대상을 손에 쥐어 주고서 그가 그것을 잠시 더듬어 봄으로써 인식할 수 있게 하십시오. 계속해서 다시 30초 동안 암산 문제를 내고 그리고 기억할 수 있도록 20초의 시간을 주십시오.

안경	지우개
포크	병
칫솔	손목 시계
유리컵	가위
책	구두

당신은 기억된 대상들의 숫자를 평가표의 네모 4에 기입하십시오.

5. 당신은 결합(조합) 기억을 검사하십시오(제한된 시간은 약 7분입니다).
이번에는 피검사자는 여러 개의 대상을 보고, 듣고, 읽고 또한 잡을 수 있습니다. 당신은 다시 다음의 항목에 상응해서 10개의 대상을 모으십시오. 첨가해서 당신은 작은 카드에 대상들의 이름을 쓰십시오.

이제 당신은 피검사자에게 한 가지 대상을 2초 동안 손에 쥐어 주고 동시에 그 이름이 적힌 카드를 피검사자 앞으로 놓고는 이 이름을 큰 소리로 말하십시오! 계속해서 당신은 다시 30초 동안 암산 문제를 내고, 그 대상들을 기억하도록 20초를 주십시오.

반지 돌
비누 카드
망치 볼펜
모자 접시
브러시 빵

당신은 기억된 대상들의 숫자를 평가표의 네모 5에 기입하십시오.

평가 검사 Ⅰ:

1에서 4까지의 네모에 나타난 숫자를 198쪽의 평가표에 있는 십자형의 학습표 위에 상응하는 선을 표시하십시오. 이제 당신은 네 개의 점들을 이어 하나의 사각형으로 만드십시오. 우리가 실례로 든 것은 읽는 것의 경우 1, 듣는 것의 경우 2, 보는 것의 경우 5, 그리고 만지는

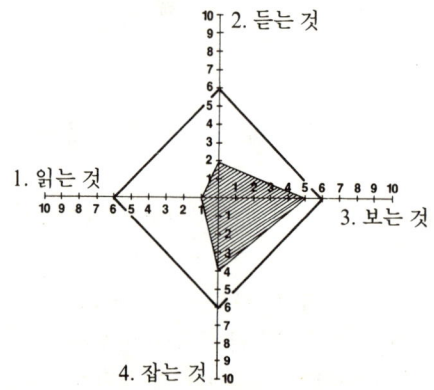

것의 경우 4라는 점을 이은(빗금친 사각형) 한 피검사자의 경우다. 그 사각형이 중심의 십자로부터 사방으로 더욱더 대칭적으로 퍼지면 퍼질수록 뇌로의 '입력 채널'들은 더욱더 큰 가치를 지니는 것이다(예를 들어 보는 것, 듣는 것). 각각의 한 방향으로의 빗나감은 그에 해당하는 입력 채널이 우월함을 의미한다. 사각형 자체가 크면 클수록 기억력은 총체적으로 더 우수한 것이다. 가령 아래의 실례가 되는 피검사자는 읽는 것의 경우 매우 나쁘게 저장하지만 보는 것과 만지는 것의 경우는 매우 우수하다. 그 피검사자는 그러므로 그가 교과서에 대해 어려움을 갖고 있을 경우 이상하게 여기지 말아야 하며, 그 피검사자는 학습 자료를 가능한 한 그림으로 저장해야 하며 객관적인 묘사에 커다란 가치를 부가해야 한다.

이 여러 가지 입력 채널들을 동원했을 때, 기억력이 어떠한지를 알아보려면 네모 5의 눈금을 십자형 학습표의 각각 4개의 점에 표시하고, 그 점들을 정사각형으로 연결하십시오(보기의 경우는 점 6). 피검사자에게 학습시 입력 채널들을 요청하는 것이 얼마나 중요한지, 그리고 어떤 입력 채널들이 이 때문에 가장 적당한지를(보기의 경우 보는 것과 잡는 것) 처음에 그려진 사각형과 비교해서 추론해 낼 수 있을 것입니다.

검사 II: 기억력의 각 단계들
(초단기 기억과 단기 기억에서의 무관한 정보들의 개인적인 지속 시간)

여러분은 예를 들어 날짜, 이름, 단어를 저장하는 데 어려움이 있습니까?

여러분은 많은 사물을 단지 짧은 시간 동안 유지할 수 있고, 얼마 후에 그것을 다시 잊어버립니까? 이 검사는 학습을 할 때 뇌에서 개인적인 수용 능력을 어떻게 올바로 배치하며 적어도 학습을 매우 즐겁게 할 수 있는 방법을 가르쳐 준다. 이 검사는 기억력마다 5분 내에서

10분이라는 시간이 주어진다[초기억(超記憶)의 경우 2시간까지 걸린다].

1. 초(初)기억(초단기 기억)은 얼마나 오래갑니까? (정해진 시간은 2분입니다.)

당신은 피검사자에게 다음의 5개의 단어들을 단숨에 쉬지 말고 큰 소리로 분명하게 읽어 주십시오. 2초 후에 그가 아직도 저장하고 있는 단어들을 명명하게 하십시오. 2초간 멈춘 후에 피검사자의 기억이 정상적이라면, 그는 아직도 5개의 단어 모두를 기억해야만 할 것입니다.

나무   고양이   바늘   철로   들판

이제 당신은 아래의 단어군을 가지고 피검사자가 더 이상 5개의 단어들을 기억하지 못할 때까지 매번 5초 정도의 멈춘 시간을 더 연장해 가십시오. 이때 피검사자는 방금 들었던 단어들을 멈춘 시간에 마음속으로 반복할 수 없도록(초단기 기억에서 불러오시오) 홀수를 계속해서 세어 나가게 합니다(시계를 보십시오).

책	지붕	원	비수	깃털
성냥	노트	나무	바다	벽
오물	벽돌	연필	물	바지
돌	리본	반지	장미	의자
판자	공	책상	모자	머리카락

당신은 피검사자가 가장 긴 시간 멈춘 후에도 여전히 5개의 단어 모두를 기억했다면 그 시간을 평가표의 네모 6에 기입하십시오! 우리는 이 시간을 초단기 기억이라고 명명합니다.

2. 분(分)기억(단기 기억)은 얼마나 오래갑니까? (제한된 시간은 6분에서 2시간까지입니다.)

피검사자의 경우 우선적으로 단어군이 확실하게 분 기억 속으로 들어가야 한다. 거기에 대해 당신은 피검사자에게 다음의 단어군을 큰 소리로 명확하게 낭독해 주십시오. 당신은 그러고 나서 피검사자로 하여금 계속해서 홀수를 세게 하고, 위에서 나타나게 된 초단기 기억 시간이 끝날 무렵에 그 단어들을 기억으로부터 불러와 기술하고 큰소리로 낭독하게 하십시오.

손   꽃   소파   서두름   시계

당신은 초단기 기억 시간을 정확하게 규정했다면 피검사자는 아직도 5개의 단어를 기억해야만 할 것입니다. 그러면 그것들은 분 기억 속에 남아 있을 것입니다.

이제 당신은 시계에서 눈을 떼지 마십시오. 당신은 피검사자에게 30초 동안 계속해서 홀수를 세게 하고 그러고 나서 5분 동안 다른 곳에 몰두하도록 하십시오(단어를 생각하지 못하도록). 이제 당신은 그가 기억하고 있던 단어들을 명명할 수 있게 하십시오. 그가 5개 이상의 단어들을 기억해 낼 때까지 다음의 단어군들을 가지고 멈춘 시간을 1분 정도 단축하시오. 그와 반대로 그가 아직도 위의 단어들을 모두 기억하고 있다면, 다음의 단어군들을 가지고 멈춘 시간을 5분 정도 연장하고 그러고 나서 그가 더 이상 모든 단어들을 세어 나갈 수 없을 때까지 그때그때 10분 정도 더 연장하십시오.

숲	사랑	잉크	산	번개	하늘
눈물	단추	할머니	지침	셔츠	실
바람	빛	커튼	안개	돌	플라스틱
난로	타르	여름	손가락	색깔	먼지
막대기	병	바퀴	밧줄	탑	입술

당신은 피검사자가 가장 긴 시간 멈춘 후에도 여전히 5개 단어 모

두를 기억하고 있었다면, 그 시간을 평가표의 네모 7에 기입하십시오. 우리는 이러한 시간을 당신의 단기 기억 시간이라고 부릅니다.

평가 검사 Ⅱ:

그러므로 장차 피검사자는 학습을 할 때 가장 잘 행동할 것이다. 그는 배울 단어들을 일단 집중적으로 바라보아야 한다. 그러고 나서 기억력으로부터 그의 초단기 기억 시간이 끝나기 전에 반복하고 큰소리로 낭독해야 한다. 그는 동일한 것을 단기 기억 시간이 끝날 무렵 다시 한 번 똑같이 반복한다. 이제 정보는 수시간 또는 수일의 기억에 남아 있게 된다(장기 기억). 피검사자는 이런 식으로 해서 학습이 본질적으로 더 쉬워지리라는 것을 확신하게 된다.
　게다가 사람들이 자기 스스로 단어군이나 어휘를 모아서 이러한 것을 이미 언급된 방식으로 배울 때, 기억 훈련으로서 이런 검사를 사용할 수 있다. 결국 어느 특정한 시간내 습득될 수 있는 다량의 학습 자료가 시간이 지나감에 따라 어느 정도 증가될 수 있다.

검사 Ⅲ: 최대 인지 가능성
　　　(연상의 망을 통한 단기 기억 능력의 확대)

여러분은 때때로 어디에도 배열할 수 없는, 많은 자료를 배워야만 합니까? 다량의 자료를 저장하는 데 대체로 어려움을 갖고 있습니까? 그러면 사고 결합(연상)의 기억에 미치는 영향력을 검사하십시오. 아마도 더 많은 것을 좀더 다양하게 저장할 수 있을 것입니다. 제한 시간은 8분입니다.

1. 여러분은 무관한 것들을 얼마나 잘 인지할 수 있습니까?(제한 시간은 4분입니다.)

당신은 피검사자에게 다음의 20개 단어를 3초 간격으로 큰소리로 분명하게 낭독해 주십시오. 하지만 당신은 그에게 미리 다른 단어들과 결합시키지 말고, 그가 각 모든 단어를 개별적으로 암기해야 한다는 사실을 미리 말해 주십시오.

납	거품	천막	상자
상자	선인장	곤돌라	먹
바퀴	태양	양탄자	가지
색깔	인형	아침	고무
양말	저수통	머리	점토

당신은 이제 피검사자에게 30초 동안 계산 상자에서 암산 문제를 내십시오. 계속해서 단어를 기억하는 데에 피검사자에게 제한된 시간은 60초입니다. 당신은 기억된 단어의 개수를 평가표의 네모 8에 기입하십시오.

2. 당신은 사고 연결의 효과를 검사하십시오(제한 시간은 4분입니다).

당신은 피검사자에게 다음의 단어들을 3초 간격으로 낭독해 주십시오. 하지만 이번에는 그에게 연속하는 단어들 사이에서 사고 연결을, 가능한 한 재미있는 사고 연결을 하도록 요청하십시오. 한 가지 예를 들면 '조각상, 코, 갈고리, 말······'으로 시작하는 단어의 경우 사람들은 가령 갑작스럽게 긴 코가 커져 나온, 살찐 조각상을 상상할 수 있을 것입니다. 갈고리가 코 옆에 박히고 이 고리로 말이 매달리고······ ······그런 식으로. 당신은 피검사자에게 우선 적절하게 선택된 몇 개의 단어를 제시하고 그가 그러한 사고 연결을 행하게 하십시오.

공	풀	안테나	책상
지붕	사랑	설탕	조각상
젖	나무	자동차	풍선

| 구름 | 시계 | 잎 | 쥐 |
| 의자 | 모래 | 칼 | 주사기 |

당신은 피검사자를 이제 다시 30초 동안 당신이 상자에서 골라 낸 계산 문제를 풀게 하고 그러고 나서 그에게 그 단어들을 기억하도록 60초를 주세요. 당신은 기억된 단어의 개수를 평가표의 네모 9에 기입하십시오.

평가 검사 Ⅲ:

당신은 네모 8과 네모 9의 개수를 비교하십시오. 네모 9가 네모 8의 숫자보다 3에서 5점이 더 크면, 그것은 피검사자가 배워야만 하는 각각의 새로운 자료에 있어서 가능한 한 많은 횡결합과 관련성을 찾아서 이러한 것을 함께 배워야만 한다는 것을 권장한다. 6점 이상 차이가 있을 경우 그가 무엇인가를 배우고자 한다면 미리 어떤 학습 자료 영역과 이러한 자료의 생활 영역과 관련 있는지, 어디에 사용할 수 있는지 얼마나 논리적으로 구성되어 있는지, 그리고 각각의 단락들 사이에 어떤 연관성이 있는지를 명확히 규명해야 한다. 이러한 사고 결합은 흥미로울수록 더 좋다. 그러고 나서 이러한 노력은 시험을 볼 때 여러 가지로 이득이 될 것이다.

검사 Ⅳ: 호기심
(주의력과 호기심이 초단기 기억에서 단기 기억으로의 전이 과정에 미치는 영향)

여러분은 힘들여서만 그에게 지루하고 흥미없이 나타나는 사물들을 저장할 수 있습니까? 피검사자는 어떤 의미를 찾지 못하는 하나의 자료를 배우는 데 얼마나 기억이 호기심에 달려 있는지를 경험합니다

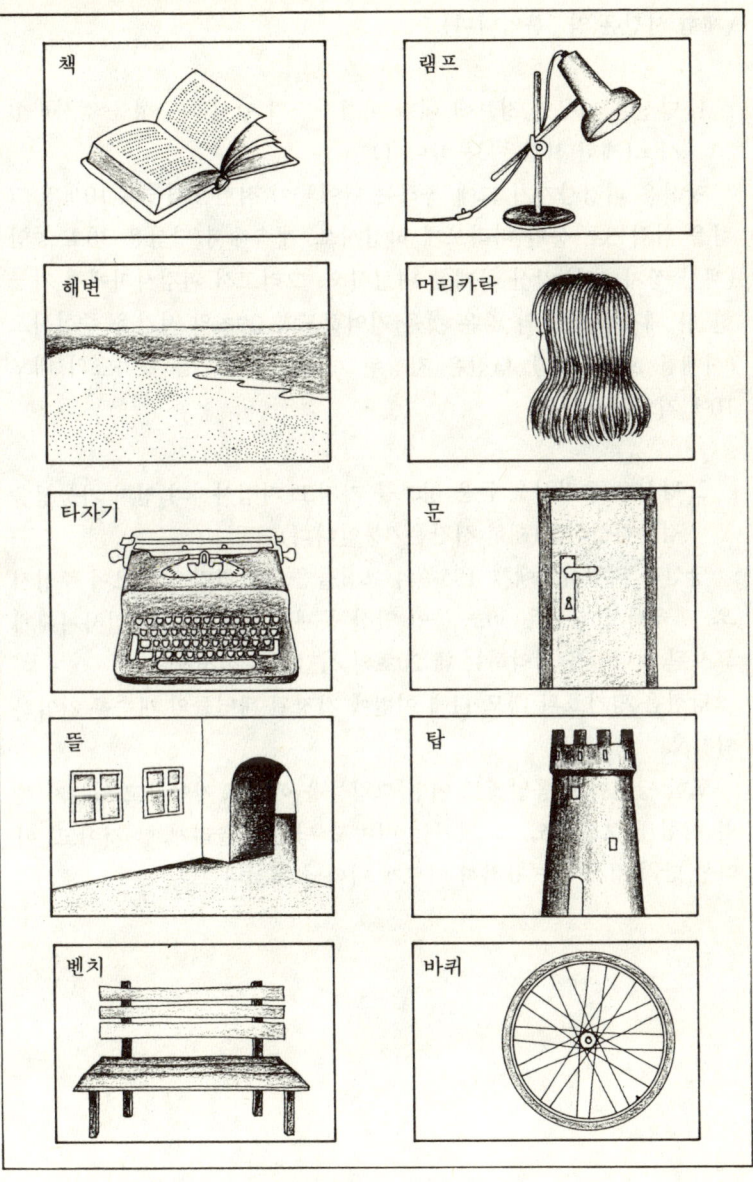

(제한 시간은 약 3분입니다).

1. 당신은 지루한 정보에 대한 피검사자의 인지 가능성을 검사하십시오(제한 시간은 3분입니다).

당신은 피검사자가 그에 속하는 단어들이 적힌 193쪽의 10개의 그림을 각각 3초 동안 바라보게 하십시오. 계속해서 당신은 30초 동안 (계산 상자에서) 암산 문제를 내십시오. 그러고서 피검사자에게 가능한 한 제시된 개념의 많은 것을 기억하도록 20초의 시간을 주십시오 (시계를 보십시오). 당신은 저장된 개념들의 개수를 평가표의 네모 10에 기입하십시오.

2. 당신은 호기심을 돋운 정보를 가지고 피검사자의 인지 가능성을 검사하십시오(제한 시간은 3분입니다).

당신은 피검사자에게 195쪽의 그림들을 3초 간격으로 보여 주십시오. 계속해서 당신은 30초 동안 암산 문제를 내십시오. 피검사자에게 묘사된 개념들을 기억하는 데 20초의 시간을 주십시오.

당신은 평가표의 네모 11에 이번에 저장된 개념들의 개수를 기입하십시오.

또한 당신이 다음날에도 어떤 그림들을 아직도 기억하고 있는지 한 번 시험해 보십시오. 그 결과는 아마도 당신을 놀라게 할 것이고, 이러한 단기 검사와는 완전히 다르게 나타날 것입니다.

부록 195

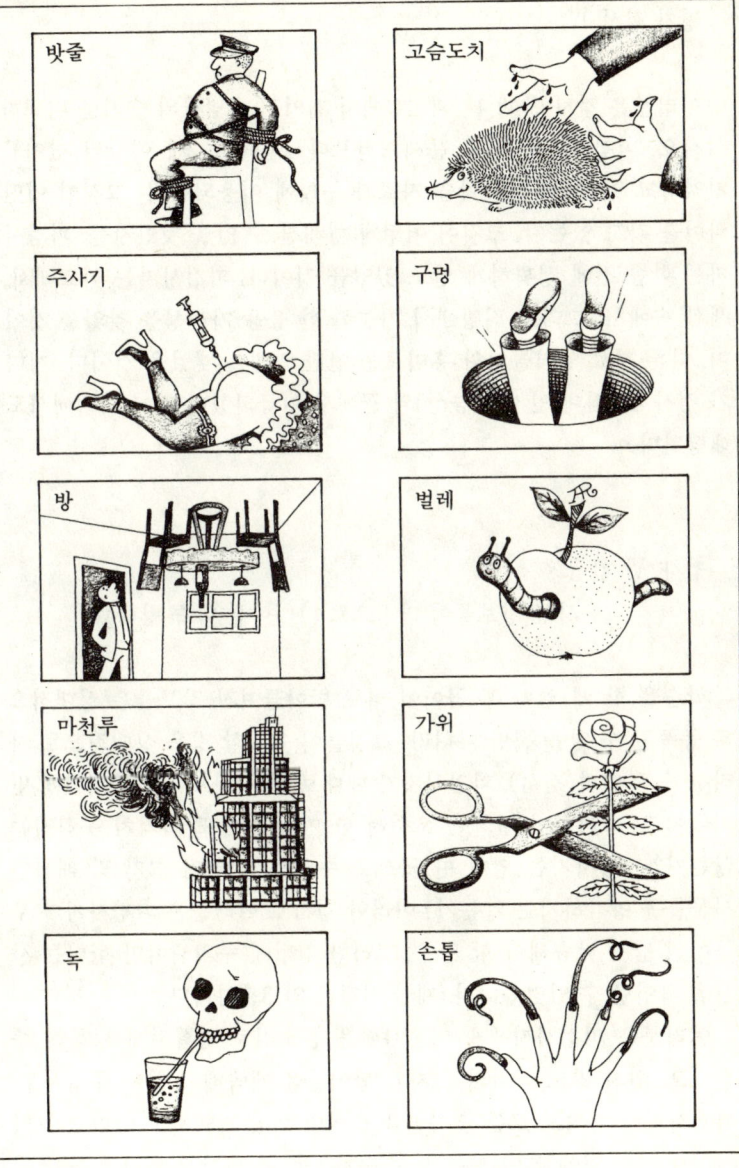

평가 검사 Ⅳ:

여러분은 검사 문제 1항과 2항에서 기억된 개념들의 숫자를 비교하십시오. 피검사자가 검사 문제 1항보다 2항에서 2개 이상의 단어를 기억하고 있었다면, 그 학습 자료가 무엇에 이용되는지, 그것이 어떤 의미를 갖고 있는지, 그것이 어떻게 행해질 수 있을 것인지를, 피검사자는 학습 전에 정확하게 알고 있었을 것이다. 피검사자는 학교에서, 생활 속에서 그리고 직장에서 가능한 한 응용 가능성을 찾았을 것이며, 다른 자료 영역들과의 흥미로운 연관 관계를 맺었을 것이다. 게다가 검사 Ⅲ(최대 인지 가능성)의 끝에서 언급되었던 것이 여기에서도 해당된다.

검사 Ⅴ: 간섭
(유사한 정보들이 겹침으로 나타나는 학습 방해)[73]

학습을 할 때 얼마 후 곧이어 뇌로 받아들여진 정보들은 상대적으로 증폭될 수 있을 뿐만 아니라, 그것들이 유사할 경우 상대적으로 사라질 수도 있다(간섭). 피검사자가 때때로 많은 정보들을 한꺼번에 받아들이고, 그리하여 결국은 오히려 한 가지 이상도 기억치 못하지는 않는가? 피검사자는 쉽게 딴 곳으로 주의를 돌리고, 그가 막 배웠던 사물들을 망각하지는 않는가? 이러한 검사로 여러분은 피검사자가 부득이 힘겹게 학습해야 할 경우, 그러한 간섭에 주의해야만 한다는 사실을 확인할 수 있었습니다. 제한 시간은 약 3분입니다.

여러분은 피검사자에게 다음 1행을 큰소리로 명확하게 낭독해 주십시오. 쉬지 말고 각각의 숫자와 단어들을 계속해서 읽어 주십시오. 피검사자가 아직도 모든 숫자들을 순서대로 잘 기억하고 있다면 그가 첫번째 단어 앞에 놓여 있는 모든 숫자들을 더 이상 기억하지 못할 때까지, 여러분은 그에게 다음 행을 낭독해 줄 수 있습니다. 4행부터 첫번째 단어 이후에 앞의 5개의 숫자들에 첨가해서 계속 숫자가 끼워 넣

어집니다. 이러한 숫자들은 이제 간섭을 야기하며, 그러므로 저장될 필요는 없습니다. 여러분은 피검사자가 아직도 올바른 순서로 모든 숫자를 기억하고 있었던, 그 행의 숫자를 평가표의 네모 12에 기입하십시오.

1) 8-1-4-황토색-황토색-황토색-황토색-황토색-황토색-황토색
2) 5-3-8-6-갈색-갈색-갈색-갈색-갈색-갈색-갈색
3) 7-9-8-3-1-파랑색-파랑색-파랑색-파랑색-파랑색-파랑색-파랑색
4) 6-5-2-8-7-빨강색-5-빨강색-빨강색-빨강색-빨강색-빨강색-빨강색-빨강색
5) 3-4-1-8-5-녹색-6-1-녹색-녹색-녹색-녹색-녹색-녹색
6) 6-8-4-7-2-노랑색-7-4-3-노랑색-노랑색-노랑색-노랑색-노랑색
7) 5-7-3-5-9-검정색-4-7-5-3-검정색-검정색-검정색
8) 4-5-9-1-7-담자색-6-7-8-3-9-담자색-담자색
9) 3-4-7-1-9-회색-4-5-6-7-2-7-8-회색
10) 7-5-4-8-3-담홍색-4-6-7-8-5-7-3-8

평가 검사 V:

피검사자가 3행 이상 올바른 대답을 하지 못했다면, 그는 여전히 쉽게 간섭에 의해 방해될 수 있는 매우 나쁜 초단기 기억을 가지고 있는 것이다. 그러므로 그는 결코 너무나 많은 정보를 한꺼번에 학습해서는 안 되며, 학습 자료를 항상 조금씩만 받아들여야 한다. 하나의

정보가 단기 기억에 적절하게 고정될 때야 비로소(여기에 대해서는 검사 II와 IV가 가장 잘 이용된다) 새로운 정보는 받아들여지게 된다. 이에 비해 피검사자가 아직도 4행이나 5행까지의 모든 숫자들을 기억하고 있었다면, 그는 상당히 초단기 기억이 좋은 것이다. 하지만 그 피검사자가 학습시 비슷하게 들리는 정보나 내용을 즉각적으로 받아들이는 것은 아니라는 사실에 주의해야만 한다. 이러한 정보들은 상대적으로 쉽게 사라질 수 있다. 개별적인 사실들간의 재치 있는 사고 연결들은 간섭을 강하게 방해한다. 이 검사에서 피검사자가 더 많은 행을 '기억하면' 할수록 물론 그의 기억은 그러한 방해하는 간섭 현상들에 대해서 더욱더 잘 보호된 것이다.

평가표

학습 자료를 받아들이고자 할 때 아주 개괄적인 관계들이 이런 검사를 통해 연구될 수 있다. 하나의 학습 내용에서 더 큰 사고의 과정들이 연관될 때 혹은 그 내용이 특별한 감정, 의도나 다른 관계들과

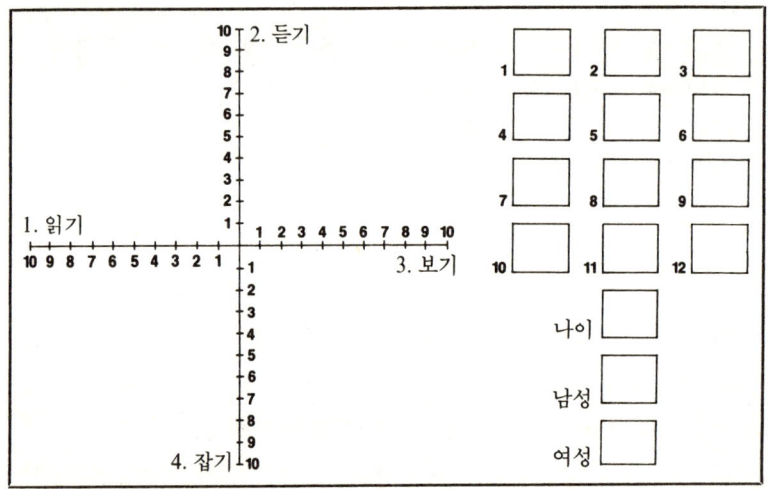

결부되는 경우, 추가적인 과정들은 시작된다. 그리고 비로소 기억의 한 부분이 된다. 여기서 그 밖의 다른 사고 과정들은, 가령 상상력 결함이나 착상과 같은 것들은 결코 고려되지 않는다. 이것은 이러한 관계들이 체계적인 실제 연구의 중요성을 다시 한 번 보여 주고 있는 것이다.

기억력 검사의 통계학적 평가
(500명을 상대로 한 검사지의 상관 관계 평가 중간 결과)

일반적인 것

독자를 대상으로 검사를 하고자 할 경우 개인이 종종 검사의 사용에 차이가 있기 때문에 과학적인 실험 조건들의 경우와 같이 조사가 똑같은 통제를 할 수는 없다. 거기에서는 예를 들어 이러한 검사의 통계적 신뢰성은 피검사자가 우연히 선택되기 때문에 높아질 수가 있다. 일률적인 조건을 위해 그 검사의 실행은 정확한 지도하에서 규정되고 통제돼야 한다. 또한 실험자가 하나의 비교 가능한 검사 프로그램을 재차 수행하고자 할 경우(물론 다른 인지 단어들을 가지고) 어떻게 동일한 결과에 도달하는지, 그리고 예를 들어 시간, 분위기, 주의력 등이 결과에 어떻게 영향을 미치는지 그 정도까지 상관 관계는 재검토되어야 할 것이다.

그렇지만 여기에서 평가된 검사 결과의 전체 수치는 수치의 차이와 편차(偏差)를 이미 조정하기에 충분하다. 물론 우리는 언제나 다음 사실을 확인해야만 했으며, 또 마땅히 확인해야만 한다. 여기에서 얻은 평균적인 결과는(그리고 역시 관찰된 학습 유형의 분포 역시) 이미 30명의 참가자들에 의해서 대체로 알아볼 수 있다.

물론 일련의 좀더 나은 방법을 생각할 수도 있을 것이다. 예를 들어 검사 I에서 검사 V까지의 질문된 입력 채널과 또 동시에 아주 다른 입력 채널들과 연결시켜 보면 좋은 결과를 가져올 수 있다. 가령 특별히 좋은 시각 기억을 가진 사람은 '읽기' 검사시 읽힌 대상을 시각화하여 상상할 수 있다. 이른바 그 대상을 '내면에서' 보고 어쩌면 그의 좋은 시각 기억을 충분히 이용할 수 있다.

  무의미한 단어들만이 저장되어야 할 경우 이런 방법과 그 밖의 연상들은(다만 부분적으로만) 피할 수 있다. 이것이 학술적 기억력 검사의 가장 널리 사용되는 형식이다. 예를 들어 '읽기' 검사는 이미 더 이상 '보기' 또는 '잡기' 검사와 비교할 수 없다. 도대체 의미가 없거나 추상적인 '대상'은 어떻게 묘사되어야 하는가? 여러 가지 입력 채널을 정확하게 식별하고, 입력 채널들간의 '내적인' 연결들의 작용을 분리하여 파악하는 문제는 어쨌든 아직 해결되지 않았다.

  계속해서, 예를 들어 여기에서 사용된 개념들과는 다른 개념들이 선택되는 경우에만(가령 하나의 특정 전문 영역에서 구체적인 개념 대신에 추상적인 개념, 명사 대신에 동사 등등) 각기 다른 값들이 나타날 수 있다(적어도 개인 차이는 다른 원인이 될 수 있다). 하지만 이것은 물론 통계학적으로 좀더 많은 수치를 평가하여 계속해서 조정해 나갈 수 있다.

  어쨌든 이러한 사소한 검사가 (그 검사를 수행하는 사람에게는 그의 정보와는 완전히 무관하게) 이미 개인적인 학습 유형의 차이에서 뿐만 아니라 또한 어떤 공통 관계에서도 명확한 경향을 보여 주었다. 가령 초단기 기억과 단기 기억에서 가장 빈도가 높은 서상의 시간과 혹은 동사적, 추상적 입력 채널의 눈에 띄는 약점과 관련해서 이런 경향을 보인다. 어쨌든 이러한 토대 위에서 계속적인 연구와 인식은 지극히 중요하며 개별적인 문제뿐만 아니라 일반적 교육 문제에 대한 구체적인 언급(암시)이 제시돼야 할 것이다.

결 과

1. 조사(탐구)된 평균치:

검사 번호	평균치	표준 편차
I-1. 읽기	5.52	±1.7
I-2. 듣기	4.16	±1.8
I-3. 보기	7.29	±1.3
I-4. 잡기	6.79	±1.5
I-5. 결합하기	6.98	±1.6
II-1. 초단기 기억	7.7초(0.12분)	
II-2. 단기 기억	783.0초(13.05분)	
III-1. 연결 못함	7.81	±3.0
III-2. 연결함	11.58	±3.9
IV-1. 지루함	6.05	±1.7
IV-2. 흥미로움	5.75	±1.7
V. 간섭	5.14	±2.9

2. 결과에 대한 설명

'보기'(I-3), '잡기'(I-4) 그리고 '결합하기'(I-5)의 검사에서 평균치는 셋 모두가 아주 유사하게 나타났다. 결합시키는 검사의 평균치가 '보기' 검사의 평균치보다 심지어 약간 작게 나타났다(아마 여러 가지 입력 채널들간의 우연한 간섭에 의해서일 것이다).

위의 표에서 '듣기' 검사(I-2), 즉 청각적 입력 채널이 통계적으로 분명히 낮은 값으로 가장 눈에 띈다. 물론 여기에서도 단어들은 추상적-동사적 정보로 한정되어 있다. 음악, 소란 그리고 목소리 인식 등에 따라서 이러한 결과는 완전히 다르게 나타날 수 있다. 그리고 '읽기'와 '듣기' 검사에 대해 언급된 무의미한 음절들이 사용된다면 다시 달리 나타날 수 있을 것이다.

소리로 들은 단어의 기억은 어쨌든 다른 기억보다 눈에 띄게 더 나쁜 것이 틀림없는 사실이다. 각각의 모든 검사들을 수학적인 비율로 산출해 보면 그 기억은 여전히 확연하게 된다. 이것으로부터 '보기'(Ⅰ-3), '잡기'(Ⅰ-4) 그리고 '결합하기'(Ⅰ-5)의 검사에서는 실제로 각기 5개 이상의 단어를 저장했던 것을 추론해 낼 수 있다. 반면에 '듣기'(Ⅰ-2) 검사의 경우에는 더 이상의 단어 하나도 기억나지 않는다.

'지루한' 도안 (Ⅳ-1)으로 된 그림 검사의 경우는 원래의 추측한 것에 비하면 '흥미로운 도안'(Ⅳ-2)으로 된 검사보다는 더 좋은 결과를 보였다. 우리가 관찰 시간을 좀더 길게 하면(그림당 10초), 그 관계는 뒤집어진다. 우리는 흥미로운 그림들이 1 또는 2초의 짧은 관찰 시간의 경우에서는(1 또는 2초의 시간에서는 사람들은 아직은 연상적인 연결들을 거의 형성할 수 없다) 본래의 개념에서 외면하게 되고, 적어도 어떤 직접적인 인지 가능성을 야기할 수 없다(간섭).

나중에 장기 기억을 재검사하는 경우(적어도 하루가 지난 다음 다시 묻는 경우) 우리는 이러한 그림 검사에서(또한 짧은 시간의 경우에도) 다만 '흥미로운' 그림군이 저장된다는 사실을 알게 된다. 그에 대해 원래 좋게 저장된 '지루한' 그림군은 더 이상 저장되지 않는다.

초단기 기억의 측정(Ⅱ-1)으로부터 대략 8초라는 평균치기 니터났다. 흥미롭게도 이러한 값은, 말하자면 단지 대략 2초에 달하는 최빈치에는 일치하지 않는다.

그러므로 이 경우 평균치는 그리 의미 있는 숫자는 아닌 것이다. 몇 명의 후보자들(피검사자들)의 경우 초단기 기억은 아주 긴 시간에 달하였다(분-길이까지). 그들에게 있어서 정보는 분명히 이미 단기 기억으로 저장되었다.

단기 기억에서(Ⅱ-2의 경우) 최빈치는 대략 4분이었다. 또한 여기에서 같은 결과로 인해 평균값은 지나치게 증가하게 되고, 이 값은 대략 12분이었다. 왜냐하면 몇몇 피검사자들에게 있어 정보는 명백히 장기 기억으로 도달되었고 90분이 지난 다음에도 기억되었다.

검사 Ⅲ-1(연결성 없는 인지)과 Ⅲ-2(연관성 있는 인지)의 비교는 분명하게, 사고 연결을 의식적으로 삽입했을 경우 대략 50퍼센트 이상의 개념들이 저장된다(Ⅱ, 58: 7, 81)는 사실이 나타난다. 게다가 대부분의 피검사자들은 사고 결합의 그림을 원칙적으로 지배하고 즉각 (바로 다음의) 익힌다는 사실로 판명되었다.

3. 상관 관계에 대한 설명

311명을 상대로 한 검사 결과들로부터 우리는 여러 상이한 검사간의 총괄적인 상관 관계를 산출해 냈다. 그리하여 특정한 기억 특성이 다른 기억 특성들과 함께 보다 우연히 나타난다는 사실을 확인했다. 이러한 산출에서 2개의 상이한 검사간의 완전한 상관 관계값은 1이 된다. 반면에 0이라는 값은 서로 관련성이 없다는 사실을 의미한다. 여기서 대부분의 상관 관계는 상당히 낮았다(0.2 이하). 그것은 통계적인 오차의 한계내에 있는 수치다. 그러한 사실로부터 학습 유형들은 실제로 매우 상이하다는 사실이 나타난다. 단지 사용된 검사 사이(검사 Ⅰ, 검사 Ⅲ/Ⅳ)에서만 의미 있는 상관 관계는 0.5라는 값에 이른다. 예를 들어 '잡기'(Ⅰ-4)와 '결합하기'(Ⅰ-5) 사이에서, '보기'(Ⅰ-3)와 '듣기'(Ⅰ-2) 사이에서, '결합하기'(Ⅰ-5)와 '흥미로운 그림들'(Ⅳ-2) 사이에서, 0.5에 이르기까지 의미 있는 상관 관계가 나타나게 된다.

기억력 검사(검사 Ⅰ이나 Ⅲ/Ⅳ)와 초단기 기억(Ⅱ-1) 시간 길이와의 상관 관계, 또 이 기억 검사와 단기 기억(Ⅱ-2)의 시간 길이 사이에서 상관 관계는 실제로 모두 0이다. 계속해서 기억력 검사는 '간섭' 검사(Ⅴ)와 또 피검사자의 성별과 나이와도 어떤 상관 관계를 보여 주지 않는다. 독자들 가운데 통계학에 관심이 있는 사람들을 위해 상관 관계수의 오차는 0.2(95퍼센트의 확률에서)로 나타났다는 사실을 밝혀 두고자 한다.

이 책이 미친 영향에 대한 후기

루돌프 쉴링(Rudolf Schilling)

이 책에서 언급된 사고와 이에 관련된 사항들은 많은 사람들에게 커다란 흥분을 일으켰다. '학교 스트레스'라는 주제는 시험 점수에 신경을 써야만 하는 학생, 부모 그리고 교사들로 하여금 여기에 관심을 갖게 했다. 그들은 모두가 좋은 점수를 따는 데 혈안이 되어 압박을 받고 있다.

이러한 학교의 실상은 사람들이 '생물학적으로 중요하다'고 할 수 있는 것과는 아직 상당히 거리가 멀다. 그래서 다음의 문제가 나타나게 된다. 〈사고, 학습, 망각〉이라는 책과 기획물이 불완전한 현실에 얼마나 많은 영향을 미쳤는가? 대체로 구체적인 결과가 나타났는가? 혹은 사고와 학습을 생물학적 기초 위에 다시 정립시키고자 하는 충동을 수긍하는 정도로만 끝내 버린 것은 아니었는가?

TV 기획물이니 책이 하나의 완전한 체제, 그것도 학교 체계와 같이 정체된 체계를 변화시킬 수 있기를 감히 기대하는 바다. 왜냐하면 1판의 출간 이후 꼭 2년이 된 오늘날 〈사고, 학습, 망각〉은 교육학적인 풍토에 새 바람을 일으켰고, 많은 변화를 가져왔기 때문이다.

이러한 영향력은 많은 사람들이 어렴풋이 알고 있는 것들을 프레데릭 베스터(Frederic Vester)가 자연 과학적·생물학적인 토대 위에서 정확히 입증한 데 근거를 두고 있다. 말하자면 학교 교육이 사람들이 생물이라는 점을 전혀 고려하지 않은 채 근본적으로 잘못 행해지고 있었기 때문이다.

두뇌 과정을 알고 나면 〈사고, 학습, 망각〉은 학교의 불행이 개개인의 경우보다는 학교 체제 자체에 그 이유가 있다는 것이다. 즉 이 책은 세간에 행해지는 교육학, 교육 수단, 교육 계획, 학교 규범 그리고 수업 구조의 불합리성에 이유가 있다는 사실을 증명해 주고 있다.

그리하여 학생, 부모 그리고 교사는 고뇌에 차서 자신을 의심하고 비난하는 일로부터 벗어나게 된다. 배우는 것에 두려움을 느끼게 하고 그리하여 삶에 대해 두려움을 느끼게 하는 관료주의적 학교 체제를 타파할 준비가 잠재적으로 되어 있던 많은 부모와 교사들은 이제 마침내 자신들의 입장을 표명할 논거들을 찾게 되었다. 이러한 논거들은 학습 과정의 생물학으로부터 유래했기 때문에, 더 이상 그리 간단하게 무시될 수는 없는 것이다.

약 2만 통의 편지를 통해서 볼 때, 우리는 책과 TV 기획물이 많은 사람들로 하여금 더욱더 정진하도록 부추기며 〈사고, 학습, 망각〉으로부터 얻어진 인식 자체를 실제로 활성화하도록 그들을 고무시켰다는 사실을 알게 된다. 예를 들어 주도적인 시민, 부모들에 의한 잡지 *Aktion humane Schule*는 동시에 그들의 노력에 대한 집적물이라 할 것이다. 학교 교육학에서 지금까지 나타나지는 않았지만 의미 있는 양자 택일(교체)이라는 이념은 나름의 방어 수단을 찾았다. 지금까지 개별적으로 '아이에게 적합'하며 '학습에 적합'한 교육학에 대해서 숙고해 왔던 사람들은 이제 〈사고, 학습, 망각〉이라는 학술적인 논증을 근거로 해서 의견이 같은 사람들과 일치해서 자신의 이념을 실제로 변화시킬 수 있었다. 대다수의 주도적인 부모들 그리고 교육 정치적인 세력권이 〈사고, 학습, 망각〉의 내용을 파악하고 공식적으로 토의했으며 그리하여 그로부터 교육 정치적인 요구를 파생시켰다.

대학교에서는 어떤 반응이 나타났는가? 적어도 몇몇의 대학 강사들은 진지하게 '학습 생물학'에 몰두하기 시작했다. 그러는 동안에 이미 다수의 시험 논문들이 이 주제로 쓰이게 되었다. 여러 연구소에서는 연구소 나름의 독특한 시도들, 특히 학습 유형과 상이한 입력 채널들에 대해 의문시하는 시도들이 행해졌다. 많은 연구생들과 대학 강사들은, 특히 교육학과에서 시험 논문과 졸업 증서 작업, 학위 논문, 학술적인 프로젝션 작성의 경우 사고와 학습에 대해 논쟁하는 입장 표명과 토론을 요청했다. 물론 베스터의 강의와 세미나 자체: 즉 콘스탄츠, 레겐스부르크, 에센 대학교에서 혹은 헬브뤼게(Hellbrügge) 교수 [뮌헨의 몬테소리(Montessori) 학파의 창시자]에 의해 제창된 뮌헨

대학의 의학부의 'Kine 임상 강의'에서의 사진(필름) 강연과 같은 경우는 별도로 하자.

특히 원래의 교육학 영역 밖에 있는 재보고는 흥미롭다. 여러 가지의 정신·신체 의학적인 임상 강연들은 학습 생물학을 그들의 작업에 포함시켰으며 이러한 토대 위에서 치료학 형태를 전개시켰다. 그 자극들은 건축의 구조에까지 영향을 미쳤다[비엔나의 호흐에그(Hochhegg) 재건 신축의 경우처럼]. 베를린 공과 대학의 '건축 구성과 설계'의 강연에 있어서 〈사고, 학습, 망각〉으로부터 나온 인식들이 건축 수업으로 수용되었다. 마약으로 위태롭게 된 혹은 마약에 중독된 젊은 이들의 부모들은 학습 생물학적 초안에 따라서 베스터 필름을 가지고 또 다르게 노력, 성공을 거두고 있다.

노동자들의 교육을 가능한 한 효과적으로 형성하고자 하는 경제(경영업체)는 가장 신속하게 반응했다. 〈사고, 학습, 망각〉은 그러는 동안에 잘 팔리는 필름으로서뿐만 아니라 책으로서도 더욱더 많이 직업 교육 과정에 사용되었다. 프레데릭 베스터 자신은 일련의 대기업 경영 내부의 과정, 직업 교육자를 위한 회의와 세미나에 학습과 교육 생물학을 소개시키기 위해서 초청되었다.

그러는 사이에 성인 상좌, 경영 연구소, 행정 학원(관리 양성 기관) 그리고 중앙 생활 보조원 등에서는 책과 필름에 근거하여 강연회와 세미나가 더욱더 많이 개최되었다. 예를 들어 연방 우체국의 중앙 본부에서는 학습과 교육 생물학을 이미 주어진 토대 위에서 본질적인 직업 교육으로 이용하기 위해서 그 책의 별책본을 발간했다.

새롭고 그리고 생물학적으로 증명할 수 있는 학습 방법들을 소개하는 과정(강습)들이 전개되어야 하리라는 소망이 가장 빈번하게 표명되었다. 특히 이러한 계획이 관료주의적인 당해(當該) 내각에 의해 실패로 돌아간 이후로, 이제 사적으로 참여함으로써 구체적인 양상을 띠게 되었다. 클레트 출판사와 바이에른 성인 강좌의 협조하에 베스터 연구소에서 현재 우리의 값진 기구인 뇌와의 올바른 만남에 대한 생물학적 기초의 '사용 지침'을 제공해 주는 일반적인 기본 과정이 연구·완성되었다.

바로 그 기본 과정은 학교의 교육 수단의 영역에서 확인될 수 있다. 이 경우 또한 새로이 몇몇 출판사들이 사적인 창의력 덕분으로 일차적인 분명한 징후들이 나타나게 되었다. 아마도 학습 생물학 영역으로 가장 진지하게 위치 전향 노력을 한 곳은 클레트 출판사일 것이다. 클레트 출판사는 이미 그 필름의 방영 직후 프레데릭 베스터 연구소에 상응하는 커리큘럼을 형성하거나 새로운 교육용 필름의 학술용 시리즈를 제작할 것을 ("뇌 속으로의 통찰"이라는 제목하에) 위임했다. 새로운 교육 필름은 학습 생물학적 관점에서 사진이라는 매개물의 성질을 더욱더 잘 이용해야 할 것이다. 게다가 프레데릭 베스터는 새로운 학습서의 내용 형성에 참여하기도 했다. 클레트 출판사는 학습서란 학생들과의 공동 작업 속에 기초해서 쓰여야 한다는 원칙을 받아들이고 있다.

그 밖에 리스트(List) 출판사의 《독일 7 Deutsch 7》이라는 교과서 역시 〈사고, 학습, 망각〉의 근본적인 인식과 관련된다. 베스터만 출판사는 프레데릭 베스터와 협력하여 교사들을 위한 '주요 주제'로, '망상화된' 그리하여 생물학적으로 의미 있는 사고와 학습의 적용을 위한 구체적인 연구 보조(수단)와 사고 보조를 교사들에 대한 '주요 테마'로 제시한다.

전반적으로 오늘날까지 아마도 달리 가능성이 없는 것처럼 보이는 교육부, 문화부와 대학 행정부처들은 가장 타성에 젖어 반응하는 것으로 보인다. 이들은 비록 그들의 다음 활동 영역에 유리하게 작용할 수 있을지라도 새로운 인식에 대해서 가장 폐쇄적이다(그리고 유감스럽게도 그들은 항상 그래 왔다).

그렇지만 개인적으로 볼 때 추진력이 없었던 것은 아니다. 예를 들어 1976년 2월에 바이에른 지방의 국회 의원 베르너 쿠비차(Werner Kubitza)는 '인간 기관의 학습 과정으로의 재편입에 관해서'라는 문서로 질문을 던지고 있다. 수업과 문화에 대한 내각의 간결한 대답은 바이에른 학교에서 학습 생물학적 인식이 오랫동안 고려돼 왔으며 이와 관련된 모든 것은 가장 잘 정돈된 상태에 있다는 것이었다. 주목할 만한 사실은 내각이 거의 동시에 국민 학교의 교육 계획에서 음악과 스포츠라는 과목은 단축되어야 한다고 공표했던 것이다.

결론적으로 볼 때 비록 각기 개별적인 성과가 있었다 할지라도 〈사고, 학습, 망각〉이 이미 교육학이나 교수법의 새로운 출현을 도래케 했다고 말할 수는 없을 것이다. 하지만 현존의 항목들은 계속해서 영향을 미칠 것이며 변화라는 연쇄 반응을 야기하리라고 가정하고 희망할 수는 있을 것이다.

한 가지 확실한 것은 학교의 인간화(그와 더불어 학교에 의해서 각인된 나중의 직업 생활의 인간화)가 다른 나라의 경우와 마찬가지로 독일에서도 위급한 당면 문제로 되었다는 사실이다. 그러므로 이 문고판이 보급됨으로써 이러한 인간화에 보다 큰 기여를 할 수 있기를 바란다. 다만 우리가 생물학적으로 슬기롭게 학습할 때에만 우리는 학습된 것을 생물학적으로 재치 있게 적용할 것이다. 즉 살 만한 가치가 있고 활력 있는 세계를 준비할 것이다.

용어 해설

간섭 : 뇌 속에서 방해하는 다른 인식에 의해 정보의 입수가 방해받는 것.
고태형 : 선천적으로 타고난 태도 방식이나 모양.
교감 신경 : 부교감 신경과 함께 내장 신경계를 형성함. 스트레스를 받을 때 시상 하부를 통해 자극된다. 그 결과 부신에서 카테콜라민이 분비되며 직간접적 체질 변화가 야기된다.
기억술 : 정보를 보관하고 기억해 내는 기술.
나트륨(Na) : 신경 자극 및 전달시 필수적인 이온.
내장 신경계 : 교감 신경과 부교감 신경으로 구성되어 있다. 의지에 좌우되지 않고 자동적으로 선외 기능, 소화, 혈압, 심장 박동 등의 내장의 신체 기능을 조절하는 계통.
노르아드레날린 : 교감 신경을 자극해서 부신수질 속에서 분비되는 카테콜라민(공격 호르몬)으로 특히 신경 말단이 머뭇거리게 하는 작용을 한다.
뇌간 : 계통 발생학적으로 가장 오래 된 뇌 부위, 생명에 중요한 신체 기능을 조절(호흡 등).
뇌파계(EEG) : 뇌파란 머리 표면에서 감지하여 기록되는 뇌의 전기적 활동이다. 정상인에게는 파형의 빈도에 따라 α, β 등 네 가지 파형이 있는데 이것으로 뇌활동의 흐름을 조사할 수 있다.
뇌하수체 : 시상 하부에 붙어 있으며 내분비 기관의 일종으로서 구조상으로는 전엽, 중엽, 후엽 그리고 결절부의 4부분으로 되어 있고 전체 호르몬의 대부분을 조절한다.
뉴런 : 신경 세포, 즉 신경계의 구성 단위이다. 이것은 세포체와 두 개의 돌기인 수상 돌기와 축색으로 이루어져 있다. 전기 화학적 자극에 의해 흥분됨. 그 기능은 흥분을 인식하고 다른 세포로

전달하는 것임.

단기 기억: 기억 물질인 RNA가 형성되어 약 20분 정도 지속되는 단시간 기억. 큰 충격에 의해 없어짐.

단백질: 수많은 아미노산(100~1000개)의 3차원 결합으로 이루어진 거대 분자.

대뇌 피질: 감각 수용과 지적인 능력을 통제하는 부분.

DNA(Deoxyribo-Nucleic-Acid, 옛 명칭 DNS): 발생학적인 정보의 보지자. 나선형으로 꼬여서 만들어진 거대 분자. 이것은 불규칙적이며 고리 모양으로 연결된 핵을 내포하고 있다. 이 핵은 당분 인산염을 가진 네 개의 서로 다른 질소 성분을 가지고 있다. 당분의 형태는 Desoxyribose형태이다.

리보솜: 세포질에 있는 미세 소관으로 RNA와 단백질 입자로 구성되어 있으며, m-RNA의 도움으로 단백질 합성 물질이 완성되는 바이러스 크기의 세포 미립자.

메스칼린: 멕시코의 선인장 Peyotl에서 채취한 흡입 성분(흥분제).

미주 신경: 부교감 신경의 주신경.

반구: 뇌의 반쪽.

변연계: 중간 뇌의 위쪽인 후각 뇌에서 발달된 부분. 감각의 생성시 참여함.

변지체(Corpus callosum): 뇌량이라고도 불림. 양쪽 뇌를 서로 연결하는 백질의 신경 섬유로 된 다리.

부교감 신경: 길항 관계에 있는 교감 신경과 내장 신경계를 형성한다. 그 기능은 휴식 에너지 저장, 성장에 도움을 준다.

생식선: 고환 및 난소에 위치하여 호르몬을 분비하는 분비선.

선상체(Corpus striatum/線狀體): 시상(간뇌: 모든 감각을 조절하는 중뇌의 부분) 옆에 위치하며 꼬리 모양의 핵과 렌즈모양의 핵으로 구성된 회백질의 덩어리로서, 조절의 중심부이며 자의로 움직이지 않게 고정되어 있음.

소프트웨어: 계산, 매체 등의 기능에서 변경 가능한 프로그램의 총칭, 하드웨어와 구분됨.

송과체 : 뇌량 아래쪽에 놓여 있음. 생체 리듬을 조절함.
스트레스 : 당김, 굽힘, 찌푸림(원래는 공장 제품 검사 때 사용하는 용어). 생물학에서는 내적이나 외적인 긴장 요인을 통해 생산되는 중성 호르몬의 작용으로서 도피나 공격으로 나타나는 현상.
스트레스 요인 : 스트레스를 일으키는 내적인 요인(두려움, 불안), 또는 외적인 요인(열기, 냉기)으로 특징적인, 때로는 측정이 가능한 증상군을 보임.
스코토포빈(Scotophobin) : 어두움을 싫어하도록 훈련시킨 생쥐의 뇌에서 검출된 펩티드 모양의 물질.
시상 하부 : 시상의 아랫부분에 위치. 여러 가지 다른 호르몬의 분비를 촉진하는 호르몬이 생성되는 장소.
시냅스 : 뉴런과 뉴런 사이의 기능적 연결 부위이다. 이 연결 부위를 통해 뉴런간의 신호 전달이 이루어지는데 이때 화학적 전달 물질로 신호 전달이 일어나는 것을 화학적 시냅스(Chemical synapse)라 하고 전기적으로 신호 전달이 이루어 지는 것을 전기적 시냅스(Eiectrical synapse)라 하며 인접한 수상 돌기에 정보가 전달된다.
시상 : 대뇌의 중심부에 위치하고 간뇌에 속하는 중요한 기능을 가진 부위로 많은 핵군으로 구성되어 있으며 전체 감각 수용을 통제하는 스위치 역할을 한다.
신경학 : 신경 및 신경병에 대한 학문
실로시빈(Psilocybin) : LSD와 유사한 흥분제.
아드레날린 : 부신 수질 호르몬(도피 호르몬)으로 여러 역할을 하는 카테콜라민의 일종. 혈압과 혈당량을 높이고 심장의 박동을 빠르게 하며 스스로 매개체 역할을 하고 다른 전달자의 방해 역할도 한다.
아미노산 : 약 20종의 아미노산이 단백질의 구성요소가 된다.

일반 화학식 $H_2N-CH(R)-COOH$

R기의 종류에 따라 아미노산의 종류가 달라지며 어떤 아미노산과 결합하느냐에 따라 단백질 구조도 달라진다.

아세틸콜린(Acetylcholin) : 신경 계통의 전달 물질.

RNA(Ribo-Nucleic-Acid) : 리보 핵산. DNA와 유사하게 형성된 거대 분자로서 변형될 때 DNA의 정보 내용을 받아들인다. 그리고 그것을 핵으로부터 세포로 옮겨 준다.

ACTH(Adreno-Cortico-Tropes-Hormon 부신 피질 자극 호르몬) : 뇌 하수체 전엽에서 나오는 부신 피질 호르몬의 분비를 조절한다.

LSD(Lyserg-Säure-Diäthyldiamid) : 들이마시는 흥분제.

염색체 : 세포 핵 속에 있는 유전 인자의 전달자. DNA와 단백질로 구성된 고리 모양의 유전자 덩어리. 이것은 세포 분열 직전에 두 개로 나누어 진다.

유전 암호 : 발생학적 부호의 기초 단위. DNA의 세 가지 중 하나. 모두 64가지의 부호가 있다. DNA 속에 정해진 순서는 m-RNA로 넘어가고 m-RNA는 다시 단백질이 합성될 때 이 부호에 상응하는 아미노산과 결합되는 방식을 결정해 준다.

이온 : 전하를 띤 원자 또는 분자.

작동 호르몬 : 시상 하부의 신경 세포 속에서 형성되는 분비 호르몬으로 다른 호르몬의 생산을 촉진시킨다.

장기 기억 : RNA에 의해 단백질이 확고하게 고정됨으로 형성됨.

전달 물질 : 축색 돌기 말단에 있으며 아세틸콜린이나 노르아드레날린 같은 화학적 물질. 축색이 자극될 시냅스(synapse)로 나온다.

전사 : DNA가 주형이 되어 RNA로 유전 정보를 읽어 내려가는 것. 이때 해당 유전 주형의 상보적 복사가 일어나게 된다.

조작적(Operational) : 활동성과 연관이 있고 행동을 통해 묘사됨.

진화 : 생물체가 원시 대기 상태의 기체 분자로부터 아미노산 세포, 세포 연결 그리고 기관을 거쳐 생물체의 다양한 종으로 발전해 나가는 과정.

초단기 기억 : 10초나 20초 이후에는 없어져 버리는 지각을 통하여 뇌 세포의 전기 화학적 흥분.

축색 : 신경 세포로부터 흥분을 전달하는 신경 섬유. 크기는 1/10mm~수 m다.

테스토스테론 : 고환에서 형성되는 남성 호르몬.

퇴행성 기억 상실(Retrograde Amnesie) : 건망증. 소급해서 망각하는 것. 단지 장기 기억된 것만 그대로 저장된다.

펩티드 : 한 개의 아미노산의 아미노기에 그 옆 아미노산의 카르복실기가 결합하여 물 한 분자가 빠져 나가 사슬 모양으로 연결되어 있는 두 개 아미노산의 결합. 펩티드 결합에 의해 두 개의 아미노산이 모여 형성된 것을 디펩티드(Dipeptide)라 하며 세 개의 아미노산일 때는 트리펩티드(Tripeptide), 그리고 1000개 정도의 아미노산일 때는 폴리펩티드(Polypeptide)라 한다.

퓨로마이신 : 항생제로서 단백질의 화학 결합을 방해한다.

카테콜라민 : 카테콜 핵을 가진 생리 활성 아민으로서 통상 도파민(Dopamine), 아드레날린(Adrenaline), 노르아드레날린(Nor-adrenaline)을 일컫는다.

칼륨(K) : 신경 자극과 신경 전달 때 작용하는 중요한 매체.

코데인 : 모르핀의 화학적 계통. 모르핀의 중간 생성물 중 하나이며 메틸모르핀(Methylmorphine)이라고도 한다.

하드웨어 : 정보 처리를 할 때 계산 기계의 전자 또는 견고한 연결 부분. 소프트웨어는 변동이 가능한 프로그램.

하이드로코티존(Hydrocortison) : 코티존(Cortison)과 매우 유사한 글루코르티코이드 호르몬(Glucocorticoid hormone)으로 ACTH로 조절되는 부신 피질 호르몬. 당분과 단백질의 신진 대사에 영향을 주며 면역 방어 기능을 약화시킨다.

홀로그램 : 사진 위에 숨겨진 그림을 레이저 광선으로 비추어서 3차원으로 재생시킨 그림.

효과기 : 일정한 화학적 또는 신경적인 자극에 대해 그에 상응하는 영향으로 반응하는 기관이나 조직.

효소 : 생물 촉매제. 화학적인 반응 또는 균형 감각의 조절을 촉진시키는 단백질.

참고 문헌

1 B. Hassenstein: Biologische Kybernetik, Heidelberg 1973. Ders.: Information und deren Verarbeitung, in: Das Leben, S. 303 ff., Freiburg 1971. Eine repräsentative Kurzübersicht führender Fachkollegen bietet die Ausgabe des New Scientist vom 25. Juni 1970 mit sieben Artikeln von S. Rose: The future of brain sciences; P. Bateson: What is learning; G. Horn: Experience and the central nervous system; B. Tiplady: The chemistry of memory; K. Oatley: The psychologists' view of memory; J. Dobbing: Food for thinking; und M. P. M. Richards: Behaviour and the social environment; sämtlich New Scientist 46, 618 ff. (1970). H. Schnabl: Sprache und Gehirn, Elemente der Kommunikation, München 1972.
2 F. Vester: Das kybernetische Zeitalter, Kap. Kybernetik, S. 108, Frankfurt 1974; ders.: Ballungsgebiete in der Krise, Stuttgart 1976.
3 R. J. Wurtman: On the function of the pineal gland, Proceedings of the 25th International Congress of Physiological Sciences, München 1971.
4 M. C. Corballis u. J. L. Biale: Scientific American 224, 96 (März 1971). J. A. Sechzer (über die Wechselwirkung zwischen den beiden Großhirnhälften): Science 169, 889 (1970). N. Geschwind, M. S. Gazzaniga, W. A. Lisham (Untersuchungen über durchtrennte Hirnhälften), ref.: New Scientist 48, 578 (1970). R. W. Sperry u. B. Preilowski: Die beiden Gehirne des Menschen, Bild der Wissenschaft 9, 921 (1972). R. E. Ornstein: Die Psychologie des Bewußtseins, Köln 1974.
5 Über Vergleiche Computer und Gehirn s. z. B. K. Smith: A Computer that learns like the brain, New Scientist 43, 473 (1969). A. M. Uttley: Models of memory, New Scientist 46, 634 (1970). Vgl. auch J. Schurz: Gehirnstruktur und Verhaltensmotivation, Naturwissenschaftliche Rundschau 25, 45 (1972) sowie J. P. Schadé: Die Funktion des Nervensystems, Stuttgart 1971.
6 T. E. Everhart u. T. L. Hayes: Scientific American 226, 67 (Jan. 1972). Aufnahmen von E. R. Lewis, Univ. of California.
7 In Anlehnung an die ausgezeichneten Darstellungen von J. Schadé, s. Anm. 5.
8 Einige illustrative Artikel über die synaptische Übertragung s. z. B. H. Haas u. L. Hösli: Naturwissenschaftliche Rundschau 26, 237 (1973). V. P. Whittaker: Die Naturwissenschaften 60, 281 (1973). Bericht über das Synapsensymposium der Royal Soc., London: Umschau für Wissenschaft und Technik 72, 398 (1972); über die 106. Versammlung der Gesellschaft Deutscher Naturforscher und Ärzte, Düsseldorf: Naturwissenschaftliche Rundschau 24, 207 (1971). L. Heimer, Scientific American 225, 48 (Juli 1971).
9 J. L. Conel: Life as revealed by the microscope, New York 1970. G. D. Grave (über die Rolle des Sauerstoffs): Journal of Neurochemistry 19, 187 (1972), ref. New Scientist 53, 193 (1972). S. Shapiro u. K. Kukovich (über die Prägung des Säuglingsgehirns durch Sinneswahrnehmungen): Science 167, 292 (1969). Neuere Arbeiten über die Ausbildung des Grundmusters kommen aus den Instituten von K. Akert, Hirnforschungsinstitut Univ. Zürich; von J. Dobbing, Univ. Manchester; von B. Cragg, Monash-Univ., Australien und anderen.
10 T. N. Wiesel u. D. H. Hubel; Long-term changes in the cortex after visual deprivation, Proceedings of the 25th International Congress of Psychological Science, München 1971. R. D. Freeman, D. E. Mitchell u. M. Millodot: A neural effect of partial visual deprivation

in humans, Science 175, 1384 (1972). Über das Sehzentrum der Ratten berichtete B. Cragg (s. Anm. 9) aus australischen Untersuchungen.
11 C. Blakemore u. andere: Proceedings of the National Academy of Sciences 70, 1353 (1972), ref. New Scientist 58, 662 (1973), New Scientist 54, 4 (1972). S. Rose (über die Gehirnaktivität bei der Prägung von Küken): Science 181, 576 (1973).
12 J. L. Neikes: Verhaltensbeobachtung und Entwicklungsanalyse als Schlüssel zur Erfassung und Grundlage zur Bildung geistig behinderter Kinder, Praxis der Kinderpsychologie 16, 62 (1968). Ders.: Über Grundlagen u. Möglichkeiten der ethologisch stimmigen Betreuung von gesunden und behinderten Kindern, Praxis der Kinderpsychologie 17, 292 (1968). R. Balazs: Hormones and Brain development, New Scientist 58, 96 (1973). S. Levine: Sex Differences in the brain, Scientist American 214, 84 (April 1966).
13 H. Neville u. P. Chase (Unterernährung): Experimental Neurology 33, 485 (1972). B. Cragg (Unterernährung): Brain 95, 143 (1972), beide ref. New Scientist 54, 121 (1972). J. Dobbing (Unterernährung und Hyperkinese): ref. New Scientist 64, 268 (1974). J. H. Menkes (Eiweißübererernährung): Medical Tribune Nr. 38, 1 (1971). G. D. Grave (Sauerstoffmangel): s. Anm. 9. J. D. Fernstrom u. R. J. Wurtman (spätere Nahrungseinflüsse im Regelkreis Schlaf–Nahrungsverbrauch–Nahrungsaufnahme–Hormonmuster): vgl. Scientist American 228, 51 (Juli 1973).
14 Auf der medizinischen Tagung der Roche-Forschungsstiftung 1977 in Basel berichtete z. B. A. Carlsson über Tierversuche, nach denen bestimmte mit der Muttermilch übertragene Psychopharmaka (z.B. zur Narkose benutzte Neuroleptika) die spätere Lernfähigkeit schädigen, indem sie die Bildung wichtiger Transmitter (Dopamin) im wachsenden Säuglingsgehirn verhindern.
15 Den Anfang hierzu bildet die schmerzfreie (durch autogenes Training entspannte) Geburt nach Read und das Zusammenlassen von Mutter und Kind in den ersten Stunden, das auch bei Tieren als entscheidend für mütterliches Verhalten und einen funktionierenden Brutpflegeinstinkt beobachtet wird. S. z.B. M. M. Klaus, New England Journal of Medicine 286, 460 (1972), sowie J. L. Neikes, s. Anm. 12. T. Bower (über die gewaltige Lernkapazität Neugeborener): Competent Newborns, New Scientist 61, 672 (1974).
16 H. Tritthart: Lokalisation von Gedächtnisinhalten, Naturwissenschaftliche Rundschau 24, 289 (1971). K. H. Simon: Möglichkeiten der Erinnerung, Naturwissenschaftliche Rundschau 24, 388 (1971). L. Mutschnik (über die Kapazität des Ultrakurzzeit-Gedächtnisses): Ideen des exakten Wissens 1969, 253. W. Sintschenko u. G. Wutsch (UZG u. optische Wahrnehmung): Ideen des exakten Wissens 1970, 89.
17 P. Yarnell u. S. Lynch, The Lancet 1, 863 (1970), ref. New Scientist 46, 215 (1970).
18 H. L. Teuber: The frontal lobes and their function, Proc. of the 25th Internat. International Congress of Psychological Science, München 1971. Vgl. auch Bericht in der Medical Tribune Nr. 35, 27. 8. 1971.
19 H. Marko: Ein Funktionsmodell für die Aufnahme, Speicherung und Erzeugung von Information im Nervensystem, Röntgenblätter 24, Nov. 1971. Vgl. auch H. Schnabl, s. Anm. 1, S. 99 ff. u. 113 ff.
20 G. F. Domagk u. H. P. Zippel: Biochemie der Gedächtnisspeicherung, Die Naturwissenschaften 57, 152 (1970). E. Kosower: A Model for molecular memory mechanisms, New Scientist 57, 710 (1973). K. H. Simon, s. Anm. 12.
21 H. L. Teuber, s. Anm. 18 zur Gehirnaktivität beim Übergang vom Kurzzeit- zum Langzeit-Gedächtnis und bei posttraumatischen und retrograder Amnesie.
22 Das zeigen z. B. Untersuchungen des Teams von D. Shalit u. anderen am Hadassah Hospital in Jerusalem wie auch die unter Anm. 20 aufgeführten Arbeiten.
23 B. W. Agranoff: Memory and protein synthesis, Scientist American 216, 115 (1967). S. auch S. Rose, s. Anm. 11.
24 Vgl. F. Vester: Das kybernetische Zeitalter, Kap. Genetik, S. 32 ff., Frankfurt 1974.
25 G. F. Domagk: Theorien u. Experimente zur Gedächtnisspeicherung, Chemie in unserer Zeit 7, 1 (1973).
26 G. Chedd: Scotophobin – memory molecule or myth?, New Scientist 55, 240 (1972), sowie die kritische Nachuntersuchung von A. Goldstein: Comments on the »Isolation, identification and synthesis of a specific-behavior-inducing brain peptide«, Nature 242, 60

(1973). H. P. Zippel: Sind Erinnerungen Moleküle?, Bild der Wissenschaft 11/8, 38 (1974).
27 H. D. Lux u. andere: Excitation and external flow (über die RNA- und Proteinsynthese elektrisch stimulierter Neuronen): Experimental Brain Research 10, 197 (1970) Ref. V. Shashoua (Lernvorgang benötigt RNA in Goldfischen): Proceedings of the National Academy of Sciences 65, 160 (1970). Vgl. auch B. Tiplady, s. Anm. 1.
28 H. Laudien: Physiologie des Gedächtnisses, Heidelberg 1977; vgl. ders.: Wie funktioniert das Gedächtnis?, Umschau für Wissenschaft und Technik 77, 310 (1977).
29 G. W. Kreutzberg u. P. Schubert: Neuronal activity and axonal flow. In E. Genazzani u. H. Herken (Hrsg.): Central nervous system – studies on metabolic regulation and function, Berlin 1973.
30 Nach Untersuchungen von H. Hyden, Univ. Göteborg, Inst. f. Neurobiology.
31 Bericht der Umschau in Wissenschaft und Technik 73, 91 (1973) zur Biologie des Gedächtnisses über die Arbeiten von W. O. Shaffer (Weg der visuellen Eindrücke), E. H. Rubin (Hirnströme durch bekannte und unbekannte Wahrnehmungen), T. O. Kleine (Speicherung immunologischer u. geistiger Informationen). Vgl. auch E. Kosower, s. Anm. 20.
32 G. O. M. Leith (über geistige Fähigkeiten im Alter): Impact of Science on Society (UNESCO) 18, 169 (1968). F. Craik: When Memory fades (über das Vergessen). New Scientist 53, 428 (1972). F. Wilkie u. C. Eisdorfer: Intelligence and blood pressure in the aged, Science 172, 959 (1971).
33 H. Schnabl: Zur Funktion des Gedächtnisses in Kommunikationsprozessen, Naturwissenschaftliche Rundschau 25, 343 (1972).
34 R. C. Atkinson u. R. M. Shiffrin: The control of short-term memory, Scientific American 225, 82 (August 1971).
35 R. Fischer u. Mitarb., Experientia 23, 150 (1967).
36 H. C. Leuner (Psych. Klin. Univ. Göttingen): Die experim. Psychose, Berlin 1962. D. Mutschler, VII. Internationaler Kongreß für Psychotherapie, Wiesbaden 1967.
37 G. Horn u. J. MacKay (über LSD-Schäden), 5. International Congress of Pharmacology, San Francisco 1972, ref. in New Scientist 55, 181 (1972). H. Kolanski u. W. T. Moore (über Haschisch-Schäden): Journal of the American Medical Association, 2. Okt. 1972. R. Lewin: Marijuana on trial, New Scientist 54, 548 (1972) (auch über andere Halluzinogene unter Angabe weiterführender Literatur). F. Benington u. Mitarb. (über spezifische Gehirnrezeptoren für halluzinogene Amphetamine). Nature New Biology 242, 185 (1973).
38 C. B. Pert u. S. H. Snyder: Opiate receptor – Demonstration in nervous tissue. Science 179, 1011 (1973). T. J. Teyler (Hrsg.): Altered states of Awareness III, External control (Marihuana, Hallucinogenic drugs, Experiments with goggles, The split brain of man, The physiology of meditation), Scientific American readings, San Francisco 1972.
39 Solche »Glücksdrogen« könnten auch mit den kürzlich entdeckten körpereigenen opiatähnlichen Substanzen unseres Gehirns, z. B. dem Enkephalin konkurrieren und deren transmitterähnliche Übermittlerrolle in einem noch unentdeckten Nervennetzwerk auf nachhaltige Weise stören. Vgl. R. Lewin: Opiates in all our Brains, New Scientist 66, 436 (1975).
40 F. Vester, Hormone und die Umwelt des Menschen, Die Kapsel 31, 1343 (1973).
41 R. Guillemin u. R. Burgus: The hormones of the hypothalamus, Scientific American 227, 24 (Nov. 1972).
42 F. Vester: Das kybernetische Zeitalter, Kap. Gesundheit, S. 58 ff., Frankfurt 1974. F. Vester: Das Überlebensprogramm, Kap. Streß und Lärm, S. 63 ff., München 1972.
43 U. S. von Euler: Synthese, Speicherung und Freisetzung des adrenergischen Neurotransmitters, Klinische Wochenschrift 49, 524 (1971). W. Logan u. H. S. Snyder: Unique high affinity uptake systems for glycine, glutamic and aspartic acids in central nervous tissue of the rat, Nature 234, 297 (1971). Ebenfalls über versch. Transmitter und die Rolle der Gliazellen, Synapsen und Enzyme für deren Speicherung, Nachschub und Abbau: F. Henn und A. Hamberger, Proceedings of the National Academy of Sciences 68, 2686 (1971).
44 Über die Rolle des Streß, seine Evolution und seine Beziehung zum Verhalten vgl. H. Schäfer u. M. Blohmke: Sozialmedizin, Stuttgart 1972, A. Alland: Aggression und Kultur, Frankfurt 1974, H. Autrum: Autorität–Streß, München 1973, sowie J. Schurz, s. Anm. 5.

참고 문헌 219

Über die Beziehung zum Lernen vgl. G. B. Leonard: Erziehung durch Faszination, München 1971, sowie F. Vester: Das Kybernetische Zeitalter, Kap. Normen (Traditionen u. Tabus – Auf dem Wege zur dynamischen Norm). S. 316ff. und Kap. Lernen (Hunderttausend Lehrer zuviel – die geisteswiss. Fehlleitung v. Erziehung u. Unterricht), S. 323 ff., Frankfurt 1974.
45 S. Levine: Stimulation in infancy, Scientific American 202 (Mai 1960). Ders.: s. Anm. 12.
46 S. Levine: Stress and behaviour, Scientific American 224, 26 (Jan. 1971).
47 L. D. Harmon: The recognition of faces, Scientific American 229, 75 (1973).
48 Über die Integrationsfunktion von Gehirn bzw. Computer vgl. R. B. Fuller: Die Aussichten der Menschheit – Projekte und Modelle I, Frankfurt 1968 (z. B. die Entstehung einer »originellen Frage«). S. auch A. Kompanejez: Quantenspiel der Gedankenfreiheit, Bild der Wissenschaft 9, 912 (1972).
49 K. H. Pribram: The neurophysiology of remembering, Scientific American 220, 73 (Jan. 1969). Zur Diskussion der Hologrammhypothese vgl. P. J. van Heerden, Nature 225, 177 (1970), und D. J. Willshaw, Nature 225, 178 (1970). Vgl. auch J. O'Keefe u. L. Nadel: Maps in the brain, New Scientist 62, 749 (1974).
50 J. B. Gurdon, Scientific American 219 (Dez. 1968).
51 F. Vester: Die Theorie der Repressoren – und spezielle Aspekte, die sich für den Arzt daraus ergeben, Die Kapsel 21, 711 (1967).
52 O. J. Grüsser: Signalverarbeitung im Zentralnervensystem, Die Naturwissenschaften 59, 436 (1972). R. B. Fuller, s. Anm. 48.
53 M. Rosenzweig u. Mitarb.: Brain changes in response to experience, Scientific American 226, 22 (Febr. 1972). Vgl. auch J. Dobbing, s. Anm. 13. Über die Rolle der Gliazellen vgl. R. Prü u. R. Briceno, Brain Research 36, 404 (1972), ref. in New Scientist 53, 528 (1972).
54 F. Vester: Psychologisch-soziologische Effekte der Netzwerkplanung auf die Gruppe, Kommunikation V, 183 (1968). G. Walter (über Kommunikation zwischen Gehirnen, Bedeutung des indiv. Grundmusters): Impact of Science on Society (UNESCO) 18, 179 (1968). W. Biehler: Resonanz in der Biologie (mit weiterführender Literatur über Rhythmen u. Resonanzen). Mitteilungen der Pollichia (Bad Dürkheim) 16, 96 (1969). Vgl. auch J. Schurz, s. Anm. 56.
55 S. Anm. 44.
56 J. Schurz: Gehirnstruktur und Verhaltensmotivation, Naturwissenschaftliche Rundschau 25, 45 (1972).
57 S. I. Hayakawa: Sprache im Denken und Handeln, Allgemeinsemantik, Darmstadt 1971.
58 F. Vester: Das kybernetische Zeitalter, Kap. Normen, Lernen, Wissen, S. 316ff., Frankfurt 1974. Vgl. auch G. B. Leonard, s. Anm. 44, S. I. Hayakawa, s. Anm. 57, O. Illner-Paine: Industrial realism brightens the classroom, New Scientist 48, 31 (1970).
59 S. I. Hayakawa: s. Anm. 57, S. 292 ff. (über intensionale Einstellung, akademischen Jargon etc.). I. J. Lee, C. R. Rogers u. R. R. Roethlisberger: Probleme der Kommunikation, in: S. I. Hayakawa (Hrsg.): Wort und Wirklichkeit – Beiträge I zur Allgemeinsemantik, Darmstadt 1972. G. Schwarz (Hrsg.): Wort und Wirklichkeit – Beiträge II zur Allgemeinsemantik, Darmstadt 1974.
60 G. Akinlaja: Moderne Unterrichtsmethoden bedrohen unsere Kinder, Medical Tribune 8 Nr. 45a. Ausg. 13. 11. 1973. P. Rozin u. Mitarb.: American children with reading problems can easily learn to read English represented by chinese characters, Science 171, 1264 (1971). British Medical Research Council, Abt. f. Entwicklungsphysiologie (Bericht): Bild der Wissenschaft 9, 1143 (1972); vgl. auch K. Sirch: Der Unfug mit der Legasthenie, Stuttgart 1975.
61 Über die Assoziationstheorie s. z. B. D. Thomson u. E. Tulving: Journal of Experimental Psychology 86, 255 (1970). P. Newelski, Ideen der exakten Wissenschaft 1969, 379, A. Luria, Scientific American 222, 60 (März 1970), H. Tritthart, s. Anm. 16, B. Tiplady, New Scientist 46, 625 (1970), u.a.
62 Vgl. F. Vester: Denkblockaden und Hormonreaktion, in: Hormone und die Umwelt des Menschen, s. Anm. 40, sowie F. Vester, G. B. Leonard, s. Anm. 44, und G. Akinlaja, s. Anm. 60.
63 S. Anm. 44.

64 Über Schocktherapie gegen Panik u. Prüfungsstreß arbeitet das Team von J. Prochaska, Department of Psychology, Univ. of Rhode Island, Providence R. I., USA. S. J. Hayakawa (s. Anm. 57): Sprache und Überleben (S. 6), Der Prozeß der Symbolbildung (S. 22), Die Sprache des sozialen Zusammenhalts (S. 72), Mißtrauen gegen Abstraktionen (S. 194), Der blockierte Verstand (S. 227). S. auch Bericht der Medical Tribune Nr. 23, 4. 6. 1971, über Probleme der Lernforschung.

65 Neugierde, Wißbegierde, Lernbegierde sind Triebe, die einem Betätigungsdrang unserer Nervenzellen entsprechen: ähnlich dem Bewegungsdrang unseres Körpers (der ja ebenfalls durch Nerven erfolgt). Ungestillte Neugierde ist unerträglich, ihre Erfüllung dagegen befriedigt. Der Wunsch nach etwas »Interessantem« (neugierig gemacht zu werden) entspringt wahrscheinlich dem Wunsch nach einer Spannung, deren Befriedigung Lust erzeugt. Der Betätigungsdrang der Nervenzellen könnte fast als Ersatz dafür verstanden werden, daß sich Nervenzellen im Gegensatz zu den anderen Körperzellen nie mehr teilen können (aufgrund ihrer extremen Spezialisierung).

66 Osborn: The Body, London 1972, gibt ein Beispiel für Lernen durch Selbstentdeckung mit Hilfe mehrerer mitgelieferter Lehrmittel, ref. New Scientist 53, 659 (1972). L. Issing: Lautes Denken fördert das Lernen, Umschau in Wissenschaft und Technik 70, 386 (1970). Vgl. A. Luria, s. Anm. 61, sowie H. Tritthart, s. Anm. 16, über die Biologie der Betätigung verschiedener Assoziationsfelder.

67 Aus der zahlreichen Medienliteratur seien lediglich herausgegriffen: H. R. Cassirer: Kommunikation und die Zukunft der Bildung, Stuttgart 1974. J. Zielinski: Der Computer als Instrument im individualisierten Unterrichtsprozeß, Köln 1971, sowie die in Anm. 68 u. 71 Genannten.

68 Das amerikanische Journal of the Chemical Society zeigt auf dem Deckblatt seines Aprilheftes (1973) den ernstgemeinten Hinweis auf eine neue Lerntechnik: Science comics, ref. New Scientist 58, 39 (1973). B. N. Volgin hat in der russischen Zeitschrift Chemie und Leben (Chimija i jisn) 3, 3 (1973), die Einführung von Komik, Erstaunen, Freude durch Zeichnungen u. Musik in die Vorlesungen als Lernhilfe empfohlen, ref. in New Scientist 59, 210 (1973), R. E. Smith untersuchte den positiven Effekt humorvoller Versionen eines Lerninhalts der Examensresultate im Journal of Personality and Social Psychology 19, 243 (1972), und die Nachrichten aus Chemie und Technik 20, 146 (1972), berichten über die didaktische Umsetzung der komplizierten Regeln der chemischen Analyse als Kartenspiel.

69 S. Anm. 44.

70 L. Hogben: Wunderbare Zahlenwelt – 5 Jahrtausende Mathematik, Gütersloh 1956.

71 K. R. Hammond: Computer graphics as an aid to learning – it can facilitate the rapid learning of an important cognitive skill (mit weiterführender Literatur über Feedback-Lernen und Nutzung des »Fehlers« als Orientierungshilfe), Science 172, 903 (1971). M. Goldsmith (Vorsitzender der Commonwealth Assoc. of Science and Mathematics Educators über die historische Notwendigkeit völlig neuer Curricula für eine integrierte Wissenschaft): Science Teachers in search of significance, New Scientist 58, 261 (1973).

72 Eine erste Studie der Studiengruppe für Biologie und Umwelt, München, über den Aufbau entsprechend neuartiger Lehrpläne (Curricula und Lernziele) wurde in Zusammenarbeit mit dem Klett-Verlag, Stuttgart, erstellt. Die praktische Umsetzung – zunächst für einige Volkshochschulen – ist in Vorbereitung.

73 Über eine Art »innere Resonanz« zwischen den beiden Hirnhälften vgl. J. A. Sechzer, s. Anm. 4, sowie M. S. Gazzaniga, ref. in Umschau in Wissenschaft und Technik 69, 186 (1969). Tests zur Interferenz- und Decay-Theorie vgl. J. Ceraso: The interference theory of forgetting. Scientific American 217, 117 (Okt. 1967), Tests zur Verweilzeit der Kurz- und Langzeiterinnerung (die Dreiteilung in UZG, KZG und LZG war damals noch nicht erkannt) vgl. L. R. Peterson: Short term memory, Scientific American 215, 90 (Juli 1966).

사진 출처

Deutsche Verlags-Anstalt, Stuttgart (Hellmut Ehrath): 16, 17, 18, 20 (Zeichnung), 21, 23, 25, 28, 29, 73; (Jahn) 129.
Studiengruppe für Biologie und Umwelt, München: 19, 20, 34, 37 (links oben), 62, 80, 94, 100, 101.
E. R. Lewis, Univ. of Calofornia: 27.
ANP Foto, Amsterdam: 37.
Karl-Friedrich Schäfer, Fürstenfeldbruck: 49.
Aiga Rasch, Stuttgart: 52, 53, 78, 85, 118, 119, 160, 162.
Studio Roderjan, Hamburg: 57, 58, 59, 60.
U. S. National Laboratory, Oakridge: 61.
L. D. Harmon: 82, 83.
Klaus Bruder, Ottobrunn: 87 (links), 111.
Deutscher Taschenbuch Verlag, München: 90 (rechts).
Die übrigen Abbildungen stammen aus dem Fernsehfilm ›Denken, Lernen, Vergessen‹ von Frederic Vester.

옮긴이 소개

박시룡(朴是龍)

1977년 경희대학교 대학원 졸업(석사),
1986년 독일 본 대학교에서 동물 행동학 연구로
박사 학위를 받았다.
현재는 한국 교원대학교 생물 교육과 교수로
재직중이다.
저서로는《술취한 코끼리가 늘고 있다 - 동물의
행동》(1991),《충북의 자연 - 척추 동물편》(1991),
《생물학》(1992)이 있고,
옮긴책으로는《동물의 사회행동》(1991)
《사회 생물학 1권, 2권》(1993)등이 있다.

사고와 학습 그리고 망각

지은이	프레데릭 베스터
옮긴이	박 시 룡
펴낸이	이 은 범
펴낸곳	(주)범양사 출판부
	서울 종로구 수송동 80-6
	전화 735-2581~5
	출판부 : 종로구 구기동 230-29
	전화 379-4290・379-7275
	Fax 357-5548
등 록	1978. 11. 10. 제2-25호
사서함	서울 중앙 우체국 89호
우편대체	010041-31-1260363

1993. 3. 10. 제1판 제1쇄   값 5,000원
1994. 5. 13.   제2쇄